横浜外国人墓地に眠る人々

The Yokohama Foreign General Cemetery

開港から関東大震災まで

斎藤多喜夫 著

有隣堂

横浜外国人墓地に眠る人々——開港から関東大震災まで

はじめに

二〇一〇年六月十九日、横浜の外国人社会の生き証人ともいうべきリリアン・バーナードさんが九十五歳で逝去された。リリアンさんはヘルム家の横浜三世として生まれ、バーナード家の横浜二世、イギリス人のエドワード・バーナードさんと結婚した。九歳で関東大震災に遭い、第二次世界大戦中は敵国民となってしまったために南米に逃れ、戦後横浜に戻ったものの、一九六二年に夫を亡くした。未亡人となった後も、ヘルム家とバーナード家の子孫を見守りながら、半世紀近い歳月を横浜で過ごした。

リリアンさんを支えていたものの一つは、幸福だった子どもの頃の思い出だった、と孫のミシェル・ヨーコ・バーナードさんが追悼文の中で述べている。リリアンさんが子どもや孫や曾孫に向かって繰り返し語ったのは、山手の広い敷地に建つ大きな家や本牧のサマー・ハウスでの生活、横浜ユナイテッド・クラブやグランド・ホテルなど印象的な建物が建ち並ぶ海岸通りや、世界の各地から船が入港する時の美しい、わくわくするような光景であった。

繁栄していた時期の横浜の外国人社会には舞台だけではなく役者も揃っていた。横浜二世のオーティス・マンチェスター・プール氏は関東大震災の体験記『古き横浜の壊滅』（金井円訳、有隣新書、一九七六年）の第一章「破滅以前の横浜」の中で、大意次のように述べている。

外国人は隔離された存在として住み、しかも一同が同じ船に乗ったつもりで、なごやかに協調して暮らしていた。広い世界から孤立させられていたから、居留地社会は、それ自身の内部で娯楽や気晴らしを求めなくてはならなかった。たいした浪費もせずに、人々はクリケットやフットボールやベースボールをし、ヨットに乗り、ボートを漕ぎ、泳ぎ、テニスやゴルフや競馬に興ずることができた。社交生活はたゆみなく続いた。晩餐会、ダンス、素人演劇、コンサート、それにあらゆる種類の娯楽があった。当時はほとんど誰もが何らかの教養をもっており、類まれなる名人も少なからず存在した。

外国人社会の繁栄を支えていたのは横浜港貿易の発展だが、それだけではなく、外国商人が貿易を牛耳っていたという事実もあった。資力に勝っていただけではなく、銀行・海上保険・海運などの手段をもち、さらに世界大のネットワークや豊富な経験・知識をもっていたことがそれを可能にした。これらの条件は永続的なものではなく、日本人が追いつくまでの期間限定だった。それでも主要輸出品である生糸で日本商人の輸出高が外国商人のそれを上回ったのは、明治が大正と改まる一九一二年のことだから、この期間はけっして短いものではなかった。

外国人が住みやすかったもう一つの理由は、日本人の多くが彼らを師と仰いでいたことにある。彼らは故国と同様の生活を日本に持ち込んだだけなのに、そのことが「日本人に無料で欧米文明の見本」を示すことになるという自負を抱くことができた。しかし、この自負も期間限定だった。

大雑把に言えば、明治十年代まで、日本人は西洋文明に追いつこうとして、必死に外国人から学んだ。二十年代になると、西洋文明を相対化するとともに、日本の伝統文化の価値にも気付き、両者を折衷する方法を身につけるようになった。例えば、明治憲法（大日本帝国憲法）は日本の伝統的な天皇制をドイツ流の君主制と折衷するとともに、イギリス流の議会政治とも折衷したものであり、ヨーロッパの学者から「日本と西洋の絶妙なブレンド」として高い評価を得た〈滝井一博『文明史のなかの明治憲法』〈講談社選書メチエ、二〇〇三年〉〉。そうした実績を背景に、三十二（一八九九）年には長年の懸案であった条約改正を達成し、欧米諸国との対等な関係を築いた。

その間、横浜の外国人社会では条約改正反対運動が燃え盛っていた。条約改正の眼目は領事裁判権と居留地制度を同時に廃止することにあった。領事裁判権とは被告となった外国人が所属国の法律と領事法廷によって裁判を受けられる権利のことである。日本は憲法以下、欧米の法律を消化吸収した法典を整備したのだから、外国人もこれに従うべきだというのが日本政府の主張であった。これに対して居留外国人の大半は時期尚早だとして反対した。

一八九〇年九月十一日に開かれた条約改正反対居留民集会には、ラウダー、モリソン、ブルック、キングドンなど、本書にも登場する居留地の名士たちが名を連ねている。その論調は英国紳士に似つかわしくないヒステリックなものだった。これらの人々が反日派だったとは思えない。居留地社会の繁栄を築き上げてきた人々にとっては、これまでどおり、日本人と外国人は隔離された状態のまま、別々の価値観に従って生きていけるはずだという考えがあったであろう。それとともに、居留地社会が縮小し、消滅してしまうかもしれないという不安にかられていたようにも見える。

居留地とは外国人が開港場内に土地を貸与されて居住・営業できる場所のことを言う。それを廃止することは外国人が日本国内どこでも居住・営業できることを意味するが、日本人はそれを「内地雑居」と呼んで反対する人が多かった。日本の産業や商業が外国資本に牛耳られてしまうとか、果ては日本中がキリスト教になってしまうとか言うのである。

結局、内外人ともに条約改正反対論者の主張は杞憂に終った。領事裁判権の廃止を嫌って日本を離れる人もいたが、外国人は引き続き、自らの価値観に従って生活することができた。プール氏が『古き横浜の壊滅』の中で愛惜の念を込めて描いた「私の心のなかに生き生きと見えている横浜」は、居留地時代に「先駆者たちが創った古い横浜」だったが、プール氏自身がそれを体験した時代の大半は居留地廃止後であった。リリアンさんが幸福な少女時代を過ごしたのも居留地廃止後のことである。

関東大震災によって横浜の外国人社会が劇的に崩壊しなかったとしても、いつかは緩やかに消滅したことだろう。それは外国人にとって幸運な幾つかの条件が重なることによってはじめて成り立っていたのだから。しかし、崩壊は劇的なかたちで訪れた。プール氏は書いている。

「あの古い、なつかしい親密に結ばれていた居留地社会は、地球上の四方八方へと散ってしまった。なつかしい、昔からの場所自体が風とともに去ってしまったのである。多年にわたって、あんなにも多くの人々にとってふるさとを意味してきたすべてのものが、愛情や大切にされていた親交のきずなのすべてが、いまではもう過去の思い出にしか過ぎないものとなっている。」

震災だけでも十分すぎるほどの打撃を与えたのに、第二次世界大戦が追い討ちをかけた。中国人はそのつど自分たちの共同体を再建したが、欧米人の共同体は再建されなかった。「過去の思い出」として残されたのは外国人墓地だけになってしまった。林立する墓標のひとつひとつに、かつて横浜に存在した外国人の共同体の歴史が刻みこまれている。そのことを当時の居留民も意識していた。一八七三年五月三十一日の『ジャパン・ウィークリー・メイル』に、大意、次のような読者の投稿が掲載されている。

「書物を開くのと同じように、私たちの来訪がこの国にもたらしたもの、ひきおこした事件についての物語を、この墓地から読みとることができる。ほかの理由はさておき、歴史の記録としてだけでも、この墓地は保存に値する。」

本書はまさしく「書物を開くのと同じように」、この墓地から、かつて横浜に存在した外国人社会の物語を読み解こうとする試みである。それは異質な社会と共存することが下手な日本人の歴史においては稀有な存在であった。世界に向かって開かれているとか、外国文化の受け入れ窓口となったとかいうこと以上に、中国人を含めて、それぞれ異質な価値観や生活様式を持つ人々が共存していたこと、民族と文化の多様性を許容していたことこそが、横浜という都市が持っていた国際性なのだと思う。

横浜外国人墓地というと、決まり文句のように「日本の近代化に貢献した外国人たち」が永眠する場所として紹介されることが多い。しかし、文字通り「日本の近代化に貢献した」と言えるのは、政府に雇用されたいわゆる御雇《おやとい》外国人くらいではないだろうか。こうした表現には、外国人の存在を日本人にとっての価値という側面からばかり見ようとする姿勢が感じられる。実際には、被葬者の多くは自分たちの存在が日本人にとってもつ意味などほとんど意識せず、ひたすらビジネスに励み、生活を楽しんだ人たちであった。彼らも日本人の師として、友として、あるいは競争相手として、時には敵として、結果的に日本の近代化の触媒になったということはできる。しかし、それは居留地を通じて西洋文化を貪欲に摂取した日本人の営為の結果であって、それについては日本人と外国人の交流を主題とする別な物語が必要であろう（例えば『横浜もののはじめ考』〈横浜開港資料館、一九八八年〉参照）。

本書のこのような意図によって、叙述の対象は自ずから限定される。時代としては幕末からおよそ一九二三（大正十二）年の関東大震災まで、主題となるのは横浜の外国人社会にゆかりのある人々である。

著名な人であっても、「日本の近代化に貢献した」人であっても、この主題に合わない人々は割愛した。取り上げた基準は、語るに足るほどの事跡が判明する人、言い換えれば史料や研究成果が残されている人であって、「近代化への貢献」の度合いではない。

横浜開港資料館の調査研究活動を支援するために、館員と館外の研究者が共同で組織する研究会として横浜居留地研究会があった。外国人墓地の歴史はその研究テーマの一つだった。私が事務局の一員として本格的に共同研究に参加したのは一九八四年のことだから、もう三〇年近く前のことになる。その間さまざまな方からご教示を得た。その方々のお名前を挙げれば際限がなくなってしまうので、本文中では割愛させていただいた。ただし、論文や著作として公表されているものについては、できるだけ漏れなく参照し、巻末の参考資料リストに掲載した。執筆に当たって注意したのは、主観的な感想や評価を抑制し、フィクションを交えず、事実に徹することである。一滴でもフィクションを交えれば、すべてがその色に染まってしまうからである。

◆目次◆

はじめに

I　外国人殺傷事件の犠牲となった人々……15

モフェトとソコロフ／フォスとデッケル／リチャードソン／カミュ／ボールドウィンとバード

II　外交や国際親善に尽くした人々……27

ラウダー夫妻／マクドナルド／ロバートソン／ホール／シッドモア兄妹／ザッペ／クライトナー／ネンブリニ＝ゴンザガ／マーチン

Ⅲ　伝道と教育に生涯を捧げた人々……51
バラ夫人／キダー／カイパー／ゴーブル妻子／ブラウン／ベンネット／ピアソンとクロスビー／ルーミス／マクレイ夫人／マチルドとテレーズ

Ⅳ　日本の近代化に貢献した人々……85
ウォーホップ／デーヴィス／アベイ／メーソン／モレル／ダイアック／ブリジェンス夫妻／バスチャン／サルダ／モーガン／ヘールツ／ゼーバッハ

Ⅴ　居留地の貿易と産業を担った人々……107
マーシャル／アスピノール／ゲイ／プール／バーナード／ヘルム／ファヴル＝ブラント／ウォルター／ジャクモ少年／ペルゴ／エマール／デローロ／ショーネ／アーレンス兄弟／コモル／アプカー夫妻／モリス／ラムゼー／クック／ブリトン／ランガン／ジャフレー／ファーマー／バージェス／ウッドラフ／ラフィン／カービー／ストルネブリンク／ラッセル／クラーク／デンティチ／ペィル夫人／ウィンスタンレー／コープランド

Ⅵ 居留地社会を支えた人々……185
ショイヤー／ベンソン／ブレメルマン／ノールトフーク＝ヘフト／モルギン／キングドン／トーマス／モリソン／ウィーラー／エルドリッジ

Ⅶ 情報や文化の伝達に寄与した人々……221
ブラック父子／アングリン／ブルック／ミークルジョン／ワーグマン／ソーン父子／フリーマン／プライアー／ポーンスフォト／ワーグナー／カイル／グリフィン父子／パットン

Ⅷ 不慮の死を遂げた人々……261
下関戦争戦没者記念碑／フルベッキの子女／オネイダ号事故遭難者記念碑／コーンズ一家／アメリカ号炎上事件の犠牲者／シモンズ／カリュー／第一次世界大戦戦没者記念碑

Ⅸ 外国人墓地の管理運営に携わった人々……283
ジャーメイン／ジレット／グラウェルト父子／スチボルト

Ⅹ　根岸の丘に眠る人々……293
ドンケル＝クルチウス兄弟／ハートレー／キルドイル／オーストン
Ⅺ　横浜外国人墓地小史……305
あとがき
参考資料
掲載図版一覧
索引

〔外国人墓地　地区割図〕

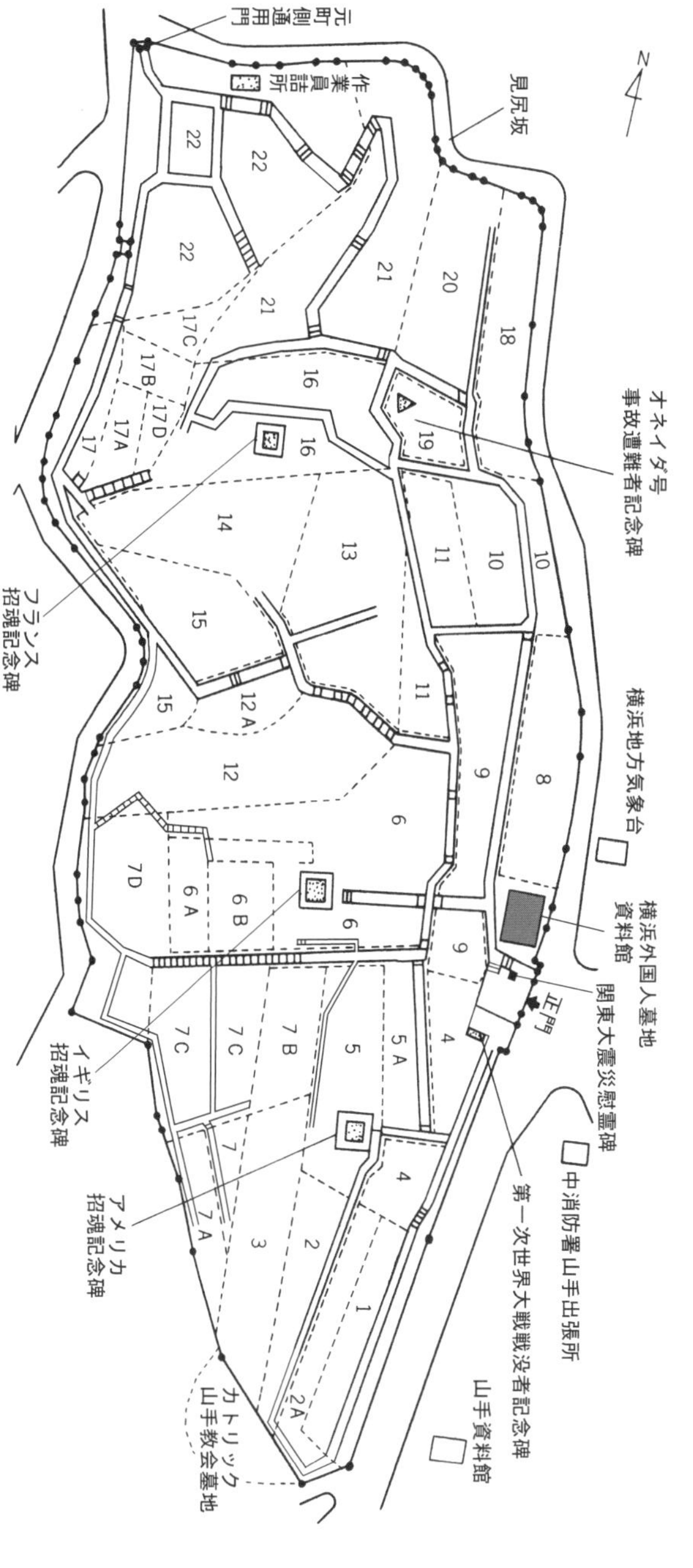

N
見尻坂
元町側通用門
作業員詰所
オネイダ号事故遭難者記念碑
フランス招魂記念碑
横浜地方気象台
横浜外国人墓地資料館
正門
関東大震災慰霊碑
イギリス招魂記念碑
アメリカ招魂記念碑
中消防署山手出張所
第一次世界大戦戦没者記念碑
山手資料館
カトリック山手教会墓地
22
22
22
21
21
20
18
17C
17B
17D
17A
17
16
16
19
14
13
11
10
10
15
15
12A
11
9
8
12
6
7D
6A
6B
6
9
7C
7C
7B
5
5A
4
7
7A
3
2
4
1
2A

〔凡例〕

○複姓―「ノールトフーク＝ヘフト」「ドンケル＝クルチウス」のように表した。複姓とは二つの姓を組み合わせて一つの姓にしたもの。中国にも「司馬」「欧陽」、日本でも古代には「阿倍引田」「中臣鹿島」のような例がある。

○生年―享年から推測した場合には ca.（「およそ」の意）を付けた。

○没年―管理事務所所蔵の「埋葬者原簿」によったが、墓碑によって修正したものもある。墓碑ではなく、他の史料や文献にしたがった場合には、その旨を参考資料リストに記した。

○墓碑番号―「埋葬者原簿」による。なかには番号とその番号によって想定される墓石の場所が一致しない例（グラウェルトの11区96など）もあるが、その場合も「埋葬者原簿」記載の番号にしたがった。

○墓碑の写真―新たに撮影した。ただし、ベンソンの墓碑は現状では撮影不能のため、外国人墓地資料館所蔵のものを使用した。

○年月日の表記―西暦・陽暦を基本としたが、日本側の史料に基づく記述では和暦・陰暦を優先した箇所もある。

○漢字の表記―常用漢字表に掲げられている漢字はすべて表内の字体を用いた。固有名詞や史料の引用でも例外は設けず、常用漢字の異体字（旧字など）は用いなかった。

○参考資料―記述の根拠となった文献や史料は巻末に一括して掲げ、本文には参照番号を記した。「（参考1）。」のように参照番号が句点の前にあるのはそのパラグラフに関係する参考資料、「。（参考1）」のように外にあるのは項目全体に関係する参考資料であることを示す。

I　外国人殺傷事件の犠牲となった人々

日米修好通商条約によって、下田の鎖港と神奈川の開港が決定された。その「神奈川」とはどこなのか。条約締結の時点では、ペリーが「横浜湾」と名付けた水深の深い水域に臨む「一湾の地」、すなわち神奈川宿から横浜村までを含む広いエリアを意味したと考えられる。しかし、大老井伊直弼は、東海道筋の神奈川に外国人が居住すると通行に差し支えるとして、開港場を横浜に限定するよう指示した。ハリスはこれに反発し、陸上交通の便が悪いとして横浜開港に反対した。イギリスのオールコックなど、他の国の代表もハリスに同調した。

かくして一八五九年七月一日（安政六年六月二日）、開港場の場所をめぐって諸外国と対立したまま開港の日を迎えた。外国代表は神奈川の寺院に領事館を開設し、外国商人たちは横浜で仮住まいをしながら貿易を始めた。

開港後二か月もたたない八月二十五日、来日中のロシア使節の随員、モフェトとソコロフが横浜市中で殺害された。さらに十一月五日、イギリス系デント商会の横浜駐在員でフランス領事代理を兼ねるジョゼ・ロウレイロの中国人使用人が殺害された。

これら攘夷派のサムライによる外国人殺傷事件に対して、幕府は神奈川宿や横浜へ通ずる道の要所、開港場の中心部への入口に当たる吉田橋のたもとに柵門や見張番所を設置し、警備態勢の強化に努めた。

そのさなかの一八六〇年一月三日（安政六年十二月十一日）、仮住まい状態の横浜の外国人居住区で火災が発生した。焼け出された居留民は善後策を協議し、開港場として神奈川ではなく横浜を選択すべき理由書と請願書を公使団に提出した。理由書の冒頭で述べられていたのは、横浜地先の水域が碇泊地に適していることだが、辺鄙な横浜の方が隔離されていて安全だとも述べている。公使たちは渋々請願を受け入れ、横浜開港を追認した（参考1）。

こうして、ようやく横浜で外国人居留地の整備が始まるが、その矢先の二月二十六日、安全なはずの横浜市中で二人のオランダ人船長が殺害された。幕府はさらに警備態勢を強化するため、八月頃にかけて、居留地と山手の麓の間に堀川を開削し、堀川に架かる橋にも関所を設けた。その結果、開港場の中心部は四周を水で囲まれ、関門で守られることになり、「関内」の呼称が生まれた。関内の治安は良くなったが、その後も横浜以外の場所で、ほとんど毎年のように外国人殺傷事件が起き、犠牲者が外国人墓地に埋葬された。

モフェトとソコロフ

Mophet, Roman, ?-1859.8.25
Sokoloff, Ivan, ?-1859.8.25
ロシア　22区19

一八五九年八月十八日、東シベリア総督ムラヴィヨフの率いる艦隊が通商条約の批准書交換と国境画定交渉のために来航した。二十五日、艦隊の一艘アスコルド号乗り組みの将兵が横浜に上陸し、横浜町三丁目青物屋徳三郎方で買物を済ませて出てきたところ、待ち構えていた攘夷派の武士に襲われ、見習士官の海軍少尉モフェトと水兵ソコロフが惨殺された。「青物屋徳三郎」とは、品川出身の鳥問屋・食料品商、中川屋徳三郎のことだと思われる。

これに対してロシア使節は船将ウンコフスキーを通じて、賠償金ではなく、幕府が墓標を造って丁重に埋葬し、永久に保護することを要求した。葬儀は二十七日、各国領事館員の参列のもと、軍葬の礼をもって行われ、横浜村の寺院増徳院の境内に仮に埋葬された。

その後、ロシア側に約束した石塔や柵矢来（木製の囲い）を建設することになったが、仮埋葬地は狭隘で余地がないため、まず用地の確保が必要になり、宮之脇という土地の畑を買収することになった。

そのための幕府内部での協議や買収に手間取り、約一年後に壮麗な記念塔が完成した。一八六〇年十一月十九日、遺体は仮埋葬地から改葬され、各国代表団や軍人、居留民が参列して石塔の洗礼式が行われた。犯人は長らく不明だったが、一八六五（慶応元）年、敦賀で拘束されていた水戸天狗党の一員、小林幸八の自供によって判明し、小林は横浜に移送されて処刑された。

一八七三（明治六）年にロシア公使が横浜在住のフランス人建築家レスカスに依頼して石塔を修復している（参考2）。その後石塔は崩壊し、長らく台石だけになっていたが、二〇〇五年、日本人有志の手で一部改修された。翌年、神奈川県日本ユーラシア協会によって慰霊祭が行われ、全面的な改修が計画されている。

フォスとデッケル

Vos, Wessel De, 1818.1.18-1860.2.26

Dekker, Jasper Nanning, 1810.7.31- 1860.2.26

オランダ　22区44

外国代表団が横浜開港を追認したことにより、居留地の町づくりが本格化した。それはまずホテルの開設から始まった。設立者はオランダ帆船ナッソウ号の元船長フフナーゲル、横浜ホテルと名づけられ、一八六〇年二月二十四

日にオープンした。

　開業から三日目の二十六日午後七時半頃、二人のオランダ人船長がホテルに滞在中の友人を訪ね、その後買物をして船に戻ろうとした時、暴漢に殺害された。この事件は翌日横浜を出港したアゾフ号によって三月六日、上海に伝えられ、十日の『ノース・チャイナ・ヘラルド』に掲載された。

　記事によると、殺害されたのはクリスチャン・ルイス号の船長フォスとヘンリエッタ・ルイーゼ号の船長デッケル、場所は前年ロシア人が殺害された場所から百ヤードほど離れたところだった。遺体は横浜ホテルに運ばれて検屍を受けた。犯人は水戸の浪人だろうと噂されたが、結局判明しなかった。

　フォスは一八一八年、オーデスチルト（テセル島）の生まれで四十二歳、デッケルは一八一〇年、ジュトフェン（オランダ中部）の生まれで四十九歳であった（ミッシェル・ネリス氏の調査による）。墓碑にデッケルの享年が「四十歳」と刻まれているのは、石工が49の9を0と読み間違えたのだと思われる。また、諸書にデッケルが「商人」と記されているのは、幕府の外交文書を編集した『続通信全覧』（参考3）以来の誤りである。

　フォスは開港直後の一八五九年七月二十六日にも来航したことがあった。オランダ副領事ポルスブルックの記録（参考4）によると、日本人との付き合いが上手なことで知られていたという。

　オランダ、イギリス、フランスの三国は共同で被害者一名につき二万五〇〇〇ドルの賠償金を要求した。これに応じて幕府はオランダに一七〇〇〇両を支払い、外国人被害者に対する賠償金の前例となった。

リチャードソン

Richardson, Charles Lenox, 1833.4.16-1862.9.14
イギリス　22区30

一八六二（文久二）年九月十四日は日曜日、天候は快晴、マクファーソン&マーシャルのマーシャル（William Marshall）とハード商会のクラーク（Woodthorpe Charles Clarke）は、上海から来たマーシャルの妻の妹ボラデイル夫人（Margaret Watson Borradaile）とリチャードソンを伴い、馬で川崎大師へ出かけることにした。この楽しいはずの遠足が大事件に一変する。

一行は東海道で薩摩藩主の父島津久光の行列と遭遇したが、行列の中に馬を乗り入れたリチャードソンが久光の駕籠に近づいた時、供頭奈良原喜左衛門に斬りつけられたのだ。場所は生麦村字本宮の質屋兼豆腐屋村田屋勘左衛門の店の前だった。リチャードソンは逃げようとしたが、落馬したところで海江田武次に止めを刺された。マーシャルとクラークは重傷を負いながらアメリカ領事館があった神奈川の本覚寺にたどりつき、医師ヘボンの治療を受けた。ボラデイル夫人は居留地に逃げ帰った。

堀川や関門を設置した結果、横浜の治安は良くなり、攘夷事件は起きていなかった。しかし、攘夷運動は舞台を江戸に移してますます激化していた。一八六一年一月十四日にはアメリカ公使館通訳官ヒュースケンが殺害された。二日後の十六日、四日前に献堂式を済ませたばかりの横浜天主堂でヒュースケンを悼むミサが行われている。

一八六一年七月五日と翌年六月二十六日には、二度にわたって、イギリス公使館が置かれていた江戸高輪の東禅寺が襲撃される事件が起きている。

朝廷を巻き込んで幕府を窮地に陥れようとする尊皇攘夷派に対して、朝廷と幕府の連携によって政局を安定させる「公武合体」を主唱したのが久光だった。久光は主張を実現するため、兵を率いて上京し、朝廷を説得した。さらに幕政改革を要求するため、勅使大原重徳《しげとみ》とともに江戸へ向かい、幕府を説得して帰る途中、生麦事件が起きたのだった。

生麦事件は攘夷事件とは異なり、多分に偶発的な事件だった。幕府はイギリス代理公使に対して、勅使が帰京のため東海道を通過するので、十五、十六の両日、外国人が東海道に出ないよう通知してほしいと依頼している。ところが、久光は勅使より一日早く江戸を出立したのだった。

行列に遭遇したのが滞日経験のある外国人であれば、この事件は起きなかったろう。事実、日本通のアメリカ人ヴァンリードは下馬・脱帽して行列を無事やり過ごしている。マーシャルとクラークもリチャードソンに対して脇道に入るよう指示している。滞日経験のないボラデイル夫人でさえ、リチャードソンに注意を促したという。

リチャードソンは一八三三年、ロンドンの生まれ、一八五三年に上海へ渡り、アスピノール・マッケンジー商会で働いた。事件に遭遇したのは、上海でかなりの富を得て帰国する途中のことで、二十八歳だった。アスピノール・マッケンジー商会のパートナーだったW・G・アスピノールが当時横浜に住んでおり、その家に滞在していたが、隣家にはマーシャルが住んでいた。クラークとは上海で旧知の間柄だった（参考5）。

死者に鞭打つようだが、多くの人が指摘するように、この事件の原因の一つはリチャードソンの行動にあったようだ。リチャードソンは同国人の間でも評判が悪かった。北京駐在イギリス公使ブルースは次のように述べている。

「私はこの気の毒な男を知っていた。というのは、彼が自分の雇っていた罪のない苦力に対して何の理由もないのにきわめて残酷なる暴行を加えた科で、思い罰金刑を課した上海領事の措置を支持しなければならなかったことがあるからである。」（参考6）

これとは異なる人物像も伝えられている。おとなしく目立たない性格で、親元への送金を欠かさない親孝行者だったというのだ（参考5）。親孝行であることと使用人に対して乱暴なことはなにも矛盾しないから、どちらも事実なのだろう。

偶発的だったにもかかわらず、この事件のもたらした影響はきわめて大きかった。攘夷運動はいっそう激しくなった。この年の十二月には十六日を期して浪人百二、三十人が横浜を襲撃するという噂が流れ、居留民を恐怖に陥れた。その後も居留地襲撃の噂は何度も流れた。

翌一八六三年三月十四日にイギリス外相ラッセルから代理公使ニールに訓令が届き、幕府に一〇万ポンド、薩摩藩に二万五〇〇〇ポンドの賠償金と加害者の処罰を要求すべきことが指令された。幕府との交渉は難航した。イギリスは最後通告を発し、横浜に軍艦を集結し始めた。五月三日には神奈川奉行から横浜の住民に避難命令が出され、外国人に雇用されていた日本人は居留地から脱出した。六月二十四日になって幕府が賠償金の支払いに応じたので、横浜での武力衝突は回避された。

薩摩藩は要求に応じなかったため、八月六日にイギリス艦隊が横浜を出航して鹿児島へ向かい、十五日に薩英戦争が起きた。

生麦事件の直後、居留民は義勇軍を組織したが、その兵力は微々たるものだった。幕府もあてにならないと考えたイギリス、フランス両国は、自ら居留地を防衛することを決断し、一八六三年七月二日、幕府に認めさせた。以後、一八七五（明治八）年まで、山手に両国軍隊が駐屯することになるが、今度は駐屯軍将兵が攘夷派の標的となる。

重傷を負ったクラークは左手が不自由になったが、それにもめげず、事件の翌年、ハード商会で同僚だったフーパーと組んでフーパー＆クラークという商社を設立した。しかし、四年後に三十三歳で死去し、二一区に埋葬されている。同じく重傷を負ったマーシャルのその後については、109ページをご覧ください。ボラデイル夫人は帰国後の一八七〇年、三十六歳の若さで死去した。死因は難産と神経症と伝えられる。

カミュ

Camus, J. J.Henri, 1834ca.-1863.10.14
フランス　16区85

一八六三年十月、横浜天主堂にフランスから鐘が送られてきた。五日

に鐘の洗礼式が行われ、鐘を安置するため聖堂前面にトンガリ屋根の鐘楼が建設された。この鐘がその音を初めて響かせたのは、直後の十五日、前日横浜郊外井土ヶ谷村（現在南区井土ヶ谷下町）で起きた井土ヶ谷事件の犠牲者、カミュの葬儀の時だった。

フランスの軍人一家に生まれたカミュは十八歳で志願兵となり、イタリア遠征に従軍した。その後中国に派遣され、コーチシナ（ヴェトナム南部）遠征に参加後、駐屯軍の一員として横浜へやってきた。事件当時、アフリカ猟歩兵第三大隊分遣隊に所属する少尉だったが、死後中尉に昇進した。

かつては同僚二名とともに散策中殺害されたものと伝えられていたが、それは誤りで、カミュは午後二時頃、「ひとりで武器も持たずに馬で散策に出かけた」のだった（参考7）。あきらかに無謀だった。一人だったためフランス側は犯人に関する情報を得ることができず、真相はわからずじまいだった。

葬儀にはカミュが属していたアフリカ第三大隊分遣隊や居留民の義勇軍を中心に、イギリス駐屯軍将兵など各国軍人、外交団、居留民の多数が参列した。約千二百人に及ぶ参列者は天主堂に入りきらず、周辺の道路にあふれた。沿道で多数の日本人が見守るなか、長蛇の葬列が墓地へ向かった。

フランス公使ベルクールは幕府に抗議するとともに、事件の謝罪と下関海峡で砲撃されたフランス船キャンシャン号に対する賠償金問題の解決のため、フランスへ使節を派遣することを提案した。幕府はそれを受け入れ、攘夷を求める朝廷の手前、国内的には横浜鎖港談判のためとして、外国奉行池田長発《ながおき》を正使とする使節団（第二次遣欧使節）を派遣した。使節はフランスでカミュの遺族に三万五〇〇〇ドルの扶助料を支払い、キャンシャン号の賠償金一四万ドルの支払いを約束して事件を解決したが、横浜鎖港は問題にもされなかった。

ボールドウィンとバード

Baldwin, George Walter, 1830ca.-1864.11.21

Bird, Robert Nicholas, 1841ca.-1864.11.21

イギリス　21区35、36

カミュが殺害された当時イギリス公使館員だったアーネスト・サトウは、後年の著作『一外交官の見た明治維新』（参考8）で次のように述べている。

「私たちはこの事件以来、遠乗りに出かける際にはみな必ず武器を携帯するか、または三、四人以上同行するようにした。」

しかし、護身用の拳銃も信頼できなかった。外国人を殺害しようとする者は、不意打ちの機会を狙っているからだ、と付け加えるのを忘れていない。カミュの殺害からほぼ一年後、この言葉を裏書きするような事件が起きた。鎌倉事件である。

ボールドウィン

バード

一八六四（元治元）年十一月二十一日の午後三時から四時の間、イギリス陸軍第二〇連隊第二大隊に所属するボールドウィン少佐とバード中尉が、長谷の大仏を見物した後、鶴岡八幡宮の参道に入るところで二人の浪人に殺害された。

殺害したのは清水清次と間宮一だった。根っからの攘夷派だった清水は、たまたま知り合った間宮と意気投合し、鎌倉で最初に見かけた外国人を殺害しようと待ち構えていたのだった。事件後、間宮と分かれた清水は江戸で旧知の蒲池源八と稲葉丑次郎といっしょになり、京都へ行こうとしたが、資金が足りないため、藤沢宿に近い高座郡羽鳥村の富裕な農家で強盗を働いた。この事件で蒲池と稲葉が捕縛され、二人の自供から清水の犯行が明らかになった。二人は鎌倉事件とは関係がなかったにもかかわらず、犯人に仕立て上げられ、十二月十六日、横浜の戸部刑場で処刑された。

その直後、清水が逮捕され、二十八日に戸部刑場で処刑されて、吉田橋際に梟首《きようしゆ》（晒し首）された。その後、間宮も逮捕され、一八六五（慶応元）年十月二十九日、清水と同様に処刑された。犯人が逮捕・処刑されたので、この事件が外交問題に発展することはなかった。（事件の詳細については、参考9参照）

鎌倉事件が起きた場所や清水の処刑の様子は、写真家のベアトと画家のワーグマンによって記録されている。処刑の際の清水の落ち着いた様子は外国人に感銘を与えた。ベアトが撮影した鎌倉事件の現場写真に添えられた解説文には、「処刑の際の彼の冷静さと勇気は驚くべきもので、もっとよい事のために用いられればと惜しまれる」と記されている（参考10）。

じつは、ベアトとワーグマンは、ボールドウィンとバードと同じ日に鎌倉旅行をしていた。当日の午前十一時ごろ、彼らは江の島で二人の将校と出会い、会話を交している。その日の夜七時頃、藤沢の宿にいたベアトらのもとに、二人の将校が殺害されたというニュースが届いた。彼らは東海道を通って横浜へ戻った。

Ⅱ　外交や国際親善に尽くした人々

アメリカのペリー提督が自らの使命について「特異で半ば野蛮な一国民を、文明諸国民の家族の中に組み入れる」ことだと明言しているように、日本の開国とは日本を欧米中心の世界秩序に組み込むものであった。

受身の日本にとって、問題は欧米諸国に対してどの程度門戸を開くかということであった。一八六六年に海外渡航が解禁されるまで、日本人に対して世界への扉は閉ざされたままであり、「半開きの開国」にすぎなかった。そのような状態のもとでは、条約の不平等性はあまり意識されなかった。しかし、海外へ赴く日本人が多くなり、世界についての知識が豊富になるにしたがって、条約の不平等性が痛感されるようになる。例えば、日本で暮らす欧米諸国民に対しては領事裁判権が認められているのに、外国に滞在する日本人には認められていない。

日本人は条約の不平等性に気づくとともに、その背景に存在する世界秩序をも認識するようになる。不平等条約とは、欧米諸国の側から見れば、「文明国」と「未開国」との関係を定めるものであり、領事裁判は「文明人」たる欧米人が「未開国」で不利益をこうむることがないよう、その人身を保護するための制度であった。

日本人はまた、「文明国」とは主権国家に他ならないことをも認識するようになる。主権国家とは、すべての権力が一元化された中央集権的な国家であり、また権力が領土・領海に対して排他的に及ぶ領土国家のことである。領事裁判制度は、部分的とはいえ、領土内に他国の法権が及ぶこと、つまり「治外法権」であり、主権侵害だと考えられるようになる。かくして不平等条約の改正と主権国家の確立はほとんど同義語となる。

幕末の条約にはもう一つの問題があった。条約によって、外国に対して開港場の市街と港を開くことになった。外国人の居住する市街、つまり居留地の運営方法を定めるのが地所規則（Land Regulation）、港の運営方法を定めるのが港則（Harbor Regulation）である。これらは日本の行政規則でありながら、外国の領事と協議・決定すべきことが条約によって義務付けられていた。

このような条約のもとで、領事の果たす役割はきわめて大きかった。領事裁判をはじめ、入国・出生・結婚・死亡の管理など、外国人の人身保護に関わる事柄を管掌していた。いわば裁判所と市役所の二つの役割をもっていたのである。出入港、借地、内地旅行免状（外国人が開港場の周囲に設けられた遊歩区域を越えて旅行するために必要なパスポート）などの事柄は日本側の当局者と共同で管掌した。検疫や爆発物の輸入など、外国人に関わる規則の制定については、日本側との協議の当事者となった。

日本側で港や居留地の管理に当たったのは主として税関と県であった。そのため、横浜税関や神奈川県では外国人を顧問として雇用していた。外交は外務省の仕事だったにもかかわらず、開港場をもつ県には外事課が置かれていた。

外国人墓地には、領事や横浜税関・神奈川県の顧問として働いた人たちも永眠している。

ラウダー夫妻

Lowder, John Frederic, 1843.2.15-1902.1.27
Lowder, Julia Maria, 1840.2.18-1919.8.18
イギリス　4区19

開港直後の一八五九年十一月一日、アメリカのオランダ改革派教会宣教師S・R・ブラウンが来日し、神奈川の成仏寺《じょうぶつじ》に居を構えた。それから約二か月後の十二月二十九日、上海で待機していた夫人と三人の子どもが来日した。長女のジュリアは父の伝道地マカオで一八四〇年に生まれた。まもなく二十歳になろうとするジュリアは、神奈川に上陸した妙齢の女性第一号であり、若い独身男性が多かった初期の外国人社会ではひときわ目立つ存在だった。そのジュリアを射止めたのが三歳年下のラウダーだった。

ラウダーの父は聖公会（イギリス国教会）の牧師だったが、上海の領事館に赴任中、海で溺死した。一八六〇年、ラウダーは十七歳でイギリス外務省領事部門の日本語通訳生に採用され、来日した。来日

後の一八六一年七月五日には、江戸高輪東禅寺に置かれていた公使館で水戸浪士の襲撃に遭い、ピストルで応戦している。

イギリス領事館付牧師としてベイリーが来日する前、成仏寺のブラウンの自宅で行われていた礼拝には聖公会の信徒も参加していた。ラウダーはそこでハーモニウム（オルガンに似た楽器）を弾くジュリアを見初めたらしい。

一八六二年九月十三日、ラウダーは領事館でベイリー牧師の司式によりジュリアと結婚した。生麦事件が起きる前日のことだった。ラウダーは十九歳、ジュリアは二十二歳になっていた。なお、約二か月前の七月八日、ラウダーの母はイギリスの初代駐日公使オールコックと再婚している。

ブラウンはジュリアの結婚に際して、ミッション本部への手紙のなかで、次のように述べている。

「わたしの娘はこの国に残りたいと思っているようですから、彼女は生涯をこの国民にささげ良い働きをすることでしょう。そして神の摂理により、彼女の立場から広範囲の感化をこの国民に与えるようになるでしょう。」（一八六二年九月一日付。参考11）

その後ラウダーは長崎に赴任し、一八六四年に起きたイギリス、フランス、オランダ、アメリカ四か国連合艦隊の下関砲撃に際しては通訳を務めた。さらに大阪副領事、兵庫領事代理、新潟領事代理を歴任した。新潟在任中は新潟英学校への義父ブラウンの招聘を斡旋した。しかし、一八六九年八月二十七日、ブラウンが新潟に赴任するために再来日した時には、弱冠二十六歳で横浜駐在領事に昇任しており、ブラウンを驚かせている（参考12）。

ラウダーは約一〇年に及ぶ日本勤務の後、一八七〇年七月二十二日、休暇を得て帰国し、法廷弁護士の資格をとった。二年後に再来日して以降は大蔵省に雇用され、一八八八年まで法律顧問として横浜税関の整備に貢献した。税関顧問在勤中の一八七七年、ハートレーによるアヘンの輸入を条約違反として摘発し、税関長とともにイギリス領事裁判所に提訴している。その間司法省の顧問も兼ね、一八八六年には多数の日本人が犠牲となったイギリス船ノルマントン号の沈没事件で日本政府側の弁護士を務めた。一八八七年、政府から勲三等旭日中綬賞を贈られた。

一八八九年以降は山下居留地二八番地に事務所を構え、法廷弁護士として活躍した。一八九六年に起きたカリュー事件では被告側弁護士を務めている。そのかたわらラングフェルト&メイヤーズの経営に携わり、同社が株主となったスタンダード石油会社の横浜支店監査役を務めるなど、実業界にも進出した。また、外国人の社交クラブである横浜ユナイテッド・クラブの会長を務めた。ワラビーという競争馬を所有しており、日本レース・クラブでは審判を務めた。フリーメーソンの有力メンバーでもあった。

ジュリアは慈善団体である横浜婦人慈善協会（Ladies' Benevolent Association of Yokohama）や横浜王女会（King's Daughters' Circle of Yokohama）の会長、横浜王女会が設けた国際婦人図書室（Ladies' International Reading Room）や女性中心のテニス・クラブであるレディズ・ローン・テニス&クロッケー・クラブ（横浜インターナショナル・テニス・コミュニティの前身）の役員を務めており、夫妻は押しも押されもせぬ居留地社会の名士となっていた。

ラウダーは条約改正問題では、領事裁判権の廃止は時期尚早だとして、強硬な反対論者だった。一八九〇年にジャパン・ガゼット新聞社を買収し、イギリス聖公会の元宣教師で文部省御雇英語教師などを務めたデニングを主筆に据えて条約改正反対の論陣を張った。

ラウダーの死後、ジュリアは別荘があった逗子で晩年を過ごし、横須賀に陸海軍人伝道義会を設立した女性宣教師のエステラ・フィンチ（日本名星田光代）とともに、軍人や船員を対象とする伝道事業に従事した。会員たちはフィンチをマザー、ジュリアをグラニー（おばあさん）と呼んでいた。伝道義会で使われていたオルガンもピアノもジュリアが寄付したものだという。

マクドナルド

McDonald, John, 1838ca.-1866.4.20

イギリス　21区60

開港直後、横浜に馬車を持ち込んだ外交官たちがいた。一八六〇年初頭には、オランダ副領事ポルスブルックらが、横浜と領事館の置かれていた神奈川の長延寺との間を馬車で往復するのが目撃されている。ポルスブルックはやがて川崎まで足を伸ばし、さらに馬車で江戸へ行く許可を求めたが幕府に拒否されている（参考13）。しかし、制止しがたいと思ったのか、好奇心にかられたのか、慶応二（一八六六）年正月中旬、老中松平伯耆守宗秀は横浜から江戸への帰途、川崎までイギリス公使館員マクドナルド所有の馬車に試乗している。

ブラックはその著作『ヤング・ジャパン』（参考14）のなかでこの出来事に触れて、「これはまことに、日本と外国との交際において、前代未聞の注目すべき大成功であった。すべての人々が表した喜びは非

老中を馬車で送るマクドナルド

常なものだった。川崎で別れる時、日英双方ともに、このうえない温かい尊敬の言葉を取り交わした」と記している。この頃から外交官たちは公然と馬車で江戸まで往復するようになった。

一八六四年、根岸と本牧の丘をめぐる外国人遊歩新道が開通した。外国人の足を東海道から遠ざけ、トラブルの発生を防ぐのが狙いだった。翌年には拡幅工事が行われて馬車も通れるようになった。ブラックによると、これがきっかけで多くの人が馬車を所有するようになった。マクドナルド所有の馬車はとくにみごとなものだった。

自家用馬車で日英親善に貢献したマクドナルドだったが、老中を川崎まで送ってから数か月後の四月二十日、散歩中に発作を起こして倒れ、死去した。二十八歳の若さだった。ブラックによると、スコットランドのインヴァネス出身、父親はヴィクトリア女王の日記に「信頼すべき臣下」としてしばしば登場するという。

ロバートソン

Robertson, Russell Brooke, 1848ca.-1888.4.10

イギリス　8区41

イギリスの初代駐日公使オールコックは、自身も『大君の都』を著した日本研究者だが、そのもとにはE・サトウやF・V・ディキンズらの優秀な日本研究者がいた。一八六五年、後任公使としてパークスが赴任すると、アストンやミットフォードを含めて、若い公使館員の間で日本研究熱が高まり、「パークス・スクール」と呼ばれるグループが形成される。ロバートソンもその一員だった。ロバートソンの父は中国でパークスの同僚だったという。

彼らは一八七二年、在日外国人の日本研究団体である日本アジア協会の設立に当たって中心的な役割を果たした。サトウとロバートソンは最初の役員会の評議員を務めている（参考15）。ロバートソンが協会の例会で行った小笠原諸島とカロリン諸島に関する報告は、協会の紀要四号と五号に収録されている。

ロバートソンは一八六〇年二月四日に公使館通訳生として来日、一八六三年補佐官となり、長崎、函館、神戸、東京の領事館勤務を経て、一八七〇年八月三十一日、横浜に転勤、翌年五月二日、領事に就任した。一八七九年からは領事法廷の判事補を兼ねた。一時帰国して一八八一年五月十一日、ミドル・テンプル（法曹院の一つ）で法廷弁護士の資格を取得した。一八七八年、イギリスは横浜に上海の高等法院から独立した日本法院を設置するが、ロバートソンは一八八一年七月二十八日から一八八三年二月一日まで日本法院の代理判事を務めた。

ロバートソンが横浜に在任中、問題となっていたことの一つは、港内の秩序と安全を保つための規則(港則)の制定であった。ロバートソンはドイツ領事ザッペとともに日本政府に協力したが、他の国の公使や領事の足並みが揃わず、在任中には制定されなかった(参考16)。

順調に仕事をこなしていたロバートソンだが、一八八八年四月十日の朝、働き盛りの四十歳で突然死去し、多くの人を驚かせるとともに悲しませた(参考17)。

ホール

Hall, John Carey, 1844.1.22 -1921.10.21
イギリス　6区2

日米修好通商条約以下の諸条約により、一八七二年七月以降、条約改正の発議が可能とされていた。成立したばかりの明治新政府は早速この問題に直面した。条約改正の眼目は領事裁判権の廃止にあったが、改正交渉の打診を受けた諸外国は一様に難色を示した。時あたかも長崎で信仰を告白した隠れキリシタン三千人以上が流罪とされ、流刑先で凄惨な拷問を受けて多数の死者が出ていた。信教の自由もなく、公然と拷問が行われるような国の法律や司法制度に自国民を従わせるわけにはいかないというのである。そこで政府は元老院を中心として、法律や司法制度の研究か

ら始めなければならなかった。

イギリス公使パークスは政府に香港とシンガポールのイギリスの監獄を視察することを勧め、公使館員一名を同行させることを提案した。政府はこの提案を受け入れ、一八七一年七月から九月にかけて三名の委員を派遣、ホールがこれに同行した（参考14）。

ホールは北アイルランドのロンドンデリー州コールレインの出身。ベルファストのクイーンズ・カレッジを卒業後、一八六七年十二月二十四日、イギリス公使館通訳生として来日、一八七二年、神戸の領事館で補佐官兼郵便係となり、翌年横浜に転じて通訳官となった。一時帰国し、一八八一年六月二十九日、ミドル・テンプルで法廷弁護士の資格を取得した。一八八二年以降、東京の公使館書記官や長崎、横浜の代理領事を歴任、一八八八年から翌年にかけて上海の高等法院の判事補代理を務めた。一八八九年、函館領事に昇任、その後、長崎、横浜、神戸の領事を歴任した。横浜在任中に起きたカリュー事件では検屍裁判の検屍官を務めている。一九〇三年五月二十一日以降は横浜の領事館で総領事を務めた。

一八九四年七月、最初の対等条約として日英通商航海条約が調印され、一八九九年七月十七日から施行されることになった。幕末の条約によって外国人に与えられた借地権は、無期限に与えられたものと理解されて永代借地権と呼ばれていた。借地料は当初高額だと思われていたが、金額が固定されていたので、時が経つにつれて相対的に低額となり、税金もかからないので外国人の既得権益となった。そのため、条約改正に当たっても、この既得権益の存続を認めざるをえなかった。

新条約が発効して居留地制度が廃止された際、日本側は借地権を土地所有権に切り替えようとしたが、有利なこの権利を保持し続ける外国人が多かった。日本政府は、土地に課税できなくても家屋税は徴収できるはずだと考えたが、諸外国がそれに反対したため、一九〇二年、オランダのハーグにある国際仲裁裁判所に提訴した。ホールはイギリスの委員の一人としてハーグに派遣された（参考18）。この裁判は日本の敗訴となり、永代借地権の問題はその後も長らく日本にとって悩みの種となった。

ホールは成立間もない一八七四年以来の日本アジア協会の会員であり、一八九三年には終身会員となった。鎌倉時代から江戸時代にかけての日本の法律を主な研究テーマとした。例会での報告は協会の紀要三四号から四一号にかけて収録されている。一九一二年から翌年にかけて会長を務めた。

夫人のアグネス（Agnes, 1850.4.10-1913.7.5）は上海の高等法院判事補グッドウィン（Charles Wyclif Goodwin）の娘、一八七六年にホールと結婚した。横浜婦人慈善協会の役員を務め、ソプラノ歌手としても知られていた。夫に先立って一九一三年に死去し、六区で永眠している（参考19）。

ホールは翌年退官して帰国、一九二一年、ロンドンで死去したが、遺言により、夫人の眠る墓に埋葬された。

ホールは一八八八年二月二十四日に開かれた墓地に関する居留民会議の席上、次のように述べていた。

「山手を散歩していてつねづね思うのですが、居留地のなかでもっともすばらしい眺望の得られる場所は、墓地の上の道ではないでしょうか。ここから居留地の街や波止場や対岸の神奈川の丘を望むことができます。もっとも神聖なもののひとつであるこの墓地は、またもっとも美しい場所のひとつでもあります。」（参考20）

シッドモア兄妹

Scidmore, George Hawthorne, 1854.10.12-1922.11.27
Scidmore, Eliza Ruhamah, 1856.10.14-1928.11.3
アメリカ　11区30

アメリカ人の法律家で横浜の領事館で働いた人にシッドモアがいる。

シッドモアはアイオワ州ダビュークの生まれ。ワシントンのナショナル大学卒業後弁護士となったが、程なく一八七六年にリヴァプール、翌年スコットランドのダンファームリン、翌々年にはパリの領事館に勤務した。

一八八一年四月二十四日、横浜の領事館書記官となり、神戸と上海の領事館を経て、一八八五年十二月に横浜で副総領事代理、一八九〇年十二月十日に副総領事、一八九四年には総領事代理に就任した。一九〇四年に東京の公使館法律顧問となり、長崎と神戸の領事を経て、一九〇九年にソウル駐在の総領事、一九一三年十一月二十五日、横浜駐在の総領事に昇任した。（参考18）

その間、英吉利《イギリス》法律学校（現中央大学）で講義を行い、一八八七年、同校からアメリカの領事裁判に関する著作（*Outline Lectures on the History, Organization, Jurisdiction, and Practice of the Ministerial and Consular Courts of the United States of America in Japan*）を出版している。一八九三年以降、イギリス領事法廷の弁護士も務めており、カリュー事件では家庭教師ジェイコブの弁護人となった。スポー

ツは水上競技を好んだ。一九〇〇年に横浜ヨット・クラブ、翌年にはボート競技の横浜アマチュア・ロウイング・クラブの会長を務めている。

ともに生活していた母親（Eliza Catherine, 1823.12.22-1916.10.5）は国際婦人図書室の役員を務めた。一九一六年、母親が死去、一九二二年にはシッドモアも死去し、ともに一一区に埋葬された。

妹のエリザはアイオワ州クリントンの生まれ。オハイオ州のオバーリン・カレッジで学んだのち、写真家・紀行文学者として活躍した。初仕事のアラスカ南岸とシトカ諸島の見聞記（*Alaska, Its Southern Coast and the Sitkan Archipelago*）は一八八五年に出版された。一八九〇年にアメリカ地理学会の会員となり、のち女性初の評議員に選ばれている。

一八八四年以来、兄の伝手でしばしば来日し、一八九一年に『日本人力車旅情（*Jinrikisha Days in Japan*）』（参考21）、翌年、ガイドブック『極東への西回りの旅（*Westward to the Far East*）』、一九〇三年にかけて、ジャワ、中国、インドに関する著作を出版した。

一九〇七年、唯一の小説『ハーグ条約の命ずるままに（*As the Hague Ordains*）』（参考22）を出版した。日露戦争で負傷して捕虜になったロシア人将校の看護のために来日した妻の立場で、当時の日本と日本人、とくにロシア人捕虜に対する人道的な扱いについて記述している。一九〇八年には日本理解の促進に貢献したとして、日本政府から勲六等宝冠章を授与された。

エリザはワシントンのポトマック河畔への日本の桜の植樹に貢献したことで知られている。そのアイデアは『日本人力車旅情』の執筆中、すでに芽生えていた。何ら実利的な目的もなく、花を愛でるためだけに集い、楽しむ、日本人の姿に感心し、その文化をアメリカに持ち帰って、ポトマック河畔を東京の向島のように、市民の憩いの場であるとともに観光客にも魅力のある名所にしようというユニークなアイデアであった。ユニークなだけに約二〇年間、誰にも相手にされなかった。

エリザの二〇年来の悲願は、いくつかの条件が重なることによって、実現に向かって動き出す。第一に、ともに農務省に勤務する植物学者のフェアチャイルドや昆虫学者のマーラット、ニューヨーク在住の日本人化学者高峰譲吉など、同様の考えを抱く人たちが現れた。第二に、ワシントンでは新たな都市計画が立案され、ポトマック河畔の埋立地に公園を造成することが検討されていた。第三に、日露戦争前後、日米間に蜜月関係が生じていた。決定打は、一九〇九年、タフトが大統領になったことであった。タフトは陸軍長官時代の一九〇五年に来日したことがあり、夫人のヘレンはエリザの知人だった。

一九〇九年四月五日（月曜日）の朝、エリザはヘレンに宛てて、積年の思いを綴った手紙を送った。水曜日には提案を受け入れる旨の返書が届き、計画が動き出す。それを受けて、高峰譲吉とニューヨーク駐在総領事水野幸吉からヘレンに、日本の桜の寄贈申し入れがあり、土曜日には快諾の意向が伝えられた。たった一週間で計画は外交ルートに乗った。

計画は水野総領事から外務大臣小村寿太郎を通じて東京市長尾崎行雄に伝えられ、東京市参事会が寄贈を決議、日本郵船は無償で運搬することを申し入れた。十一月二十四日、苗木二〇〇〇本を積んだ加賀丸が横浜を出港、翌年一月ワシントンに到着したが、害虫の付着が発見されて焼却処分され、第一陣は失敗に終った。四月に東京市参事会は第二陣を送ることを決議した。興津（現在静岡市清水区）の農商務省農事試験場園芸部が苗木作りを担当し、一九一二年二月十四日、三〇〇〇本の苗木を積んだ阿波丸が横浜を出港、三月十三日にワシントンに到着し、二十七日、ポトマック公園でヘレンや珍田《ちんだ》捨巳駐米大使夫人いわ、エリザによって植樹式が行われた。

ポトマック河畔の桜が成長する一方で、日米関係は悪化の一途をたどった。破局の始まりはじつは日露戦争であった。予想外の勝利を収めた日本は、満洲に利権を獲得し、戦争で疲弊した経済の活路を中国進出に求め、同じく中国市場への進出を目論むアメリカとの対立を深めていく。アメリカ国内でも反日感情が高まり、一九二四年の移民法（いわゆる排日移民法）によって日本からの移民が排斥されるようになった。翌年、エリザがスイスのジュネーヴに移住したのは、これに抗議する意味があったと考える人もいる。

しかし、失望したのはアメリカに対してだけだったのだろうか。エリザがこよなく愛した日本とは、物質的な利益よりも精神的な喜びを求めて、自然と共生し、礼儀正しく、誰もが快活に暮らす「絵のように美しい芸術的な国」だった。しかし、それは生まれつつある日本ではなく、滅びつつある日本だったのではないだろうか。武力をもって貪欲に海外に資源を求める「東洋の新帝国」ではなかったであろう。

エリザは一九二八年に死去した。国際連盟の事務局次長としてジュネーヴに滞在し、エリザと親交があった新渡戸稲造らの計らいで、遺骨は横浜に運ばれ、母と兄の眠る墓に葬られた。（参考23、24）

一九九二年、日本歩け歩け協会、日本さくらの会、横浜ＹＭＣＡの主催で第一回「シドモア国際サクラウォーク」が開催された。二〇一二年にはワシントンに桜が移植されて百周年に当たるところから、二〇一一年に「シドモア桜市民の会（シドモア桜一〇〇周年　里帰りを喜ぶ市民の会）」が結成された。

ザッペ

Zappe, Karl Eduardo Wilhelm, 1842.6.26-1888.3.26
ドイツ　8区48

ドイツ帝国の中心となったプロイセンは一八六一年一月二十四日、日本と日普修好通商条約を締結した。翌年十二月に初代領事としてフォン・ブラントが横浜に着任した。

ドイツ統一に当たって、オーストリア皇帝を中心とする「大ドイツ主義」と、プロイセン王を中心とする「小ドイツ主義」の対立があり、一八六六年にはプロイセンとオーストリアの間で普墺戦争が起きた。勝利したプロイセンは、翌年、北ドイツ連邦を結成した。一八六八年、フォン・ブラントが北ドイツ連邦総領事、A・ライスが横浜駐在領事に就任、一八七一年五月、ザッペがライスに替わり、総領事代理として横浜に赴任した。

一八七〇年七月から翌年五月にかけて、プロイセンとフランスの間で普仏戦争が起きた。勝利したプロイセン王ヴィルヘルム一世は、一八七一年一月十八日、占領したパリ近郊ヴェルサイユ宮殿でドイツ皇帝となり、ドイツ帝国が成立した。フォン・ブラントはドイツ帝国の全権公使に昇任、ザッペは翌年五月、ドイツ帝国の領事代理として引き続き横浜に駐在した。一八七四年四月、領事に昇任、一八八七年六月から一八八八年三月まで総領事を務めた（参考25）。

ザッペはドイツ西部の都市コーブレンツ近郊の出身。一八七〇年、上海の北ドイツ連邦領事館に赴任し、翌年横浜に移動した。一八八二年、フォン・ブラントは朝鮮に赴いて通商条約を締結したが批准を得られず、翌年、ザッペが改めて朝鮮に赴き、朝鮮全権との間で朝鮮・ドイツ条約（大朝鮮国大徳国通商条約）に調印した（参考26）。

一八七二年、日本アジア協会が設立された際、ザッペは評議員に就任した。ほぼ半年遅れて、一八七三年三月、ザッペを設立発起人の一人として、ドイツ系在日外国人の日本研究団体であるドイツ東洋文化研究協会（Deutsche Gesellschaft für Natur- und Völkerkunde Ostasiens）が横浜で設立された。初代会長はフォン・ブラント、本拠地は横浜のクルプ・ゲルマニア（ドイツ・クラブ、英語ではジャーマン・クラブ）に置かれた。ザッペは日本の工芸品を収集しており、そのコレクションは一八七六年、ドレスデンの民族学博物館に寄贈された。

一八八二年、井上馨外務卿のもとで条約改正交渉の準備のための条約改正予議会が開かれた際、ザッペはドイツの委員となった。また、一八八八年、予議会の委員から選ばれた五名の委員の一人として、青木周蔵らとともに「日本港則草案」の審議に参加した。ザッペは条約改正にも港則制定にも積極的だった。日本政府はその功に報いるため、一八八二年に勲三等旭日中綬章、一八八五年には勲二等旭日重光章を贈った。

総領事在任中の一八八八年三月二十六日に死去、翌日葬儀が行われた。ドイツ系居留民はもちろん、各国代表や日本を含む各国軍人、それに伊藤博文首相、青木周蔵外務次官、沖守固《もりかた》神奈川県知事も参列する大規模なものであった（参考27、28、29）。

クライトナー

Kreitner, Gustave Ritter von, 1847.8.2-1893.11.20

オーストリア・ハンガリー　1区39

普墺戦争に敗北したオーストリアはドイツ統一から締め出される一方、東ヨーロッパの多民族国家として発展する道を選んだ。一八六七年にはドイツ人のオーストリアとマジャール人のハンガリーが同じ君主のもとで連合する二重帝国、オーストリア・ハンガリー帝国に改組され、二年後の一八六九年、イギリス公使パークスの仲介で日本と通商条約を結んだ。

当初、上海駐在の公使が日本の総領事を兼ねていた。日本と上海との連絡には、フィリップ・フォン・シーボルト（いわゆる大シーボルト）の長男アレクサンダーや次男ハインリッヒが当たった。横浜での領事業務はイギリスに委任しており、イギリス領事館のロバートソンやドーメンが務めていた。

一八七八年、ハンガリー貴族セーチェーニ・ベーラ伯爵や陸軍中尉クライトナーの一行が来日した。一行はインド、中国から日本に足を伸ばし、長崎から京都へ、東海道を通って東京へ旅行し、富士山にも登った。その後二手に分かれ、セーチェーニは日光や中仙道、クライトナーは北海道を訪れた。旅行の結果はクライトナーによってまとめられ、帰国後の一八八一年、『東洋紀行（*Im fernen Osten*）』（参考30）として出版された。

一八七九年、東京に公使館が設立されてホッフェンフェルスが赴任した。一八八四年、ようやく横浜

に独自の総領事館を開設することになり、翌年クライトナーが着任してロバートソンから業務を引き継いだ。（参考31）

クライトナーはシュレージェン地方オトラウ（現在はチェコ領）の出身。グラーツ師団学校卒業後、将校試験に合格し、一八七二年、軍事地理研究所に配属されて測地に従事した。セーチェーニ伯爵の東洋旅行には地形学と天文学の担当者として採用された。帰国後、東洋旅行で得た知識を活かせる職として東アジアの領事を希望し、一八八三年、上海で総領事に就任した。一八八四年十月二十六日、横浜の領事に任命され、翌年一月八日に着任した。

一八八九年から一八九一年にかけて長期休暇を取って帰国し、オーストリアの工業地帯を旅行して対日貿易への参加を呼びかけた。一八九〇年四月にはウィーンの商業博物館で「今日の日本とオーストリアとの関係」と題する講演を行っている。再来日後の一八九二年十二月六日、総領事に昇任したが、一年にも満たない翌年の十一月、働き盛りの四十五歳で死去した。（参考32）

ネンブリニ＝ゴンザガ

Nembrini Gonzaga, Carlo de, 1850.2.18-1903.4.25

イタリア　4区77

アドリア海を挟んでイタリア半島の対岸、ダルマチア地方の北西部に

ザーラという都市がある。一二〇二年、ヴェネチアがハンガリー王国から奪って東方貿易の拠点として以来、イタリアの文化が移植された。一七九七年、ヴェネチアを攻め落としたナポレオンがフランス領としたが、ウィーン会議の結果、一八一五年にはオーストリア領となる。第一次世界大戦後はユーゴスラヴィア王国に、一九二〇年のラッパロ条約でイタリア領に、第二次世界大戦後、ユーゴスラヴィア領に、一九九一年のクロアチア独立戦争の結果、現在はクロアチア領となっている。

ネンブリニ＝ゴンザガは、この多民族・多文化の交差点とも言うべきザーラに生まれた。ヴェルディの歌劇「リゴレット」の主人公、マントヴァ公爵ゴンザガ家の子孫だという。「ネンブリニ＝ゴンザガ」は複姓だと思われるが、以下「ゴンザガ」と記す。追悼記事によると、ドイツのミュンヘンとスイスのベルンで工学を学び、オーストリア海軍に入ったというので、ドイツ人社会との繋がりが強かった（参考33）。

一八七八年に来日し、東京のイタリア公使館勤務を経て、一八八〇年、本郷湯島にあった周徳舎のドイツ語教師となったが、その後、中国に渡った。一八八七年頃、香港で天草出身の岩子と出会い、天津で結婚した。夫人はイタリアと日本の架け橋となる意味をこめて「伊和子」と改名した。ゴンザガは運命の糸で強く日本と結びつけられることになった。

一八八八年四月、京都府立京都商業学校の英語教師に招かれた。初代校長小林端一が香港の領事館に勤務していた時、知り合ったのが縁であった。知恩院山内の良正院に住み、フランス語やラテン語も教えたという。同年十一月から外務省、翌年から神奈川県に雇用され、十数年に亘って通訳官を務めた。その間、生糸検査所や開港港則の施行にともなって設置された横浜港務局の顧問も務めた。一八九四年、その功績を認められて勲五等双光旭日章を授与され、のち勲三等に昇叙された。

ゴンザガは少なくとも五か国語に通じていたというが、その中には日本語も含まれていた。外国人社会に対する県庁のスポークスマンのような役割も果たしていて、外国語の新聞に記事を提供していた。

一九〇三年、鎌倉の自宅で死去、四区に埋葬された。生前日蓮宗に帰依しており、菩提寺は鎌倉の本覚寺、戒名は安住院殿淳善日地大居士という。（参考34）

マーチン

Martin, Clarence K.Marshall, 1862.11.3-1949.8.2
イギリス　21区51

横浜では関東大震災の後、永代借地権の問題が大きくクローズアップされた。単なる復旧ではなく、災害に強い街を造るためには、道路の拡幅や上下水道の再整備が必要だが、旧居留地の山下町や山手町では、その工事のために永代借地権者の承諾を得なければならなかった。多くの外国人が神戸や中国に避難するか、帰国してしまったため、それは困難だったが、他方で、災害によって地価が下がり、無人となった土地の永代借地権を回収する絶好のチャンスでもあった。そのためには外国人の

マーチン家の墓所（右がマーシャル）

協力を得る必要があった。その役割を買って出たのがマーチンだった。

マーチンはスコットランドの出身。一八七三年、家族とともに横浜にやってきた。時に十一歳だった。父のジェームズはマーチン商会を興してカーディフ産の石炭の輸入・販売を行った。

マーチンは家庭教師について日本語を学んだ。その語学力を活かして、一八八四年以降一八九一年まで横浜始審裁判所の通訳を務めた。外国商社の横浜駐在員のための日本語の講習会も開いていた。一八九七年にはジャパン・ガゼット社を買収して一九〇八年まで経営した。

一八八八年に結婚して山手二六五番地に新居を構えた。門が赤かったので、日本人から「赤マーテン」と呼ばれた。また、もともとそこにあった地蔵を家の前に祀ったところ、「マーテン地蔵」と呼ばれるようになった。

一八九一年に父が死去し、兄のジェームズ・ジュニアが商社の経営を継いだが、兄も一九一五年に死去したため、マーチンが跡を継いだ。山下町一〇七番地の事務所には日本語の通訳と翻訳の看板も掲げられていた。

マーチンは歌舞伎や日本美術の愛好家であり、菱川師宣・鈴木春信・喜多川歌麿の作品など大量の浮世絵を収集したという。趣味を通じて、横浜最大の生糸商であり美術に造詣の深かった原富太郎（三渓）と親交を結んでいた。しかし、第一次世界大戦決戦前夜の一九一八年五月、故国に軍資金を寄付するため、開港記念横浜会館（現在の横浜市開港記念会館）で浮世絵の展示会を開き、売却してしまった（参考35）。

マーチンはまた、メアリー夫人とともに、動物愛護協会の前身、動物虐待防止協会（Society for the Prevention of Cruelty to Animals）を組織して会長を務めた。スポーツでは横浜アマチュア・ロウイング・

クラブの有力メンバーだった。

一九二三年九月一日、関東大震災が起きた時、マーチンはフランス領事館で領事やフランスの借地権者委員と話し合っていた。そこから丘に登り、火炎に追われながらイギリス海軍病院の崖を下り、港内の船に逃れた。

神戸に避難していたマーチンのもとに横浜市の渡辺勝三郎市長から協力の依頼があった。一九二四年十月、マーチンは顧問を引き受け、横浜市復興会の会長に就任していた旧知の原富太郎とともに、復興事業に取り組んだ。イギリス、アメリカ、フランス、中国の借地権者委員会の連合会委員長に就任したマーチンは、山下町に事務所を置いて技術者を雇い、日本側と協議しながら区画整理計画案を作成して各国の借地権者委員会に諮り、同意を求めた。翌年七月にはアメリカを皮切りにイギリス、フランス、ドイツ、ベルギーを回って、借地権者の同意を取り付けた。顧問料や出張費を受け取らず、これらをすべて自費でまかなった。

震災後、横浜や鎌倉でホテル住まいをしていたマーチンは、一九三八年、イギリスに帰国した。夫人のメアリー（Mary Stork, 1862.7.14-1940.1.15）は一九四〇年、イギリスで死去したが、遺骨は横浜に運ばれ、一時横浜に戻っていたマーチンの手で埋葬された。ヨーロッパではすでに戦争が始まっていた。戦争中、マーチンはアメリカのバークレーで過ごした。

父母や兄や妻の眠る横浜を「墳墓の地」と定めたのであろう、戦後の一九四九年、八十八歳のマーチンは日本を目指したが、サンフランシスコへ向かう途中の八月二日、心臓麻痺を起こして死去した。遺骨は遺言によって横浜に運ばれ、二二区のマーチン家の墓域に埋葬された。

一九五四年、日米和親条約締結百周年を記念して開国百年祭が行われた際、マーチンは原富太郎らとともに、物故功労者一六名の一人に選ばれた。（参考36）

Ⅲ　伝道と教育に生涯を捧げた人々

安政五（一八五八）年、アメリカ、オランダ、ロシア、イギリス、フランスの五か国と結ばれた通商条約には、条約締結国民の信仰の自由と礼拝堂建設の権利が明記されていた。この条項に基づいて、キリスト教宣教師の来日が可能となった。

しかし、日本宣教の試みはそれ以前からあった。もっとも早いのはローマ・カトリック教会のパリ外国宣教会であり、早くも一八四四年、フォルカード神父が琉球に赴任した。二年後の一八四六年には、イギリス聖公会によって設立されたイギリス海軍琉球伝道会の宣教師としてベッテルハイムも琉球に派遣されている。

一八五五年、フォルカード神父の後任としてジラール神父が琉球に赴任し、通商条約発効後の一八五九年九月六日に駐日フランス代理公使ベルクールの通訳官として江戸に移った。ジラール神父はムニク神父とともに横浜の外国人居留地で聖堂建設を進め、一八六二年一月十二日（文久元年十二月十三日）に献堂式が行われた。これが開国後、最初のキリスト教の聖堂である。正式名称は横浜聖心聖堂、横浜天主堂の通称で知られている。

ジラール神父は一八六七年十二月に死去し、遺体は聖堂内に埋葬された。聖堂は一九〇六年、遺骸とともども山手四四番地に移転した。関東大震災後再建されたのが現在のカトリック山手教会であり、神父の遺骸は現在も聖堂の祭壇に向かって左手の壁の中に安置されている。

十六世紀以降、ルターやカルヴァンによる宗教改革の結果、カトリック教会に対抗してプロテスタントの諸教派が生まれた。カルヴァンを指導者と仰ぐ人々は「聖書によって常に改革される教会」という意味で改革派教会を名乗り、オランダでは一時国教の地位を占めた。オランダからアメリカに移住した人々によって組織されたのがアメリカ・オランダ改革派教会（Dutch Reformed Church in America）である。同派からは横浜に牧師のS・R・ブラウンやバラ、女性宣教師としてキダーらが派遣され、日本でプロテスタント教会が形成される原動力となった。同派の設立した学校にフェリス女学院がある。

カトリック教会やイギリス聖公会では、上位聖職者中心の監督制と呼ばれる教会運営が行われるのに対して、カルヴァン派では聖職者のみならず信徒代表を含めた長老（Presbyter）の会議によって教会を運営する。そのためスコットランドのカルヴァン派の人々は長老派教会（Presbyterian Church）を名乗った。アメリカの長老派教会から横浜に派遣された宣教師に、医師のヘボンや牧師のタムソン、ルーミスらがいる。

バプテスト派の宣教師の来日も早かった。キリスト教では、水により罪を洗い清め、信仰の証《あかし》とすることを洗礼（バプテスマ）という。カトリックのみならず、プロテスタントの諸教派でも、キリスト教徒の家に生まれた子には幼いうちから洗礼を施す。バプテスト派の特徴は、バプテスマの方法として、頭部に水を注いだり、手を濡らして頭部に押し付けるだけの簡略形ではなく、全身を水に浸す浸礼こそふさわしいとする点、また本人の信仰を確認できない幼児洗礼を認めず、本人の自覚に基づく浸礼を行わねばならないとする点にある。また、教会の運営に関しては、監督制でも長老制でもなく、聖職者も信徒も含めた総会を中心とする会衆制と各個教会の自主独立を重んじる点に特徴がある。

バプテスト派は十七世紀初頭イギリスに生まれ、アメリカに渡ってプロテスタント諸教派中の最大勢力になった。南北戦争に際しては、奴隷制の可否をめぐって南北に分裂するが、横浜には北部バプテストのゴーブルやネーサン・ブラウン、ベンネットらが派遣された。同派の設立した学校に捜真女学校や関東学院がある。

アメリカで第二の勢力を占めるメソジスト派の宣教師もやってきた。この教派は十八世紀にイギリスのジョン・ウェスレーによって創始されたもので、信仰の証として規則正しい生活方法（メソッド）を重んじたところから、メソジストと呼ばれるようになった。アメリカに渡って大きな勢力になるとともに、いくつかの教派を生じた。その一つは監督制をとるメソジスト・エピスコパル教会（美以《みい》教会）であり、この教派からはマクレイやコレルが、会衆制をとるメソジスト・プロテスタント教会（美普《みふ》教会）からは、女性宣教師のブリテンらが横浜に派遣された。美以教会の設立した学校に青山学院、美普教会の設立した学校に横浜英和学院がある。

もっとも早く来日したプロテスタント教会の宣教師はアメリカ長老派教会の医師ヘボンであった。開港直後の一八五九年十月十八日神奈川に上陸し、成仏寺を宿舎とした。続いて十一月一日、アメリカ・オランダ改革派教会の牧師S・R・ブラウンと医師シモンズが来日し、前者は成仏寺、後者は宗興寺を宿舎とした。

宣教師たちが横浜ではなく神奈川に住んだのは、領事の意向に沿ったものだが、横浜の評判が悪かったことにもよる。ブラウンによると、横浜には遊郭が造られ、素行の悪い船員たちが横行していたことから、「堕落の淵」と呼ばれていたという。「商人は横浜にとどまり、神奈川はミッションにまかせてほしい」というのがブラウンの意見だった（一八五九年十一月三日付書簡。参考11）。

開港後も日本人に対するキリシタン禁制は解かれていなかったので、宣教師たちは当初外国人の間で活動するほかなかった。日本での最初の聖日（日曜日と教会の祝祭日）礼拝は、牧師の資格をもつブラウンが来日した直後の一八五九年十一月十三日、成仏寺本堂で行われた。聖日礼拝はその後江戸や横浜に場所を移して行われ、宣教師とその家族だけではなく、公使や領事、軍人、居留民も参加するようになる。

イギリス領事邸の客間や領事館の法廷で行われていたイギリス聖公会の礼拝でも、ブラウンが説教を行い、アメリカ人が参加することもあったらしい。しかし、一八六二年七月二十九日、イギリス領事館付牧師としてベイリーが赴任して以降、礼拝参加者をイギリス人に限定するようになったため、アメリカ人による教会形成の気運が高まった。

一八六三年二月二十三日、ブラウンを仮牧師として、横浜ユニオン教会が組織された。ブラウンを通じてオランダ改革派教会と協力関係を持つが、長老派やバプテスト派の信徒、イギリス人などアメリカ以外の国籍の信徒をも含む独立の教会とされた。当時オランダでは教義の理解の相違から改革派教会が分裂し、アメリカでも南北対立の中で教会の分裂が起きており、日本の教会がその影響を受けないようにするための配慮だった。ブラウンはミッション本部への報告のなかで、誇らしげに「この小さい教会が、喜望峰以東の諸国に建てられた最初のアメリカの教会であります」と述べている。

同様の考え方は日本人による教会設立に当たっても採用された。一八七二（明治五）年、特定の教派に属さない日本人最初のプロテスタント教会として横浜公会が組織され、日本基督公会の母体となった。

一八七五年七月十日、居留地一六七番地に本格的な聖堂が完成し、献堂式が行われた。これ以降、横浜海岸教会と呼ばれることになる。この聖堂はユニオン教会の用地に建てられたもので、借地権者兼聖堂の所有者は改革派教会伝道局であり、そこに日本基督公会が同居していたのであった。両者は自主性を保ちながらも密接不可分の関係にあったことがわかる。一九一一年、山手四九番地にユニオン教会の新しい聖堂が完成し、一九二二年には海岸教会の土地・建物が日本人教会に寄付された（参考37）。

カトリック教会やプロテスタント諸教派の宣教師たちによって、横浜には多くの教会や学校が設立された。とくに山手地区が活動の舞台となり、山手地区は宗教・教育の町としての性格を強めていった。（参考38）

バラ夫人

Ballagh, Margaret Tate Kinnear, 1840.11.23-1909.3.16

アメリカ　4区41

一八六一（文久元）年十一月十一日、横浜港に入港したアイダ・D・ロジャース号で若い宣教師夫妻が来日した。夫のジェームズ・バラは二十九歳、妻のマーガレットは二十一歳の誕生日を迎える直前だった。

ジェームズは一八三二年、ニューヨーク州デラウェア郡で北アイルランドからの移民の家に生まれた。ラトガース大学とニューブランズウィック神学校を卒業して牧師となり、ミッションを離れたシモンズの後任として改革派教会から日本に派遣されることになった。

マーガレットは一八四〇年、ヴァージニア州ロックブリッジ郡の生まれ、父親はバラの父と同じ船でアメリカに渡った北アイルランドからの移民だった。幼くして両親を失い伯母に育てられたが、祖父から広大な農園を遺産として継承したので、経済的には恵まれていた。ペンシルベニア州ノリスタウンの女学校を卒業後、宣教師になる夢を抱いたこともあったという。二人は一八六一年五月十五日に結婚し、半月後にはもう日本に向けて旅立った。マーガレットが後年出版した著作『古き日本の瞥見』（参考39）は、六か月に及ぶこの航海の記述から始まっている。

公使たちが横浜開港を追認した一八六〇年二月頃から横浜で外国人居留地の整備が進み、オランダを筆頭として各国領事館の横浜移転が始まった。横浜に移転する宣教師も現れた。一八六〇年十月に横浜で医院を開業したシモンズが最も早く、ついで一八六二年初頭にゴーブル、十二月にはヘボンが横浜に移った。この年に起きた生麦事件後の政情不安の中で、攘夷派からの攻撃の危険を理由に神奈川からの退去を求める幕府の圧力により、翌一八六三年六月にはブラウンとバラも横浜に移った。

バラ夫妻は当初ヘボン邸、ついでアメリカ領事館に間借りをしていたが、一八六四年初頭、ブラウンと共同でのちの一六七番地にあたる土地を取得した。この土地がのちに横浜ユニオン教会の用地となる。

キリスト教禁制下で日本人を相手に布教ができなかった当時、宣教師たちは将来の布教に備えて日本語の学習に多くの時間を割いていた。最初はブラウン、次いでバラの日本語教師をしていた矢野元隆（玄隆、隆山とも）という医師がいた。矢野による日本語教授はバラが横浜に移ったのちも続けられた。

矢野がキリスト教に興味を示したので、バラは矢野とともに中国語訳聖書の日本語訳を始めた。肺を病んでいた矢野は病床で聖書の翻訳を進めるうちに信仰を告白するに至った。一八六五年十一月五日、矢野は神奈川宿の裏町の小さな家の一室で、ヘボンの立ち会いのもとバラから洗礼を受けた。これがキリスト教禁制下での最初の日本人受洗者であり、日本で洗礼を受けた史上最初のプロテスタント信者となったが、一か月後に死去した。死の直前、矢野から感謝の言葉を聞いた時のことを、マーガレットは『古き日本の瞥見』のなかで「私の生涯のうちで最も幸せな出来事だった」と述べている。

宣教師たちが日本人と接する方法の一つは英語を教えることだった。この分野では夫人たちも活躍した。ヘボン夫人クララはペンシルベニア州のノリスタウン・アカデミーで教えた経験があった。一八六三年、林桃三郎（のち董《ただす》）がクララから英語を習い始めた。これがヘボン塾と呼ばれる英語塾の発端となった。翌年には仙台藩の高橋是清、鈴木六三郎、大村大三郎の三人が入塾した。林はのち外務大臣に、高橋は総理大臣になっている。

幕府の役人たちも宣教師の学識や教育者としての能力を率直に認め、神奈川奉行所の通訳養成のためにブラウンらの協力を求めた。一八六四年七月、正式に英学所が設けられ、ブラウンやヘボンのほか、バラやタムソン、クララも教鞭を執った。その間、ヘボン塾ではマーガレットが代わりに授業を行った。

一八六六（慶応二）年十月、ヘボンが自ら編纂した和英辞書『和英語林集成』の印刷のため、夫人とともに上海に渡航した際も、ヘボン塾の生徒に対してマーガレットが自宅で授業を行った。「慶応二年の大火」が起きた十二月二十九日、マーガレットは自宅で授業を行っていたが、遊郭付近で発生した火災は南風に煽られて燃え広がり、バラ邸を含む横浜の中心部を焼き尽くした。

焼け出されたバラ夫妻は居留地三九番地のヘボン夫妻の留守宅に仮住まいをすることになった。バラはここでタムソンとともに聖日礼拝を行った。この礼拝に英学所の学生だった粟津高明と鈴木貫一が参加するようになり、二人は一八六八（明治元）年五月にバラから洗礼を受けた。

その頃、バラは自宅を再建するとともに、ゴーブルに設計・監督を依頼し、敷地内に小さな聖堂を建てた。財源にはS・R・ブラウンから託されたユニオン教会会堂基金が当てられた。これが「石の会堂」であり、一八六八年中に完成した。一九二二年に「バラ博士記念会堂」と命名されたが、その翌年の関東大震災で倒壊した。

バラは石の会堂で聖日礼拝を行うとともに、一八七一年にはバラ塾と呼ばれる英学塾を開き、英語と聖書を教えた。一八六一年以来、世界各国で年頭に行われる初週祈祷会が横浜でも開催されていたが、一八七二年の初週祈祷会に際して、バラ塾の学生であった篠崎桂之助が、日本人による祈祷会のために石の会堂の使用を要請し、バラ塾の学生を中心に約三〇名が参加して祈祷が行われた。

やがて参加者のなかから受洗を望む者が続出し、日本人による教会設立の気運が高まった。三月十日午前、バラの勧めで会衆が教会設立を話し合い、バラを仮牧師、小川義綏《よしやす》を長老に内定、午後から石の会堂で洗礼式と長老任職式が行われた。受洗したのは篠崎ら九名、それ以前に受洗していた小川ら二名を加えた一一名が、日本人による最初のプロテスタント教会である横浜公会の会員となった。聖餐式にはブラウン夫妻やマーガレットも参加した。キリスト教禁制の高札が撤去され、実質上信教の自由が認められるようになる一年前のことだった。

翌一八七三年、タムソンと小川が東京に移住した。この二人を中心に東京公会が組織され、やはり小川が長老に選ばれた。翌年四月三日、横浜・東京両公会の間で「日本基督公会条例」の原案が討議され、一〇月三日、正式に決定された。

バラ塾には押川方義《まさよし》、本多庸一、熊野雄七、植村正久、山本秀煌《ひでてる》らが集まり、いずれもバラから受洗した。かれらは一八七三年秋、ブラウン塾に移り、日本のプロテスタント教会の指導者に成長していった。ブラウン塾は一致神学校を経て明治学院に発展する。

バラは一八七八年に一時帰国するが、それまでに一七一人に洗礼を授けた。再来日後は改革派教会が日本に設定した南北両宣教区のうち北ミッションを担当し、関東・東海・東北・北陸の各地で開拓伝道に当たった。

一九〇九年、バラと苦楽をともにしたマーガレットが死去、六十九歳だった。バラはその後も伝道を

続け、一九一九年に帰国、再来日を望みつつ翌年八十六歳の生涯を閉じた。（参考40）

キダー

Miller, Mary Eddy Kidder, 1834.1.31-1910.6.25

アメリカ　2区53

キダーは一八三四年、ヴァーモント州ウィンダム郡ワーズボロの生まれ。いくつかの学校で学んだのち、マサチューセッツ州のマンソン・アカデミーに入学した。この学校はS・R・ブラウンの母校であり、町にはブラウンの実家があった。ブラウンはニューヨーク州オワスコ・アウトレットのサンド・ビーチ教会で牧師を務めるかたわら、オーバーンで学校を経営していた。キダーはこの学校の教師に招かれるとともに、サンド・ビーチ教会の会員となった。ブラウンが日本に旅立つ際には、キダーもオランダ改革派教会海外伝道局総主事のフェリスらとともにニューヨークまで見送った。

一八六七年、キダーは一時帰国中のブラウンから日本伝道の誘いを受けた。一八六九（明治二）年、キダーはニューヨークでフェリスの面接を受けたのち、ブラウン夫妻とともに完成したばかりの大陸横断鉄道で西へ向かい、サンフランシスコで太平洋郵船オレゴニアン号（のち名護屋丸）に乗船、八月二十七日、横浜に到着した。

ブラウンの再来日は新潟英学校からの招きによるもので、キダーも同行した。さっそく少女を集めて英語を教え、日曜にはバイブル・クラスも開いたが、翌一八七〇年、横浜の修文館に招かれたブラウンとともに横浜へ移ったので、長続きしなかった。横浜に移ったキダーは九月二十一日からヘボン塾でクラスを持つことになった。フェリス女学院はこの日を創立の日としている。最初のクラスは男子四人、女子三人の男女共学だった。翌年九月、女生徒のみ一二名のクラスに改組された。

一八七一年十一月、ヘボンは『和英語林集成』第二版の出版のため上海へ渡った。キダーは留守宅を借りて授業を続けた。やがてヘボン塾の女子部はキダー塾としての声価を得るようになり、神奈川県権令大江卓の夫人も生徒になった。翌年七月にヘボンが帰国した際、大江の世話で野毛山の県官舎の一画に教室を得て独立した。

キダーは一八七三年、長老派教会の宣教師ミラー（Edward Rothesay Miller）と結婚した。ミラーは夫人の女子教育事業を助けるため、教籍を改革派に移し、自らも教鞭を執った。翌年、アメリカ海軍病院の建設用地として確保されながら空地となっていた山手一七八番地の土地をアメリカ領事が提供したので、改革派教会伝道局から送られた資金で校舎と寄宿舎の建設が進められ、一八七五年六月一日に開校式が行われた。校名は伝道局の初代総主事にちなんで、アイザック・フェリス・セミナリー（日本名は布恵利須英和女学校）と名づけられた。

ミラー夫人となったキダーは一八七九年から二年ほど休暇を取って帰国、これを機に学校の経営から離れ、夫とともに伝道事業に専念した。おもに東京築地に住み、死の直前まで、日曜学校の教材となる雑誌『喜の音《おとずれ》』や『小さき音』の出版に従事した。（参考41、42、43）

キダーの墓の隣には、一八八八年から三五年にわたってフェリス和英女学校の音楽教師を務め、一九二二年、校内の演奏会で「告別」の合唱のピアノ伴奏中に急死したジュリア・モールトン（Julia A.Moulton, 1852.7.28-1922.5.25）が埋葬されている。その隣には、卒業生で、モールトンの助手からスタートして四六年間教員として働き、震災復興にも尽力、副校長に就任した林貞子が永眠している。

カイパー

Kuyper, Jennie Mary, 1872.4.3-1923.9.1
アメリカ　6区76

一八八一年、ミラー夫人に替わってブース（Eugene Samuel Booth）がアイザック・フェリス・セミナリーの二代目の校長となり、一九二二年まで四一年にわたって在職した。その間、衛生に配慮した校舎の整備や食生活の改善と体操による生徒の健康管理、音楽教育などの充実が図られた。一八八九年には日本人が親しみやすいように、校名が「フェリス和英女学校」に変更された。

ブースの後任として三代目の校長に就任したのがカイパーである。カイパーは一八七二年、アイオワ州ペラ市の生まれ、シカゴ大学卒業後、ウィスコンシン州のロチェスター・アカデミーの校長をつとめた。一九〇五年に来日し、フェリス和英女学校の教師となり、一九一六年、ブースが一時帰国した際に

は校長代理を務めたこともあった。

一九一九年、健康を害して一時帰国したが、その後再び来日して鹿児島で伝道に従事、一九二三年十月二十三日、フェリス和英女学校の三代目の校長に就任した。しかし、その一年後に関東大震災が起こり、倒壊した校舎の下敷きとなって死去した。

学校は四代目校長ルーマン・シェーファーや元校長ブースらの尽力で再建が進められた。シェーファーが再建に尽力していた一九二七年、子息のデヴィッドが死去し、カイパーの墓の隣に埋葬された。一九二九年に新校舎と講堂が落成し、カイパー殉職の地に建てられた講堂はカイパー記念講堂と名づけられた。学校は一九五〇年にフェリス女学院と改称されて現在に至っている。

ゴーブル妻子

Goble, Eliza Weeks, 1836.10.15-1882.5.1
Goble, Dorinda, 1858-1862
アメリカ　17区33

エリザ

ジョナサン・ゴーブルは一八二七年、ニューヨーク州ステュベン郡ウェイン村の生まれ、十九歳で非行に走り、オーバーンの刑務所

ドリンダ

エリザ

で服役中、伝道者となる使命を予感したという。一八五一年、この予感を抱きつつ、ペリー提督の率いる日本遠征隊の海兵隊員に応募した。遠征隊が那覇に寄港した際、異教の地で日本語を学び、聖書の翻訳に励むベッテルハイムの熱意にうたれ、日本伝道の志を固めた。

初等教育しか受けていなかったゴーブルは、帰国後、遭難した栄力丸の乗組員のうち唯一ペリーの遠征隊に参加した仙太郎（通称サム・パッチ）といっしょに、ニューヨーク州ハミルトンのマジソン学園中等部に二年間学び、さらに神学部で一年間学んだ。ゴーブルは在学中の一八五六年、エリザと結婚した。エリザは一八三六年、ニューヨーク州オレンジ郡の生まれ、当時十九歳だった。一八五八年に長女ドリンダが生まれている。

ゴーブルは北部バプテストの小会派、アメリカ・バプテスト自由伝道協会に働きかけ、同派の通信書記をしていたネーサン・ブラウンの計らいで、「自給」を条件に日本に派遣されることになった。「自給」とは二名の実業家から二百ドルずつの寄付金が送金されるものの、生活費の大半を自ら稼がなければならないことを意味する。

一八六〇（万延元）年四月一日、ゴーブルはエリザ、ドリンダ、仙太郎を伴って来日し、当初はヘボンやブラウンの住む成仏寺、ついでその脇の家を住居とした。来日時の心境をエリザは次のように書き記している。

「私たちはとうとう日本に着きました。ここ日本こそ神の下さった私たちと子どもらの故里。ここ日本で私が生きることを、働くことを、死ぬことを、骨を埋めることをお許しください。」

その一年後、本国で始まった南北戦争のため送金が滞り、ゴーブル夫妻の生活は苦しくなる。

一八六二年初頭、横浜居留地一一〇番地に移ったゴーブルは、隣接する一〇六番地で日本人対象の英語塾を開いた。病弱にもかかわらず、エリザも中国人相手の夜間クラスを受け持った。その折も折、この年の夏に大流行したコレラによってドリンダを失った。日本宣教を断念し、帰国を求めるミッション本部からの手紙に対して、日本残留の決意を述べた十月一日付の手紙の中で、ゴーブルは次のように心中を吐露している。

「私たちはこの子に未来の宣教師を夢みていた。この子はもう日本人のように話せたし、何の苦もなく日本の子どもたちと冗談を楽しむこともできた。私たちは全ての労苦が終った時に、またこの子と会いたいと願っています。」

日本残留を決意したゴーブルは靴直しや大工仕事、エリザも洋裁で生活費を稼がなければならなかった。

聖書を日本語に翻訳することは、ゴーブルが那覇でベッテルハイムの熱意に感銘を受けて以来の目標だった。一八六八（明治元）年頃には一部の翻訳が完成し、一八七一年、『摩太《マタイ》福音書』を木版印刷で出版した。一般民衆が読めるよう、口語体でひらがなを主体に印刷された日本最初の聖書であった。キリスト教禁制下だったため秘密裏に出版されたが、ほとんどが政府によって没収されてしまった。

一八七一年十二月二十三日、ゴーブルは太平洋郵船アメリカ号で一時帰国するが、この船には岩倉具視を団長とする政府の使節団が乗っていた。ゴーブルは岩倉らにキリスト教解禁の必要性を訴えた。同行したアメリカ公使デ・ロングの意を受けたものと思われている。また、使節団の滞米中にニューヨークで解禁のための運動を行った。時あたかも長崎の大浦天主堂で信仰を告白した隠れキリシタンに対する大弾圧が行われており、諸外国から厳重な抗議を受けていた政府は、使節団の意向も踏まえ、翌一八七三年二月二十四日、キリスト教禁制の高札を撤去した。

南北戦争に際して、奴隷制に反対する北部バプテストは、急進派の自由伝道協会と漸進派のアメリカ・バプテスト宣教師同盟に分裂したが、戦争終結後再合同することになった。少数派の自由伝道協会は多数派の宣教師同盟に合流する際、ゴーブルが開拓した日本伝道の継承を要請し、その結果、ゴーブルとネーサン・ブラウンが日本に派遣されることになった。両夫妻は一八七三年二月七日、横浜に到着、ゴーブルにとっては三度目の来日だった。ゴーブルとブラウンはキリスト教禁制の高札が撤去された直後の一八七三年三月二日、山手二〇三番地で、日本最初のバプテスト派の教会として横浜第一浸礼教会（のち横浜第一バプテスト教会）を設立した。一〇日後、山手七五番地に移転、現在この地に「日本バプテスト発祥之地」の記念碑が建っている。

ゴーブルには建築の知識と経験があり、一八六八年にバラの依頼で石の会堂を建設した。山手二三四番地に建設した真道館という聖堂は、一八七五年、メソジスト・エピスコパル教会のマクレイが購入し、二二二番地に移設して、天安堂と名づけた。

ゴーブルは三度目の来日から一年足らずのうちにミッションを離れ、以後単独で布教を続けた。一八七九年からは三年にわたり、自ら考案した組み立て式二輪馬車を駆使して、関東地方を中心に、函館から九州各地に至るまで、聖書の販売伝道を行った。

一八八二年五月一日、ゴーブルを支え続けたエリザが死去した。ゴーブルはドリンダの墓の傍らに立派な墓を造り、「信仰の勝利」と題する追悼の小冊子を配布した。翌年帰国するが、エリザを失い、生涯を賭けた宣教の地を去ったゴーブルは、糸の切れた風船のようになってしまったようだ。ペンシルベニア州フィラデルフィアの退職した牧師のための老人ホームなどで余生を送り、一八九六年、エリザの命日に当たる五月一日にセントルイスのミズーリ・バプテスト診療所で死去した。（参考44）

ブラウン

Brown, Nathan, 1807.6.22-1886.1.1

アメリカ　4区25

ネーサン・ブラウンは一八〇七年、ニューハンプシャー州ニューイプスウィッチに生まれた。一八二四年、マサチューセッツ州ウイリアムズタウンのウイリアムズ大学に入学したが、東洋伝道発祥の地と呼ばれるほど、同校からは多くの宣教師が巣立っている。

一八三二年、ブラウンは応募によりバプテスト派の宣教師としてビルマ（現在のミャンマー）に赴任、四年後、インドのアッサム地方に移り、一九年にわたって伝道に従事した。その間、アッサム語聖書やアッサム語文法を編集し、アッサム語による文学の興隆に貢献した。また、インド諸部族語や東南アジア諸国語の比較研究と共通の表記法の考案に努めた。

一八五五年、休暇を得て一時帰国するが、伝道方針の違いからバプテスト宣教師同盟の本部と対立し、バプテスト自由伝道協会に入会、協会の機関紙編集者と通信書記に就任した。この間、ゴーブルの日本派遣に尽力するとともに奴隷制反対の論陣を張った。一八六三年一月一日に「奴隷解放宣言」が発表される直前には、「奴隷解放宗教者の会」の代表の一人としてリンカーン大統領と会見している。また同じ頃、アメリカ言語学協会を組織して世界共通の表記法の考案を提言し、自ら「コズミック・アルファベット（宇宙的表記法）」を案出した。

ゴーブルの項で述べたように、宣教師同盟と自由伝道協会の再合同に際して、ブラウンはゴーブルが開拓した日本伝道を継続するために、自らゴーブルとともに日本へ赴くことになり、一八七三年二月七日に来日した。時に六十五歳、「あと一〇年生きながらえて、日本人に聖書を与えたい」というのが来日時の念願だった。

ブラウンはさっそくゴーブルが始めた聖書の日本語訳を引き継ぎ、ギリシャ語原典に基づいて翻訳を進めるとともに、翌一八七四年には次男ピアスを呼び寄せ、山手六七番地にミッション・プレス（あるいはバイブル・プレス）と呼ばれる印刷所を作らせた。一八七九年八月、翻訳が完成し、日本最初の新約聖書の全訳『志無也久世無志与《しんやくぜんしょ》』が刊行された。全文ひらがなで、固有名詞にはコズミック・アルファベットのルビも付されていた。それは多くの日本人が読めるようにするとともに、将来日本語を世界共通の表記法で表すための準備でもあった。

一八八六年一月一日、七十九歳で死去。葬儀は超教派で行われ、長老派のヘボンとメソジスト派のコレル夫妻、バプテスト派のベンネット夫人メーラが四重奏でブラウンの作詞になる「宣教師」という唄を歌った。（参考45、46）

ブラウンはウイリアムズ大学を卒業後、同窓生のジェームズ・バラードがヴァーモント州ベニントンに設立した中等神学校の副校長を務めたが、そこで女子部を担当していたジェームズの妹エリザ・ホイットニーと知り合い、結婚した。一八七一年五月十四日、四一年間にわたってブラウンと辛酸をともにしたエリザが死去、ブラウンは来日直前の一八七二年七月二十四日、シャーロッテ（Charlotte Ashmore Brown, 1839-1923）と再婚した。

シャーロッテは来日後、少女を集めて教室を開いたが、病気のため続けられなくなったので、クララ・サンズが引き継いだ。サンズはアメリカ婦人バプテスト外国伝道協会から派遣されて一八七五年に来日、横浜第一浸礼教会でブラウンとともに伝道活動を行っていた。

一八八六年にはブラウンが死去するとともに、サンズが帰国した。シャーロッテはサンズの生徒を引き取り、かつてのミッション・プレスの建物を校舎として、本格的に女子教育を始める決心をした。そこで共立女学校に助手の人選を依頼した結果、卒業生のエイミー・コーンズ（日本名山田千代）が派遣され、一八八七年十月一日に英和女学校を名乗った。

シャーロッテはまた、婦人バプテスト外国伝道協会に校舎建設資金と有能な教師の派遣を要請した。その結果、クララ・カンヴァースが選ばれ、一八九〇年一月二十五日に来日した。同年九月、シャーロッテはウイリアム・アシュモアと再婚し、中国伝道に旅立ったので、学校はカンヴァースに引き継がれ、翌年山手三四番地に校舎が落成、資金援助をした婦人バプテスト外国伝道協会の前会長にちなんでメリー・L・コルビー・ホームと名づけられたが、翌年には捜真女学校という日本名も決定された。一九一〇年、神奈川区中丸に移転して現在に至っている。（参考47、48）

ブラウンの墓石にはシャーロッテの生没年も刻まれている。

ベンネット

Bennett, Albert Arnold, 1849.4.16-1909.10.12

アメリカ　14区14

ゴーブルとブラウンが始めたバプテスト派の事業はベンネットによって継承された。

ベンネットはペンシルベニア州フィラデルフィアの生まれ、ロードアイランド州プロヴィデンスのブラウン大学を卒業後、シカゴ・バプテスト・ユニオン神学校（シカゴ大学神学部の前身）で学んだ。同窓生にブラウン夫人シャーロッテが再婚したウイリアム・アシュモアがいる。一八七九年に宣教師に任命され、九月三十日、牧師の娘メーラ・イザベル・バロウズと結婚、十二月六日、横浜に着任した。

ベンネットはブラウンを補佐しつつ、日本人伝道者のための聖書研究クラスを開設した。一八八四年には山手六四番地に横浜バプテスト神学校を設立し、校長となった。この学校は関東学院大学神学部の淵源となった（同神学部は一九七二年廃部。その事業は現在日本バプテスト神学校に継承されている）。

ブラウンの死後、ベンネットは横浜第一浸礼教会の牧師の職を引き継ぎ、また帰国したサンズが担当していた神奈川県内各地での伝道事業も継承した。

ベンネットには文学の才能があり、夫人のメーラは音楽に堪能で、横浜バプテスト神学校や捜真女学校で音楽を教えた。夫妻が作詞作曲した現行讃美歌四八番は現在も歌われている。

ベンネットは実務能力ももっており、宣教団体の会計を担当していたが、一八九六年に起きた三陸津波に際しては、在日外国人から集められた見舞金を分配する仕事を見事にこなし、天皇から金杯を授与された。

ベンネットは居留外国人による超教派の教会である横浜ユニオン教会での説教や横浜YMCAの書記など、教派を超えた活動を行った。また、アメリカ海軍病院や海員、刑務所を対象とする伝道、人力車夫を対象とする雑誌『人力車』の発行など、幅広い伝道活動を行った。

一九〇九年十月十一日、横浜バプテスト神学校創立二五周年記念式典が行われた。ベンネットの体力は衰えていたが、それでも参列し、祈祷を捧げ、卒業生から感謝の言葉と贈り物を受け取り、翌十二日に息を引き取った。

ベンネットにはブラウンの生涯を記した著作 *A Biographical Sketch of Rev.Nathan Brown*（1895）がある。また夫人のメーラには、ベンネットの生涯を記した著作『アルバート・アーノルド・ベンネットその生涯と人物』（参考49）がある。（参考50、51）

ピアソンとクロスビー

Pierson, Louise Henrietta, 1832.4.7-1899.11.28
Crosby, Julia Neilson, 1833.7.31-1918.7.4
アメリカ　4区39、50

一八六九年、一時帰国中のバラはニューヨーク州オルバニーでメアリー・プラインに会い、日本での混血児のための教育の必要性を訴えた。バラはメアリーの亡夫サムエル・プラインや、その一族でタウンゼント・ハリスに次ぐ二代目の駐日公使を務めたロバート・プラインとラトガース大学で同窓だった。

クロスビー

ピアソン

メアリーはバラの呼び掛けについて、自らが支部副会長を務めるアメリカ婦人一致外国伝道協会（The Woman's Union Missionary Society of America for Heathen Lands）に諮った。この協会は女性による超教派の外国伝道団体であり、一八六一年にニューヨークでセラ・ドリーマスらによって設立された。協会理事会はメアリーとともに、ピアソンとクロスビーの三名の派遣を決めた。

ピアソンはオルバニーで教育を受けたと推測されることのほか、来日前の経歴はあまりわかっていない。十七歳で師範学校を卒業して結婚したが、夫に続いて四人の子を次々と失い、教員として働きながら文筆活動をしていた。

クロスビーはニューヨークの出身、父のウイリアムはラトガース大学教授、叔父にニューヨーク大学総長を務めたハワード・クロスビーがいた。来日前にはニューヨーク州北部の町ポーキプシーで婦人一致外国伝道協会後援会の書記を務めていた。

三人の女性宣教師は一八七一年六月二十五日、横浜に到着した。プラインは五十一歳、ピアソンは三十九歳、クロスビーは三十七歳だった。三人は八月二十八日、バラの所有する山手四八番地の家屋を借用し、プラインを総理、ピアソンを校長、クロスビーを会計として、アメリカン・ミッション・ホーム（亜米利加婦人教授所）という学校を開設した。この年のうちに、男女の混血児一四人、日本人と外国人の少女各二人が生徒となった。

アメリカン・ミッション・ホームは超教派の祈祷所としても利用され、来日したアメリカ人の一時滞在の場所ともなった。静岡学問所の教師に招かれたエドワード・ウォーレン・クラークが滞在していた時、迎えにきた学問所教授の中村正直はホームの教育に感銘を受け、「亜米利加婦人教授所告示」というホームの趣意書を執筆するとともに、一族の娘を三人入学させた。

ホームには男子生徒の入学希望も多かったので、午前を男子部、午後を女子部としたが、プラインらは女子教育専門の学校とする方針を固め、一八七二年十月、山手二一二番地に移転し、学校の名称を日本婦女英学校とした。一八七五年に共立女学校、一九四七年の学制改革にともない、横浜共立学園と改称されて現在に至っている。

一八七五年、プラインは病気のため帰国した。健康を回復したのち婦人一致外国伝道協会の副会長に就任し、さらに宣教師として中国へ赴き、上海の女学校と病院で働いた。プラインの帰国後、二代目の総理にはクロスビーが就任した。

校長のピアソンは女性の日本人伝道者の養成が必要だと考え、一八八一年、敷地内に偕成伝道女学校（のち共立女子神学校）を設立して、その校長を兼務した。一八九一年からは伝道女学校の専任となり、一度も帰国することなく、一八九九年十一月二十八日（参考52）に六十八歳で死去した。共立女子神学校は多くの女性伝道者を養成したが、戦時下の一九四三年に日本女子神学校に合併統合された。

共立女学校の二代目校長にはブルックハート、三代目にはアーヴィンが就任したが、健康上の理由で長続きしなかった。一九〇一年に四代目校長としてクララ・ルーミスが就任、二年後にはその従姉妹に当たるトレイシーが来日してクロスビーを助けた。クロスビーは一九一四年に総理を辞任し、トレイシーが引き継いだ。クロスビーは引退後も学校の近くに住み、一九一七年、四六年間にわたる女子教育への貢献を認められて日本政府から藍綬褒章を受賞、翌年八十四歳で死去した。

一九二三年の関東大震災に際しては、校舎のほとんどが倒壊した。一九三〇年に新約聖書の翻訳が行われたS・R・ブラウン宅の跡地に当たる北隣の二一一番地を購入、翌年、アメリカ人建築家ヴォーリズの設計になる現校舎（横浜市指定文化財）が完成した。

プラインには *Grandmamma's Letters from Japan*、ピアソンには *A Quarter of a Century in the Island Empire, or the Progress of a Mission in Japan* という著作がある。（参考52、53）

ルーミス

Loomis, Henry, 1839.3.4-1920.8.27
アメリカ　2区63

一八七二年、ヘボン、タムソンに次ぐ長老派の宣教師として牧師のルーミスが来日した。ルーミスはニューヨーク州バーリントンの出身。ハミルトン・カレッジで学んでいる時、南北戦争が起こり、一八六一年から一八六五年まで義勇兵として北軍に参加、連隊を指揮し、陸軍大尉に昇進した。戦争が終って大学に復帰し、一八六六年にオーバーン神学校に入学した時には二十八歳になっていた。

来日したルーミスはヘボンの隣家に住み、ヘボン塾で教えた。横浜公会の設立にあたっては改革・長老両派の宣教師が協力したが、将来構想としては、単一の合同教会を組織すべきか、協調関係を保ちつつも各派それぞれが組織すべきか、宣教師の間で意見の相違があった。塾生のなかからルーミスによって洗礼を受けるものも現れたので、長老派独自の教会を設立する気運が高まり、一八七四年九月十三日、一八名の会員により、ルーミスを仮牧師、南小柿《みながき》洲吾を長老として横浜第一長老公会が組織された。教会は港町六丁目に耶蘇教講義所（のち真理講義所）を設けて伝道を開始した。ルーミスは一八七四年中、『教のうた』及び『讃美歌《さんびのうた》』という讃美歌集を刊行している。

ルーミスは過労から健康を害し、一八七六年に帰国、十一月に二代目の仮牧師としてG・W・ノックスが着任するとともに、ヘボンの資金援助で住吉町に教会堂が完成した。一八八三年、南小柿洲吾が日本人最初の牧師に就任した。一八九二年一月には、ヘボンの募集した資金により、尾上町六丁目にフランス人建築家サルダの設計になる煉瓦造の聖堂が完成し、ヘボンの母教会'Shiloh Church'にちなんで指路教会と名づけられた。'Shiloh'とは旧約聖書で「救い主」を意味する。建物は関東大震災で倒壊したが、再建されて現在に至っている。

ルーミスは一八八一年にアメリカ聖書協会から派遣されて再び来日し、山下居留地四二番地に日本聖書館を設立して主事を務めた。横浜ユニオン教会の長老も務めていた。

ルーミスは多才な人だった。考古学に関心があり、土器や石斧を収集した。昆虫の収集家でもあり、千葉県鹿野山で採集した蝶は、友人のプライアーによって「ルーミスシジミ」と命名されて学界に紹介された。アメリカで休養中には、日本の柿の苗木を移植して広めた。

一九二〇年、避暑先の長野県軽井沢で死去し、同じ年に亡くなった夫人のジェーン（Jane Herring, 1845.6.14-1920.4.29）とともに二区に埋葬された。

ジェーンは、超教派の海外伝道団体であるアメリカン・ボード（American Board of Commissioners for Foreign Missions）の最初の宣教師として来日し、新約聖書の翻訳委員を務めたD・C・グリーンの妹に当たる。オーバーンのS・R・ブラウンが創始した学校で教えていた時、ルーミスと出会い、結婚した。一八八五年、女性中心の教養団体として横浜リーディング・サークル（のち横浜文芸協会）が設立された時には初代会長に選ばれている。

長女のクララ（Clara Denison Loomis, 1877-1968.9.5）はルーミスが帰国していた時、カリフォルニアで生まれた。スミス・カレッジとコロンビア大学を卒業後、一九〇一年、二十四歳でアメリカ婦人一致外国伝道協会宣教師として来日、共立女学校の四代目校長を務め、関東大震災後の再建に尽力した。一九三六年まで三五年に及ぶ女子教育への貢献に対して、日本政府から藍綬褒章が授与されている。一九六八年カリフォルニアで死去、二年後、教え子たちの手で外国人墓地の両親の墓前に記念碑が設置された。著書に父の伝記 *Henry Loomis: Friend of the East*（New York, 1923）がある。（参考54）

マクレイ夫人

Maclay, Henrietta Caroline Sperry, 1823.3.21-1879.7.28

アメリカ　4区46

マクレイ夫人、コレル夫妻、バーディ（左から）

山手居留地の西の端に近い二二二番地に「日本メソジスト教会起源の碑」がある。ここは一八七五年六月二十日、メソジスト・エピスコパル教会（監督教会、美以教会ともいう）のマクレイ（Robert Samuel Maclay）が、バプテスト派のゴーブルから購入して移設した建物を天安堂と名づけ、礼拝を行った場所に当たる。

マクレイはペンシルベニア州コンコードの出身、一八四七年、宣教師として中国に派遣され、一八五〇年、香港でヘンリエッタと結婚した。ヘンリエッタはコネティカット州ブリストルの出身、マサチューセッツ州のマウント・ホルヨーク神学校で学び、宣教師として中国へ派遣されていた。夫妻は一八七二年まで福建省福州で伝道に従事した。

マクレイは一八五三年、香港でペリー提督指揮下の日本遠征隊員から日本の話を聞き、日本伝道の希望を抱いたという。一八七二年十一月、帰国中のマクレイは伝道協会に日本伝道を提案した。その結果、マクレイが日本伝道総理に任命され、コレル夫妻らとともに日本へ派遣されることになった。

マクレイらは一八七三年六月十一日、横浜に上陸、山手六〇番地に宣教本部を設けた。八月には来日中の教会監督L・W・ハリスにより日本宣教部会が設立され、マクレイが総理に任命された。翌年、不老町と元町に日本人を対象とする耶蘇教講義所を開設している。不老町の講義所は一八七七年、住吉町五丁目に移転し、真理学校という小学校が併設された。

一八七五年、二二二番地に教会堂が完成し、福州の教会堂と同じく天安堂と名づけられた。ここには書籍の印刷・出版・販売を行う美以雑書会社と天縦学校という小学校が併設された。

一八七九年十月一日、天安堂に隣接する二二一番地に日本人伝道者養成のための美会《みかい》神学校が設立された。美会神学校は一八八二年、東京築地にジュリアス・ソーパーが設立した東京英学校(もと耕教学舎)に吸収され、翌年青山に移転して東京英和学校となり、マクレイが総理に就任した。一八九四年、青山学院と改称されて現在に至っている。

一八八四年頃、美会神学校の跡地に、女性伝道者養成のための聖経女学校が設立された。その建設資金には、一八七八年十月、メソジスト・エピスコパル教会の婦人外国伝道協会から派遣されながら、翌年七月三日、来日以来九か月足らずで死去したスーザン・ヒギンズを悼んで集められた寄付金が当てられたので、英語名をSusan B. Higgins Memorial Schoolという。同月二十八日にはマクレイ夫人ヘンリエッタが天安堂での礼拝でオルガン演奏中に急死しており、ヘンリエッタとヒギンズはともに四区に埋葬されている。聖経女学校は一九二三年四月一日、日本女子神学院と改称されるが、直後の九月一日、関東大震災に遭遇して東京に移転、一九二八年、青山学院に吸収され、神学部女子部となった。

マクレイは一八八八年に帰国したが、さらに朝鮮伝道を志願し、朝鮮メソジスト・エピスコパル教会の初代総理となった。晩年はカリフォルニア州のマクレイ神学校の学長を務め、一九〇七年八月十八日、ロスアンゼルスで死去した。

マクレイとともに来日したコレル（Irvin Henry Correll）はマクレイの片腕として美会神学校の設立に尽力し、東京英和学校の校長も務めた。来日後、娘のバーディがわずか四歳で死去し、四区に埋葬された。コレルは休暇で帰国したのちの一八九一年、今度は九州に派遣され、長崎の鎮西学館（のち鎮西学院）の校長を務めた。その後聖公会に転籍し、その宣教師として伝道活動を行い、一時帰国後、一九二六年六月十六日、日本に戻る途中、プレジデント・モンロー号上で死去し、水葬に付された。マクレイ夫人とバーディの墓石の間にコレル夫妻の記念碑が建っている。

美会神学校（左）と天安堂

マチルドとテレーズ

Mathilde, Mére St.(Raclot,Marie Justine), 1814.3.9-1911.1.20

Thérèse, Mére St.(Hennecart, Marguerité), 1870.1.30-1940.9.22

フランス　10区17

一八七二年六月二十八日、サン・モール修道会に属する修道女たちが来日した。メール・サント・マチルド、スール・サント・ノルベル、スール・サン・フェルディナン、スール・サン・グレゴワール、スール・サン・ジェラーズの五名である。メールは修道院長、スールは修道女を意味する。この修道会は女子教育をおもな目的として一六七八年に設立されたもので、「幼きイエスの愛徳教育修道会」という。本部がパリのサン・モール街にあるので、サン・モール修道会の通称で知られている。

マチルド

マチルド、テレーズほか

マチルドは俗名をマリー・ジュスチヌ・ラクロといい、フランス北東部ロレーヌ地方のシュリオヴィルという村の生まれ。一八三二年、サン・モール修道会の修道志願生となり、二年後の一八三四年、スール・サント・マチルドの修道名を与えられた。サントは「聖」を意味する言葉で、修道名の元となる聖人（この場合マチルド）が女性ならサント、男性ならサンが付く。翌一八三五年、二十一歳で誓願式を受け、修道生活に入った。

マチルドは一八五二年、修道院長としてマレー半島西部のペナン島に赴任、二年後、シンガポールに移った。一八六二年、ジラール神父は一時帰国の途中、シンガポールでマチルドに会い、将来の日本宣教について話し合った。この計画は日本教区長プチジャン司教の要請によって現実のものとなり、マチルドらの来日となった。

ノールトフーク＝ヘフトから山手五八番地にあった小さな家を借りて、そこに落ち着いたマチルドらが始めた事業は二つあった。一つは日本人の孤児の養育、もう一つは居留外国人の女子児童の教育であり、一八七二年中にはすでに一〇人程の女子児童が通い始めていた。これがダーム・ド・サン・モール学校と呼ばれるもので、現在のサン・モール・インターナショナル・スクールの起源となった。

一八七四年、山手八三番地に孤児院とダーム・ド・サン・モール学校のための校舎と宿舎が完成し、孤児院は仁慈堂と命名されたが、一般には「尼寺の孤児院」で通っていたらしい。これらは独身女性＝童貞が教える学校という意味で「童貞学校」とも呼ばれた。仁慈堂は一九〇二年、私立専門学校令による各種学校として認可をうけ、菫女学校となる。関東大震災で倒壊後、東京に移った。

一八七二年十月二十二日にフェルディナンが死去し、外国人墓地のサン・モール修道会の墓域の被葬者第一号となった。来日から四か月、二十五歳の若さだった。さらに一八七五年には、グレゴワールが静養のためシンガポールに戻っている間、代わりに派遣されていたウィルフレッドが死去、同年十二月二十日にはノルベルが死去した。

マチルドは来日後もシンガポールの修道院長の職にあったので、ノルベルは横浜の修道院と一八七五年に東京築地に設立された修道院の院長を兼務し、文字通りマチルドの片腕として働いていた修道女だった。ノルベルの死後、マチルドはシンガポールの修道院長を辞し、横浜と東京の修道院長として日本での事業に専念するようになった。

横浜の修道院内には貧しい人々のための無料診療所も設けられたが、この診療所と仁慈堂で働き、「山の名医」と呼ばれた日本人修道女にマルグリット（俗名山上カク）がいる。一九三九年に七十六歳で死去、外国人墓地のサン・モール修道会の墓域に埋葬された。

一八九九年、山手八八番地に日本人女子児童のための学校として横浜紅蘭女学校が設立され、翌年四月一日に開校、当時修道院長を務めていたリュドガルドが初代校長に就任した。一九五一年、横浜双葉学園と改称され、現在に至っている。

マチルドらは築地の修道院でも孤児の養育に当り、孤児院はやはり童貞学校と呼ばれた。一八八七年には高等仏和女学校を設立、一八九九年私立学校令の制定に合わせて私立女子語学校と改称された。

一八八五年、マチルドが修道生活に入って五〇年を迎えたことを記念する金祝式が、一八九五年には六〇年を記念するダイヤモンド式が行われた。ペナンの修道院長になってから五〇周年に当たる一九〇二年には宣教五〇年の祝賀会が開催された。それから九年後の一九一一年、マチルドは姪のベルナールらに看取られながら、九十七歳の生涯を閉じた。遺体は遺志によりノルベルと同じ墓に葬られた。

スール・サン・ベルナールはマチルドの弟の長女で、俗名マチルド・ラクロ、一八八二年に来日した。マチルドの死から約一年後に死去、やはりサン・モール修道会の墓域で永眠している。（参考55）

サン・モール修道会の教育事業は横浜の紅蘭女学校と東京の女子語学校を中心に進められたが、その両方でマチルドの衣鉢を継いだのはメール・サント・テレーズだった。

テレーズはフランス中部アリア県モンルソン市の資産家の家に生まれた。俗名はマルグリット・ヘンヌカール。一九〇三年、東京の修道院副院長に赴任、二年後、院長メール・サント・ドミティユ（俗名アンナ・パロール）の死去にともない、院長兼女子語学校校長に就任した。

一八九九年に公布された私立学校令によって宗教教育が規制されたので、一九〇六年、紅蘭女学校やダーム・ド・サン・モール学校の運営母体として、修道会とは別に財団法人サン・モール学院が設立された。東京では一九〇七年に財団法人私立新栄女子学院の設立が認可され、女子語学校は新栄女子学院と改称された。この年、テレーズは急逝した父から受け継いだ莫大な遺産を修道会に寄付したので、これを資金に麹町下六番町に新たな校地を取得し、校舎の建設が進められた。一九〇九年、この校舎で新栄女子学院は双葉高等女学校として生まれ変わり、テレーズが初代校長に就任した。

テレーズは一九二一年、日本のサン・モール修道会の総長に任命された。一九三〇年、横浜紅蘭女学校の校長メール・サント・ルイズが一時帰国中健康を害し、帰任できなくなったことから、総長のまま校長を兼務し、死去するまでその職にあった。

一九二八年、日本政府から勲六等瑞宝章、一九三六年にはフランス政府からレジオン・ドヌール勲章が贈られた。一九三八年、来日三五年記念として紅蘭女学校に総長記念像を建立することが計画されたが、本人の固辞により、幼きイエス像に変更され、翌年除幕式が行われた。

一九四〇年九月二十二日、横浜で死去、七十歳だった。翌日カトリック山手教会でシャンボン司教の司式による葬儀が行われ、ノルベルやマチルドが永眠する墓に埋葬された。

シャンボン（Jean Alexis Chambon, 1875.3.18-1948.9.8）はパリ外国宣教会の神父として来日、東京大司教を経て、一九三七年から横浜司教区の初代司教を務めていた。一九四八年に死去、マチルドやテレーズと同じ10区で永眠している。

Ⅳ　日本の近代化に貢献した人々

明治元（一八六八）年四月十七日、明治新政府の横浜裁判所総督東久世道禧《みちとみ》が横浜に赴任し、二十日に神奈川奉行から事務引継を行った。新政府の横浜統治機関は、この年のうちに神奈川裁判所、神奈川府、神奈川県と目まぐるしく変わる。九月十七日、神奈川県知事兼外国官判事となった寺島宗則には三つの課題があった。

一つは、慶応二（一八六六）年に幕府が諸外国と結んだ「改税約書」の第十一条、すなわち灯台などの航路標識を整備すべき条項を実施すること。明治元年六月、この事業のため、イギリス人技師ブラントンが来日した。

もう一つは、同じく慶応二年に起きた大火後の再建計画を諸外国とともに定めた「横浜居留地改造及競馬場墓地等約書」に基づいて、居留地の再整備を行うこと。この事業もブラントンの計画で進められた。

明治元年十一月十九日（一八六九年一月一日）には、遅れていた東京開市が実施され、築地に外国人居留地が設けられた。それにともなって京浜間の交通を便利にすることが必要になった。これが三つめの課題である。

航路標識の整備のため、洲干弁天社続きの官舎群の一画に灯明台役所が設置され、全国に灯台を建設する基地となった。また、ブラントンはここを根拠地として、居留地の測量を手始めに、下水・道路の整備、公園や宅地の造成を進めた。

寺島県知事は、京浜間の連絡をよくするために電信を架設することを計画した。明治二年、ブラントンを通じて雇用した技師ギルバートが来日し、灯明台役所に伝信掛が置かれた。ブラントンはまた、国営で鉄道を建設すべきだという意見書を提出した。三年には野毛に鉄道掛の出張所が置かれ、鉄道建設事業が始まった。

これらの事業のために多数の外国人技術者が雇用された。国家草創の情熱に燃える日本人とともに事業を担った外国人のなかには、不慣れな土地での激務に若い命を落とす人もいた。また、解雇後横浜に定住し、技術を活かして生涯を送った人もいた。これらの人々が外国人墓地で永眠している。

ウォーホップ

Wauchope, George, ?-1890.8.22

イギリス　10区22

駐日公使パークスから灯台建設のための技師派遣の相談を受けたイギリス外務省は、エディンバラのスティヴンソン兄弟社に人選を依頼した。スティヴンソン兄弟とは「灯台の父」と称されるロバートの子、デヴィッドとトーマス。余談ながらトーマスの子が『宝島』や『ジキル博士とハイド氏』などの作品で知られる文学者ロバート・ルイス・スティヴンソンである。

兄弟社の推薦を受けたブラントンは、一八六八（明治元）年八月八日、妻のエリザベスとその姉メアリー、助手のブランデルとマクヴィーン夫妻をともなって来日した。新政府が横浜を接収した直後のことだった。灯台事業を管掌することになった外国官の判事を兼ねる寺島宗則が神奈川県知事に就任して以降、ブラントンの指揮のもとで事業が本格的に始動する。

ブラントンは灯台事業の会計に洋式簿記を導入するため、妻エリザベスの兄、ウォーホップの来日を要請した。ウォーホップは一八六九年七月二十日から一八七六年四月三十日に解雇となるまで、書記兼会計方として灯台事業を支えた。また、日本アジア協会が設立されると、ブラントンとともに入会した。解雇後も横浜にとどまり、妹メアリーの嫁ぎ先、貿易業のワトソン商会に勤務した。（参考56）

デーヴィス
Davis, Thomas, 1838ca.-1877.7.29
イギリス　18区39

ブラントンはもう一つの課題である居留地再整備のため、一八六八年十一月から助手のマクヴィーンを担当者として居留地の測量に乗り出した。その結果に基づいて翌年三月には「横浜の下水・道路整備計画書」を公表し、陶管を埋設する下水道整備計画や、砕石を突き固めるマカダム式舗装による中央大通り（現在の日本大通り）の造成計画などを明らかにした。これらの事業のため、「外国人居留地道路下水修造差配方」として、一八七〇年八月十五日、神奈川県に雇用されたのがデーヴィスである。

デーヴィスが担当した中央大通りの造成というのは、歩道と車道を区別し、歩道と建物の間に植樹帯、車道の中央地下に陶管下水道、路肩に側溝と雨水桝を設け、車道の路面に砕石舗装を施すもので、日本最初の近代的道路工事であった。ブラントンの計画による新埋立居留地（旧太田屋新田東部地区）の造成のための下水管埋設と道路整備もデーヴィスが担当したものと思われる。

デーヴィスはまた一八七二年、出資者を募って道路散水事業を始め、一八七三年に野毛坂の切り下げ工事を担当、一八七四年には居留地消防隊の監督に就任するなど活躍したが、一八七七年、三十九歳の若さで死去した。

夫人のエレン(Ellen Jane, 1838ca.-1888.2.10)は婦人洋裁店を経営しており、夫の死後も経営を続けたが、一〇年後の一八八八年に死去、夫妻ともに一八区に埋葬されている。(参考57)

アベイ

Abbey, Richard, 1841.3.9-1913.11.18

イギリス　15区33

寺島県知事から電信技士招聘の要請を受けたブラントンは、義兄ウォーホップの父と相談し、その推薦によって、一八六九年九月七日、ギルバートが来日した。一週間後の十四日には、もう県庁と灯明台役所の間に架設された電信線を用いて官用通信が行われた。

十月二十三日には県庁内に伝信機役所が設けられた。現在この日が電信電話記念日とされている。その後、神奈川への馬車道を利用して東海道まで電信線を架設、翌年初頭には東京築地の運上所内の伝信機役所まで架設を完了し、一月七日に試験通信に成功、二十六日から公衆電報を受け付けた。

一八七〇年十二月、工部省が設置されると、電信事業は工部省の所管となり、電信寮が設置された。アベイは電信寮の電機取扱方として、灯台寮がイギリスに発注し、A・R・ブラウン（Albert Richard Brown）船長の監督下で建造された明治丸に乗船し、一八七五年二月二十二日、メーソンとともに来日した。一八八〇年には横浜―神戸間に二重電信線を設置する工事を担当し、その後鉱山局でも働いた。退官後は一八九〇年頃から日本郵船会社で、また一九〇三年頃からホール商会で働いた。競売業のホール商会は、一八八四年、ホール（John William Hall, 1848.8.3-1904.6.3）によって設立され（参考58）、その死後、アベイの子息トムが経営していた。ホールは四区、関東大震災で死去したトムは一一区で永眠している。

メーソン

Mason, William Benjamin, 1853.2.6-1923.9.1

イギリス　16区10

イングランド東部ノーフォーク州ヤーマスの出身。一八七五年二月二十二日、工部省電信寮の電機取扱方として、アベイとともに来日した。最初長崎電信分局のオペレーターとして働き、その後電信修技校でモールス電信機の伝習にあたった。一八八五年五月にはモールス電信符号を改良している。

工部省廃止後も逓信省所管の東京郵便電信学校教授として後進を指導し、教え子たちから「日本電信界の大恩人」と慕われた。電信に関する著作に『英和対照電信局員必携』がある。また、一八八九年に設立された電気学会の創立時からの会員だった。（参考59）

第一高等学校（一高）でも英語教師を務め、一八九六年五月二十三日には横浜公園で一高とYCAC（横浜クリケット&アスレチック・クラブ）との野球の試合を仲介している。かつてはこれが「我国に於ける野球国際競技の始め」とされていたが、残念ながら現在ではすでに一八七六年夏、東京で開成学校（東京大学の前身）と横浜の居留外国人チームが対戦したことが知られている。「最初の国際試合」ではないとしても、横浜で野球熱が高まり、全国に野球が広まるきっかけとなる記念すべき試合だった（参考60）。

メーソンは多芸多才な人だった。カリュー裁判では筆跡鑑定人として証言を求められている。また、横浜で発行されていた英語の新聞『ジャパン・メイル』で十七年間にわたってチェス欄を担当した。横浜チェス・クラブのほか、横浜アマチュア・ロウイング・クラブの役員も務めている。

旅行好きなことでも知られる。長い滞日経験と旅行歴を生かし、日本学の泰斗チェンバレンとともに、名著の誉れ高い『マレーの日本旅行案内』を執筆した。開港五〇年を記念してジャパン・ガゼット社が刊行した「横浜五〇年史（*Japan Gazette; Yokohama semi-centennial*）」にも「一八七〇年代の旅行に関する記録」を寄稿している（参考24）。また、一九一七年から翌年にかけて、『ニュー・イースト』誌に「明治初期の外国人居留地」と題する人物伝を連載した。

退職後は横浜居留地に居住し、在日イギリス協会の事務局長を務めていたが、関東大震災に遭遇して横浜ユナイテッド・クラブで死去した。シカ夫人（Shika, ?-1945.6.23）とともに一六区で永眠している。

モレル

Morel, Edmund, 1840.11.17-1871.11.5

イギリス　18区6

一八七〇（明治三）年にスタートした京浜間鉄道の建設は、誕生したばかりの明治政府が手がけた大事業の一つだった。政府の財政的な基礎も定まらず、国内で資金を調達する見込みも立たず、外債の募集によって窮状が露見することを恐れた政府は、イギリス公使パークスの勧めを受け入れ、関税と将来の運賃収入を抵当に、「プロの請負人」であるレイから内密に資金を借り入れようとした。

しかし、レイが日本政府の代理人として、ロンドンで公然と外債の募集を行ったことから、一八七〇年六月、違約金を払って契約を破棄、オリエンタル銀行に公債事務を委任することになった。オリエンタル銀行は本店監査役のカーギルを横浜支店に派遣し、鉄道差配役として、資金の調達、技師の人選、資材の購入等一切を取り仕切った。その間にも、レイと契約した建築師長モレルと副役のダイアック、イングランド、シェファードが来日し、さっそく測量に着手した。

モレルは一八四〇年、ロンドン中心部ピカデリー・サーカスの近くで、ワイン商を営んでいたトーマスの一人息子として生まれた。一家はその後ノッチングヒルに転居した。ロンドンのキングス・カレッジ・スクールを始め、ドイツやフランスのテクニカル・スクールで学んだのち、エドウィン・クラークのもとで修業し、ニュージーランドで働いた。その間、一八六二年二月四日、当時十六、七歳だったハリエットと結婚した。また、一八六五年にはクラークの推挙により、イギリス土木学会の準会員となっている。モレルは一八六六年以降、北ボルネオ、ラブアンで炭鉱開発にともなう鉄道敷設計画に従事したが、この事業は採算がとれず、徒労に終わった。この頃すでに健康を害していたらしい。南オーストラリアで職を得たが、その時日本からの依頼があり、一八七〇年四月九日、オレゴニアン号で横浜に到着した。二か月後の六月七日には夫人も来日した。

モレルは来日直後、鉄道建設事業を始動させるとともに、さまざまな建策を行っている。公共事業のための政府機関や教育施設を設けるべきこと、事業に当たっては国産品を使用し、国内産業を奨励すべきことなど。これらは誕生間もない明治政府のヴィジョン策定に寄与し、工部省や工部大学校の創設に結びついたと考えられている。

日本での激務は肺結核を病んでいたモレルの健康を急速に悪化させたらしい。一八七一年十月二十八日、インドへの転地療養を申請し、三十一日に許可されたが、出発を待たず、十一月五日に死去した。夫人も何度か発作を起こし、一二時間後の翌六日に死去した。モレルは三十歳、夫人は二十五歳の若さだった。事業半ばにして悲運の死を遂げたモレル夫妻に同情が集まったのは当然だった。居留地で発行されていた週刊英字新聞『ジャパン・ウィークリー・メイル』は十一日号で、二ページにわたる追悼記事を掲載している。

モレルの功績を讃える日本語文献は多い。しかし、それらの中には不正確な記述もあり、転写されていくにしたがって、誤りが通説になってしまった。生年を「一八四一年」としたり、生地を「ロンドン郊外ピカデリー・ノッチングビル」とするものなど。

その最たるものが日本人妻説である。しかも「大隈重信夫人の小間使キノ」という固有名詞まで登場し、まことしやかに語られてきた。これは南条範夫の小説『旋風時代―大隈重信と伊藤博文』のなかの記述が、境界線を越えて歴史の領分に紛れ込んだものらしい。歴史上の著名な人物についてはよく起きることなので、これもモレルの知名度の高さを示すものなのかもしれない。来日前、セイロン島で鉄道建設に従事していたという説は、どこから紛れ込んだのかはっきりしない。（参考61、62）

関東大震災後の一九三四年、モレルの墓標の荒廃に心を痛めた地元の鉄道愛好家中山沖右衛門が自費を投じ、鉄道切符を象《かたど》った大理石の墓碑とレールを象った四隅の飾りを設置した。一九六二年には鉄道建設九〇年を記念して鉄道記念物に指定された。外国人墓地には最年少の二十八歳で死去したキングストンや二十九歳のシャン、さらにイングランド、ホートン、ダイアックらの鉄道技術者が埋葬されており、これらの人々の墓標は、一九八〇年十月十四日の鉄道記念日に準鉄道記念物に指定された。

ダイアック

Diack, John, 1828ca.-1900.9.7

イギリス　4区7

スコットランド東部の港町アバディーンの出身。香港駐在イギリ

ス陸軍工兵隊工事監督員を経て、一八七〇年、鉄道建築副役として来日、京浜・京阪・阪神間で測量に従事した。起点となる東京新橋駅にダイアックが打ち込んだ「〇哩（ゼロマイル）標識」は、跡地に建つ汐留シティセンター近くに復元されている。その後工部省雇「造家師」を経て、一八八一年横浜に建築土木事務所を開設し、香港上海銀行支店、日本郵船支店、ジャパン・ブルワリー、清水横浜店が施工した山手三七番地ベンネット（W. R. Bennett）邸など多くの建築作品を残した。清水の店員からは「ダイガクさん」と呼ばれていたという（参考63）。

フリーメーソンの有力メンバーであり、スコットランド系の東の星ロッジ（Star in the East Lodge）やアメリカ南部系の大日本薔薇十字団（Dai Nippon Chapter of Rose Croix）に所属した。山下居留地六一番地の新メソニック・ホール（フリーメーソンの集会所、一八九〇年竣工）がダイアックの設計になることはいうまでもない。

ブリジェンス夫妻

Bridgens, Richard P., 1819.4.19-1891.6.9
Bridgens, Jennie M., ?-1907.9.24
アメリカ　19区13

灯台や鉄道の建設、東京開市など、明治新政府のプロジェクトを

建築の面でサポートしたのはブリジェンスだった。官庁建築や銀座煉瓦街の建設に従事したイギリス人建築家ウォートルスと双璧をなす存在だったにもかかわらず、その履歴には不明な点が多く、「謎の建築家」と呼ばれることもある（参考64）。

来日前の経歴としては、『高島嘉右衛門自叙伝』（参考65）から、サンフランシスコで砲台築造に従事したことくらいしかわからない。来日のきっかけにはアメリカ商人ショイヤーとの人脈があったと思われる。夫人のジェニーはショイヤー夫人アンナの妹であったし、ブリジェンスはショイヤーの遺産管財人になっているからである。

居留地で発行されていた英字新聞『ジャパン・ヘラルド』の出船・入船情報を見ると、一八六四年四月三十日、サンフランシスコから到着したアイダ・D・ロジャース号に、ショイヤーの子息アーネストとともに、ブリジェンス夫人とその子どもが乗っていた。翌年三月二十三日、やはりサンフランシスコから入港した同号の船客にはブリジェンスの名が見える。

記録に残る初仕事は、高島嘉右衛門と組んで山手に建てたイギリス公使館であり、一八六七（慶応三）年に竣工している。翌年にも嘉右衛門と組んで灯明台役所の官舎群の建設に従事した。

一八六〇（万延元）年以降、居留地の本格的な整備が始まるのと時を同じくして、外国商館の建築に、日本人大工棟梁たちの手で、壁面に瓦を張り付け、目地を漆喰で固める海鼠《なまこ》壁の手法が導入されたと思われるが、それを本格的な洋風建築に応用したのは、ブリジェンスによるイギリス公使館の設計が最初と考えられている。海鼠壁の手法は、一八六九（明治二）年、東京開市に合わせて、清水喜助と組んで建設した築地ホテル館にも、より大規模に応用されている。

次にブリジェンスが試みたのは、木造の骨組みの壁面に石を張り付ける「木骨外壁石積み」の手法だった。それは煉瓦や石によって建物を組み立てる組積造《そせきぞう》の技術を知らない日本人大工に馴染みやすい手法だったし、耐火性が増し、石の壁面によって屋根の荷重を支えることができ、より本格的な西洋建築の外観を整えることができる。

ブリジェンスによる木骨外壁石積みの建築としてもっとも名高いのは、鉄道開通に先立ち、一八七一年に、東京の新橋駅と同じデザインで建てられた横浜駅（現在桜木町駅所在地）であり、次いで一八七三年に横浜税関（のち県庁舎に転用）、翌一八七四年には時計塔で親しまれた横浜町会所（現在横浜市開港記念会館所在地）を建設した。現在、これらは横浜の「明治初期三大洋風建築」と呼ばれている。

町会所

一八七二年には新橋駅前の蓬莱社を同じ手法で建設しているが、横浜駅前の蓬莱社（のち同伸会社）や一八七三年に新築された居留地海岸通りのグランド・ホテルも同様であり、ブリジェンスの設計と考えられている。

ブリジェンス夫人はアメリカ公使ファルケンブルクの夫人の妹であり、イギリス公使館の設計を受注するに当たっては、アメリカ公使の仲介があったという。奇しくも幕末の日本で、ファルケンブルク夫人とショイヤー夫人アンナとブリジェンス夫人ジェニーの三姉妹が顔を揃えた可能性がある。

一八六七年から一八七四年にかけて大活躍したブリジェンスだが、その後一八九一年に死去するまでの動静は、横浜で建築事務所を開いていたことと、しばしば帰国していること以外、なぜか明らかでない。『横浜貿易新報』（明治四十年九月二十九日）に掲載されている「焼失せし時計台の設計者逝く」によると、夫人のジェニーも「女流建築家」であり、記事には夫に「死別れたる後は、健気にも女子の腕にて専ら夫の事業を引継ぎ、家屋の築造設計等の業を営み、当時未だ幼稚なりし本邦の建築界に少なからず貢献する処あり」と記されている。「時計台」とは町会所のことであり、一九〇六年に類焼したが、それも「夫婦の設計」になるものであったという。（参考66）

バスチャン

Bastien, Edmond Auguste, 1839.6.27-1888.9.9

フランス　6区40

フランス北西部の港町シェルブールの出身。シェルブール造船所の船大工として働いていたが、一八六六（慶応二）年、横須賀製鉄所に雇用され、船工兼製図工として来日した。

横須賀製鉄所は幕府がフランスと提携して一八六五年に着工し、明治政府が完成させた。首長ヴェルニー以下、多くのフランス人技術者が働いていた。一八七一年に横須賀造船所、さらに一八九七年横須賀海軍造船廠、一九〇三年横須賀海軍工廠と名称が変わる。

明治初期、日本の主要輸出品だった生糸は粗製濫造のため品質の悪化が問題となっていた。政府から相談を受けたヘフト・リリエンタル商会の横浜支店長ガイセンハイマーの提案により、生糸の品質向上のため、模範工場として上州富岡に機械製糸所を建設することになり、同社が製糸機械の輸入を請け負うとともに、社員のブリューナを差配人として派遣した。ブリューナの依頼により製糸所の建物の設計に当たったのがバスチャンである。

ヘフト・リリエンタル商会は一八六三（文久三）年、横浜居留地海岸通り八番地に開業したフランス系生糸輸出商社だが、なぜか日本人からは「蘭八」と呼ばれていた。リヨンに本店があったらしい。ロンドン経由でフランスへ運ばれていた生糸を、一八六六（慶応二）年、同社が始めてリヨンへ直接輸出したといわれる。

製糸所の建物は一八七二年に完成、官営模範工場として経営されたが、一八九三年、三井家に譲渡された。さらに一九〇二年、横浜の原合名会社、一九三九年には片倉製糸紡績株式会社に譲渡された。現在世界遺産に登録するための運動が行われている。

バスチャンは一八七五年、工部省営繕寮に造家職工長として雇用され、解雇後の一八八〇年東京、翌年横浜に建築事務所を開いた。一八八三年には上海に移り、フランス租界工部局の工事監督員となった。その頃、上海ではブリューナが製糸工場を経営しており、両者は旧交をあたためたことだろう。

バスチャンは一八八八年六月七日、再び横浜にやってきたが、三か月後の九月九日に死去した。墓石は上海のフランス人会が建立しており、その中心にいたのはブリューナだったと推測されている（参考67）。

サルダ

Sarda, Paul-Pierre, 1844.7.12-1905.4.2

フランス　13区71

バスチャン同様、横須賀造船所の技師として来日し、その後、建築事務所を開設した人にサルダがいる。明治中期以降の赤レンガ建築全盛期を代表する建築家の一人だった。

サルダはロワール県マルルの出身。パリのエコール・サントラル（中央技芸学校）卒業後の一八七二年、横須賀造船所の技術者養成所（黌舎）の器械学教師として来日した。解雇後も日本に留まり、一八七七年東京大学理学部重学（力学のこと）教師、翌年石見銀山坑業教師、一八八一年には郵便汽船三菱会社の土木建築技師を務めた。その合間にも横浜で建築家として働いていたが、一八八二年以降は横浜に腰を落ち着け、多くの建築作品を残した。日本人からは「サラダさん」と呼ばれていた。

横浜での作品に、三井銀行横浜支店（一八八四年）、山手のパブリック・ホール（のちゲーテ座、一八八五年）、グランド・ホテル新館（一八八七年）、指路教会（一八九二年）、フランス領事館（一八九六年）などがある（参考66、68）。

サルダは一九〇二年から三年ほど帰国している。東京で生まれ、父と同じくエコール・サントラルを卒業した後、フランスで働いていた子息ポールに会いに行ったらしい。日本に戻った直後の一九〇五年四月二日に死去した（参考69）。

モーガン

Morgan, Jay Herbert, 1868.12.10-1937.6.6

アメリカ　6区10A

大正十二（一九二三）年の関東大震災によって、赤レンガ建築の大半が倒壊したことから、震災復興期には耐震性・耐火性に優れ、しかも造形の自由な鉄筋コンクリートの建物が主流を占めるようになる。この時代の横浜を代表する建築家がモーガンである。

モーガンはニューヨーク州バッファローの出身。ミネソタ州建築課や鉄道会社、建築会社で働いたのち、マンハッタンのマディソン・アヴェニューに建築事務所を開いた。

モーガンが働いていたことのあるフラー社は、シカゴやニューヨークで、機械化された工法による鉄骨造の高層ビルを建設し、名声を得ていた。日本でも第一次大戦後の好況期に、東京都心で高層ビルの需要が高まったことから、一九二〇年、フラー社と三菱合資会社地所部の合弁によるフラー建築株式会社（フラー・カンパニー・オリエント）が設立された。モーガンはその設計技師長として来日した。同社はさっそく二年という当時としては驚異的なスピードで、丸ノ内ビルディング（いわゆる丸ビル）や日本郵船ビル（いずれも一九二三年竣工）を完成させた。丸ビルは三菱地所部の桜井小太郎が基本設計、モーガンがデザインを担当した。

来日直後、モーガンは石井たまのと出会い、結婚する。フラー社が撤退したのちも日本に留まり、当初は日本郵船ビル内に、一九二六年には横浜に移り、一九二八年からは自らが設計したユニオン・ビル（山下町七五番地）に事務所を構え、たまのと二人三脚で、関東大震災後の復興建築に腕を振った。

モーガンの横浜での建築作品には次のようなものがある。

一つ目は外国人社会の公共建築。根岸競馬場（一九二九〜三七年、一等馬見所のみ一部現存）、山手聖公会（一九三一年、現存）、アメリカ領事館（一九三二年）、横浜外国人墓地正門など。

二つ目はミッション系の学校建築。関東学院専門部（一九二六年）・中等部（一九二九年）など。

三つ目はオフィス・ビル。ユニオン・ビル（一九二八年）、ニューヨーク・ナショナル・シティ銀行（一九三〇年）、チャータード銀行（一九三一年）、香港上海銀行（一九三二年）、シーベル・ヘグナー・ビル（一九三五年）など。

四つ目は外国人の住宅。ラフィン邸（一九二六年、現山手一一一番館）、ベリック邸（一九三〇年、現ベーリック・ホール）など。

モーガンは日本建築士会に入会した最初の外国人建築家だった。モーガンの死去に当たり、丸ビルをともに設計した桜井小太郎は、同会の会誌『日本建築士』（一九三八年五月号）に追悼文を寄せて、「米国人通有の性格の内多くの好い部分だけを多く持って居られて、きわめて明朗快活な紳士であった」と述べている。

モーガンは一九三一年ごろ、藤沢市大鋸《だいぎり》に外観洋風、内装和洋折衷の自邸を建て、自邸では和服で生活していた。二〇〇七年、日本ナショナルトラストと藤沢市が旧モーガン邸を取得し、保存活用が図られることになったが、その後二度にわたって放火とみられる火災に遭遇し、全焼した。現在、「旧モーガン邸を守る会」を中心に修復再生の運動が進められている。(参考70)

ヘールツ

Geerts, Anton Johannes Cornelis, 1843.3.24-1883.8.30
オランダ　9区16

アムステルダム北方の干拓地の町オウデンダイクの出身。若い頃から日本に興味を抱いていたという。ユトレヒト陸軍軍医学校で化学担当の教官として在職中、一八六九年、長崎医学校(長崎大学医学部の前身)の理化学教師に任命された。同校の学頭は長与専斎であった。

一八七三年、ヘールツは長崎税関から依頼されて輸入薬品の分析を行い、その結果に添えて薬品試験所の必要性を訴える意見書を提出した。文部省医務局長に就任していた長与専斎はこの意見を取り入れ、翌年東京司薬場を開設。これが後の国立衛生試験所、現在の国立医薬品食品衛生研究所の起源となった。

ヘールツは一八七五年、京都舎密《せいみ》局内に設けられた京都司薬場の監督に任命され、舎密局で薬学の講義も行った（参考71）。舎密局長明石博高の提言により、内務省衛生局長になっていた長与専斎のもとで、薬品や薬局の基準を定める「日本薬局方」の編纂が始まると、へールツは編纂委員となった。

一八七六年、大阪司薬場に近かったため京都司薬場は廃止された。他方、薬品輸入の中心地、長崎と横浜に司薬場が設置されることになり、へールツは一八七七年、横浜司薬場（後の衛生局横浜試験所）の薬品試験監督に招聘された。

へールツが横浜に赴任した一八七七年から一八七九年にかけて、横浜をはじめ各地でコレラが大流行した。一八七九年には伝染病予防を主な目的とする神奈川県地方衛生会と検疫停船規則に基づく神奈川県地方検疫局が設立された。へールツは両者の指導的メンバーとなり、コレラ予防対策、コレラ患者のための避病院設置、検疫のための長浦消毒所（横須賀所在、のち横浜に移転、金沢区長浜の横浜検疫所の前身）の設置などに尽力した。また、山手の外国人墓地は市街地に隣接しているため、伝染病による死者を埋葬することは衛生上問題があるとして、根岸に新しい墓地を設けることを提言した。これが根岸外国人墓地設置の端緒となった。

へールツは一八七四年以来、在日外国人の日本研究団体である日本アジア協会の会員となり、鉱物や鉱泉、長崎の気象や横浜の飲料水、箱根の温泉などに関する研究を発表している。横浜の飲料水に関する研究はコレラ予防のために行われたもので、その調査結果に基づいて横浜上水の改良を提案している（参考72）。

一八八三年、日本政府より勲四等旭日小綬章が贈られたが、ほぼ時を同じくして八月三十日に死去した。三十九歳の若さだった。

日本政府がドイツ医学を重視したので、ヘールツの薬局方草案がそのまま採用されることはなかったが、四冊に及ぶ草稿は国立医薬品食品衛生研究所に保存されている。フランス語の著作に『新撰本草綱目』（鉱物之部）がある。また、故国への通信を翻訳した『ヘールツ日本年報』（参考73）が刊行されている。ヘールツは長崎で山口きわと結婚しており、夫人は一九三四年に横浜で死去、夫の墓地に埋葬された。孫の喜波貞子はオペラ歌手としてヨーロッパで活躍した。

一八九一年、長与専斎の発起により、上野谷中にヘールツの顕彰碑が建てられた。一九七四年、顕彰碑は国立衛生試験所創立百年記念事業の一つとして、同試験所前庭に移設された。ヘールツの功績を熱心に顕彰したのは、横浜の薬局平安堂の経営者で、神奈川県薬剤師会の会長を務めた薬学者の清水藤太郎だった。一九七六年にはヘールツの横浜司薬場赴任百年を記念して、墓地に神奈川県薬剤師会の手で顕彰碑が設置された。（参考74）

ゼーバッハ

Seebach, Kurt von, 1859.9.14-1891.9.21

ドイツ　8区53

不平等条約の改正は明治政府の大きな課題であった。領事裁判制度を廃止して、外国人を日本の法権に従わせるためには、

憲法以下の法整備から司法・警察・監獄に至る制度の整備が必要とされた。その模範とされたのが隆盛著しいドイツであり、多くの政府高官が視察に訪れた。一八八八年には内務大臣山県有朋が軍事施設と地方制度の視察のためにドイツを訪れた。そこで目にとまったのがゼーバッハだった。

ゼーバッハはドイツ中部チューリンゲン地方エルフルトの生まれ。陸軍士官学校を卒業後、同校の教官を務めていたが、健康を害して退職し、警察に転じてベルリンのモアビット監獄理事を務めていた時、山県から招聘を受けたのだった。

一八八九年、内務省獄務顧問として来日し、一八九〇年、東京集治監（東京拘置所の前身）内に設けられた監獄官練習所の主任教授となった。同時に各地の監獄を視察して改革の提言を行った。一八九一年、東北・北海道地方を視察後健康を害し、横浜山手のドイツ海軍病院で死去した。

滞日期間は短かったにもかかわらず、ゼーバッハによる監獄実務教育と監獄制度の改革は大きな効果をもたらし、現在に受け継がれている。政府は生前の功績に報いるため勲五等瑞宝章を贈った。一八九三年には、教え子たちの手で天使の浮彫が施された御影石の墓碑が建てられた。

V　居留地の貿易と産業を担った人々

国際貿易港として開かれた横浜に居住する外国人の多数派が貿易商だったことはいうまでもない。国際貿易はリスクをともなうものの、短期間に大きな利益を得ることのできる仕事だった。中国より遅れて開放された日本の市場は、若い商人や、当時の超大国イギリスより遅れてアジアに進出した諸国の商人にビジネス・チャンスを与えた。

幕末に来日したイギリスの外交官E・サトウの著作『一外交官の見た明治維新』（参考8）によると、横浜に進出した外国商社には、「中国系商社（China firms）」と「日本系商社（Japan firms）」の二つのタイプがあった。前者は香港や上海に本拠を置く商社の支店あるいは代理店、後者は横浜や長崎等、日本の開港場で設立され、そこに本拠を置く商社のことをいう。

いずれの場合も事業を担ったのは若い商人であり、前者の場合、その商社の本店に戻ってパートナー（共同経営者）となるか、あるいは独立するのが夢だった。中国系巨大商社の代表格であるイギリス系ジャーディン・マセソン商会は、開港直後、横浜にケズィックとバーバーを派遣した。ケズィック（William Keswick）はその後香港本店の最高責任者となり、さらにイギリス本国で同社を代表するマセソン商会の経営に当たり、下院議員にもなった。他方、バーバー

（James S.Barber）は開港翌年の一八六〇年三月、香港本店にいたロスと組んでロス・バーバー商会を設立し、独立している（参考75）。

独立した商人にとっても日本は永住の場所ではなかった。後継者を育てて店を譲り、故郷に錦を飾って、悠々自適の老後を過ごすのが理想的な人生設計だった。一八五九年七月一日の開港当日に横浜にやってきたクニフラーは、十六日に外国商人のトップをきって営業を始め、翌年長崎にクニフラー商会を設立した。一八六五年にはもう故郷のデュッセルドルフ（当時プロイセン、現在はドイツ）に戻り、支店を設立して、その経営に当たっている。クニフラー商会は共同経営者だったイリスの手でイリス商会に商号変更されるが、クニフラーは引き続きイリス商会デュッセルドルフ支店を預かった。現在デュッセルドルフの独日センターには「対日貿易の先駆者」としてのクニフラーの記念碑が設置されている（参考76）。

リグビーの墓 21区。

外国人墓地には、志半ばに死を迎えたか、日本人の女性と結婚し、横浜を第二の故郷としたか、いずれかの貿易商人が永眠している。

ロス・バーバー商会のエドワード・リグビー（Edward Rigby）は、一八六二年五月に盛大に開かれた競馬会では世話役を務めていたのに、翌年七月に死去した。三十歳だった。アメリカ系ハード商会のイギリス人生糸検査人ヘンリー・ウィルゴス（Henry Willgoss）は一八六七年四月、ウィルゴスと組んでヒューズ・ウィルゴス商会を興したイギリス人ジョン・ヒューズ

(John Hughes) は一八六九年十月、いずれも四十歳くらいで亡くなっている。

他方、ジャーディン・マセソン商会と並ぶイギリス系巨大商社、デント商会の社員として来日したキングドンや、スイス使節団の一員として来日し、そのまま横浜に残ったファヴル＝ブラントなど、日本人の女性と結婚し、横浜に骨を埋めた商人もいる。

貿易の発展とともに金融や運輸に従事する外国人も増えた。寄港船舶の需要もあり、飲食料品の供給や造船・船舶修理などの産業に従事する人も多く、それらのうちにも日本人の女性と結婚したり、日本人の後継者を育てたりして、横浜を第二の故郷とした人たちがいる。

マーシャル

Marshall, William, 1827ca.-1873.9.4
イギリス　20区56

サトウは日本系商社のうち「イギリスの一流商社」としてマクファーソン＆マーシャルを挙げている。
マクファーソンはロンドンの出身、一八六一年末の時点で二十八歳、マーシャルはマンチェスターとリヴァプールの中間に位置するウィガンの出身で三十四歳、当時として

は数少ない妻帯者の一人だった（参考77）。

マーシャルの妻クレメンチナの父は、スコットランド出身で中国貿易に従事したことのあるジョン・マックリーン、一族には上海で働いている人が何人かいた。弟のウイリアムは上海のダウ商会社員、妹のマーガレットは香港でウォーカー・ボラデイル商会を経営するトーマス・ボラデイルの夫人だった（参考5）。

マーシャルはおそらく妻の縁で上海へ渡り、そこでマクファーソンと知り合い、日本進出の相談をしたものと思われる。一足先に来日したマクファーソンは一八六〇年十月八日、横浜でマクファーソン＆マーシャルを設立した。貿易のほかに保険代理業を営み、その分野では草分け的存在だった。一八六三年四月の時点で領事が調べたイギリス系商社の資産状況を見ると、一位と二位はともに中国系商社のジャーディン・マセソン商会とフレッチャー商会、マクファーソン＆マーシャルは日本系商社ではトップの三位を占めていた。サトウが「一流商社」と称したのもうなずける（参考78）。

マーシャル夫人

一八六二年九月十四日、マーシャルが来日中の義妹ボラデイル夫人とリチャードソンとともに川崎大師へ遠足に出かけ、生麦事件に遭遇したことはすでに述べた。マーシャルも重傷を負ってアメリカ領事館があった神奈川の本覚寺に逃げ込み、ヘボンの治療によって一命をとりとめた。
マーシャルは一八七〇年と一八七二年から翌年にかけての二度、外国人商業会議所の会頭に推された。一八七二年十月十四日、横浜駅で行われた鉄道開業式では、会頭として居留民を代表し、明治天皇の前で祝辞を述べた。同年、日本アジア協会が設立されると、さっそく会員になった。競馬愛好団体の横浜レース・クラブの役員も務めている。しかし、一八七三年、働き盛りの四十六歳で死去した。

マーシャルの山手の屋敷には美しいバラ園があり、しばしばパーティーが開かれた。夫人は居留外国人の小さな社交界の誰もが認める女王であり、その屋敷はウィンザー・キャッスルと呼ばれていたという（参考79）。マーシャルの事業は順調だったらしく、その死後、夫人は来日後に生まれた四人の子どもとともに帰国し、ロンドンの高級住宅街で悠々自適の生活を送った。共同経営者のマクファーソンは横浜に残り、一八九〇年まで保険代理業を続けた。

アスピノール
Aspinall, William Gregson, 1822ca.-1879.10.3
イギリス　9区35

サトウは日本系商社のうち、もう一つの「イギリスの一流商社」としてアスピノール・コーンズ商会の名を挙げている。
アスピノールはリヴァプールの出身、一八六一年末の時点で三十五歳だった。一家は上海でマッケンジー家と組んで貿易に従事しており、アスピノールは一八五三年、アスピノール・マッケンジー商会の

共同経営者となった。翌年、生麦事件で犠牲となるリチャードソンに代理店業務を委任した。アスピノールは茶の輸出を、リチャードソンは生糸の輸出を担当していた。

コーンズ（Frederick Cornes）はマクルスフィールドの絹織物業者出身、一八六一年末の時点で二十五歳だった。マクルスフィールドはマンチェスターの東方にあり、絹織物業が盛んだったことから「絹の町（Silk Town）」と呼ばれていた。一八四〇年代後半から五〇年代にかけて、この町からは多数の工場主や熟練工がアメリカに移住し、ニュージャージー州パターソンが「絹の都（Silk Capital）」として発展するのに貢献した（参考80）。

マクルスフィールドの出身者には、アダムソン・ベル商会（のちドッドウェル商会、現コーンズドッドウェル株式会社）を設立したアダムソン、デント商会から横浜に派遣されたエドワード・クラークやジョセフ・アルビンソン、ストラチャン&トーマスを設立したトーマスがいる。また、マクルスフィールドで修業した人に、シーベル・ブレンワルト商会のジェームズ・ウォルターがいる。

コーンズは一八五七年にホリディ・ワイス商会から上海に派遣された。そこでアスピノールと知り合い、日本進出を決めたものと思われる。一八六一年四月一日、二人は横浜でアスピノール・コーンズ商会を設立、アスピノールが茶、コーンズが生糸を担当した。ＰＯ汽船会社（Peninsular & Oriental Steam Navigation Company）やロイズ保険組合の代理店も務め、横浜居留地有数の商社に成長する。

リチャードソンが帰国の途中横浜に立ち寄ったのは、アスピノールの招きによるものと考えられている。遺体の検屍はアスピノール宅で行われた。アスピノールはボラデイル夫人を上海まで送るとともに、リチャードソンの遺品や遺産の整理を手配した（参考5）。

マーシャルと同じように、アスピノールも古参居留民として居留地社会で重んじられていたようだ。一八六九年八月、ヴィクトリア女王の次男アルフレッド王子が来日した際には、二五〇余名の在日イギリス人を代表して挨拶している。一八七三年、健康を害したアスピノールは引退し、一旦帰国したものの再び来日、一八七九年に死去した。五十七歳だった（参考81）。

アスピノールの引退にともない、アスピノール・コーンズ商会は清算されて、一八七三年四月一日に設立されたコーンズ商会に事業が引き継がれた。コーンズが帰国したのちも、次男のアーチボルド（Archibald John Cornes）らの手で経営が続けられ、現在もコーンズ＆カンパニー・リミテッドに引き継がれている。

コーンズには日本に残した娘が一人いた。英語名をエイミー・コーンズ、日本名を山田千代という。共立女学校卒業後、ブラウン夫人やカンヴァースを助け、長らく捜真女学校で英語と音楽と聖書を教えた。生涯を女子教育と布教に捧げ、一九六〇年、九十三歳で死去した（参考82）。

ゲイ

Gay, Arthur Otis, 1819.8.31-1901.7.20

アメリカ　4区33

サトウは『一外交官の見た明治維新』の中で、日本系商社のうち「ア

メリカ屈指の商社」としてウォルシュ・ホール商会の名を挙げている。

ウォルシュ兄弟はニューヨークの出身。上海のラッセル商会で貿易に従事していた。まず次男のジョン（John Greer, 1829-1897.8.16）が開港直後の長崎にウォルシュ商会を設立し、横浜では長男のトーマス（Thomas W., 1827-1901.8.31）がフランシス・ホール（Francis Hall, 1822-1902）と組んで、一八六二年四月十九日にウォルシュ・ホール商会を設立した。居留地の二番地に位置するが、日本人からは国籍別商館番号で「アメ一」（「アメリカ一番」の意）と呼ばれた。

ホールはコネティカット州の生まれ。十九歳でニューヨーク州エルマイラにホール書店を開いた。一八五九年、『ニューヨーク・トリビューン』の通信員として、S・R・ブラウンやシモンズらの宣教師とともに来日した。当初はヘボン夫妻とともに神奈川の成仏寺に住み、翌年横浜に移った。一八六六年、外国人商業会議所の初代会頭に就任している。同年帰国し、エルマイラで書店の経営を続けた。滞日中の日記が *Japan through American eyes : the journal of Francis Hall, Kanagawa and Yokohama, 1859-1866* (edited and annotated by F.G.Notehelfer, Princeton University Press of Virginia, 1992）として出版されている。

日本の経済発展に寄与することによって自らも利益を得るというのがウォルシュ・ホール商会の戦略だったようにみえる。例えば、一八七〇年、銀行制度調査のため、伊藤博文に増田嘉兵衛・吉田幸兵衛らの横浜商人が随行して渡米した際、四男ロバート（Robert George, 1841.10.31-1886.4.30）が通訳兼世話役として同行している。同年、居留地内でのガス事業をめぐって、高島嘉右衛門ら日本人商人とドイツ系商社が免許の取得を競った際には日本側の保証人となった。一八七二年、渋沢栄一が抄紙会社（王子製紙の前身）を設立した際や、一八八六年、大倉喜八郎らが東京電灯会社を設立した際には技術や機械の導入を斡旋した。トーマスは古参居留民のなかでは数少ない条約改正賛成論者だった。

三井物産の初代社長益田孝は若い頃、ウォルシュ・ホール商会で働いていたことがある。

一八七四年、三男のリチャード（Richard James, 1831-1881）が来日したが、直後に妻のエリザ（Eliza, ?-1876.4.14）とその弟のレッパー（Thomas Lepper, 1840ca.-1875.3.17）が死去、リチャードも一八八一年に死去し、兄弟の中で最初に日本に骨を埋めることになった。いずれも一八区で永眠している。

ウォルシュ・ホール商会は一八七六年、神戸製紙所を設立し、洋紙の製造に乗り出した。一八八〇年にはトーマスの提唱によって日本製紙連合会が設立されている（参考83、84）。

神戸製紙所の経営にはロバートが当たった。ロバートは米谷さだと結婚し、娘のゐいは松浦洋紙店を営む松浦有平と結婚した。ロバートは一八八六年、四十四歳の若さで死去し、神戸市立外国人墓地で永眠している。神戸製紙所の経営は三菱合資会社に譲渡され、のちに三菱製紙所となった（参考85）。

トーマスは一八九〇年に引退し、娘の嫁ぎ先であるイタリアのフィレンツェで余生を送った。トーマスの引退後、商社の経営はジョンを中心に続けられた。ジョンは山口りんと結婚し、娘の愛子の婿孝太郎は東京で金物問屋釜七を経営していたが、これにはジョンも出資していたと伝えられる。愛子と孝太郎の娘麻子は箱根富士屋ホテルの創業者山口仙之助の長男修一郎と結婚したがうまくいかず、離婚後、師事していた跡見玉枝（跡見女学校の創設者跡見花蹊の従姉妹）のもとで日本画を学び、玉枝の後継者として、玉枝が創始した精華会の二代目会長となった。画名を山口玉糸という。

ジョンは一八九七年に神戸で死去し、弟のロバートとともに神戸市立外国人墓地で永眠している。東京青山墓地の山口家の墓にも記念碑が建てられている。ジョンの死後、商社の経営はゲイの手に委ねられた。

ゲイはボストンの出身。一八六二年、アメリカ系ハード商会の上海支店に入社し、一八六四年、横浜支店に移った。翌年には居留地参事会の警察委員会委員に就任している。また、一八六七年から翌年にかけて、外国人商業会議所の会頭を務めた。一八六八年、ウォルシュ・ホール商会に移り、開港直後の神戸で支店の開設に携わった。神戸でも外国人商業会議所の会頭を務めている。一八七五年以降は横浜本店で働き、一八九〇年から翌年にかけて、再び外国人商業会議所の会頭を務めた（参考86）。

一八八一年、手狭になった居留地六八番地の劇場（いわゆる本町通りゲーテ座）の替わりに、新しい劇場を建設しようという運動が起きた。翌年末に有限責任会社横浜パブリック・ホール・アソシエーションが組織され、設立の準備に当たったが、資金がなかなか集まらなかった。一八八四年四月三十日に理事が改選され、その一人にゲイが選ばれて理事長に就任した。翌年春、ゲイらの努力が実り、フランス人建築家サルダの設計により、山手二五六・二五七番地に新しい劇場（いわゆる山手ゲーテ座）が完成した。

ゲイは一九〇一年七月二十日に死去し、四区に埋葬された。それから約一か月後の八月三十一日、トーマスがフィレンツェで死去した。ウォルシュ・ホール商会は翌年清算され、幕末以来四〇年の歴史に幕を下ろした。

プール

Poole, Otis Augustus, 1848.12.20-1929.4.1

アメリカ　16区16A

製茶貿易で知られたスミス・ベーカー商会は、スミス（Richard B. Smith）とベーカー（Colgate Baker）が一八六八年一月一日に設立した。スミスとベーカーは一八六一年にはすでに来日しており、ともにスミス・アーチャー商会で働いていた。この商社が「アメリカ三番館」として知られていたのは、スミス・アーチャー商会の国籍別商館番号を引き継いだのかもしれない。明治時代の製茶貿易のリーダー、大谷嘉兵衛はここで働いていたことがある。

一八八八年五月、この商社の社員としてプールが来日した。プールはウィスコンシン州ベロイトの生まれ。十九歳でシカゴに移り、茶の輸入商社に勤めた。一八八六年、取引があったE・A・ショイヤーの求めで初めて中国に渡った。このE・A・ショイヤーは、幕末に来日したアメリカ人ラファエル・ショイヤーの子息アーネスト・アシャーかもしれない。プールは中国から帰国後、スミス・ベーカー商会に招かれ、来日することになった。

一八九九年、静岡の清水港が貿易のために開港されると、茶の輸出港は横浜港から産地に近い清水港に移った。一九〇九年、プールはスミス・ベーカー商会を退社し、静岡にプール商会を設立した。

一九二六年に引退するまで茶貿易に従事し、その第一人者と目されていた。最初に中国に渡ってから引退するまでの間に合計八二回も太平洋を横断している。

プールはアマチュア写真家だった。日本の各地の風景や人々の生活を写した写真をスライドにしてアメリカで上映し、好評を博したが、それはバートン・ホームズのトラヴェローグ（旅行写真）にヒントを与えたとされる。

夫人のエリノア（Eleanor Isabella, 1841.8.14-1918.6.4）はアイルランドのカリック・オン・シャノンの生まれ。一八五三年家族とともにアメリカに移住し、一八七六年シカゴでプールと結婚した。ピアノの名手として知られ、一八七一年のシカゴの大火にも耐えたスタインウェイ・ピアノを持って来日した。シカゴで生まれた三人の子どものうち、長男ハーバート（Herbert Armstrong）はヴァイオリン、娘のエリノア二世（Eleanor Isabella）はピアノが堪能で、山手八九番地のプール邸は音楽愛好家の溜り場になっていた。

夫妻は横浜文芸協会（のち横浜文芸音楽協会）の初期からの会員であり、プールは名誉書記、エリノアは副会長を務め、娘とともにピアノの演奏もしている。ハーバートもヴァイオリンの演奏で、次男の通称チェスター（Otis Manchester）は幻灯係として協会の活動に参加した。エリノアは婦人音楽協会（Ladies' Musical Society）の会長や横浜合唱協会（Yokohama Choral Society）の副会長を務めている。

エリノアはプールが静岡に移ったのちも子どもたちと横浜で暮らしていたが、一九一八年に死去し、一六区に埋葬された。引退後、カリフォルニア州バークレーに住んでいたプールは一九二九年に死去、遺骨は横浜に運ばれ、エリノアの眠る墓に葬られた（参考87）。

次男のチェスターは一八八〇年九月六日の生まれ。来日した時は七歳だった。ヴィクトリア・パブリック・スクール（ヴィクトリア女王即位五〇周年を記念して一八八七年にイギリス系居留民が設立）で学び、一八九五年、十五歳でドッドウェル・カーリル商会（のちドッドウェル商会）に入社した。一九一五年に横浜支店長、三年後には日本総支配人となった。

チェスターは有能なビジネスマンであるとともに多趣味の人であり、スポーツマンでもあった。水彩画と写真が得意で、ゴルフやドライブや狩猟を楽しみ、日本アルプスを踏破し、三度世界を旅行した。動物虐待防止協会の救急委員会委員長も務めた。青年から壮年にかけての三〇年以上にわたる横浜での充実した生活の様子は、自伝にいきいきと描かれている（参考89）。

関東大震災は、チェスターのみならず、居留外国人が横浜で築き上げた生活のすべてを奪ってしまった。チェスターが著した震災の体験記『古き横浜の壊滅』（参考90）の第一章「破滅以前の横浜」には、彼が生活していた横浜の外国人社会について、「横浜での生活の忘れがたい部分は、友情の濃さと永続きすることであった」と記されている。『古き横浜の壊滅』には失われた横浜の外国人社会に対する愛惜の念が込められている。

チェスターは一九一六年、横浜でドロシー（Dorothy May）と結婚した。ドロシーの曽祖父エリシャ・ライス（Elisha Esty Rice）はアメリカの初代函館駐在領事、その子息でドロシーの祖父ジョージ（George Edwin, 1843.8.26-1901.12.17）は一八六八年から函館の領事館で父のもとで働いた。エリシャの帰国後、一八七七年、横浜に移って領事館に勤務し、一八八五年まで副総領事を務めた。その後、アメリカ貿易会社やベリック兄弟商会で働いた。妻のクララ（Clara Amelia, 1846.5.14-1900.11.19）はアマチュア女優として、また雑誌へ寄稿者として知られていた。一九〇〇年に死去し、四区に埋葬された。ジョージは翌年、長崎で死去したが、妻の傍らに埋葬された。

ドロシーの母クララ（Clara Edwina）はジョージの三女として函館で生まれ、横浜で成長した。ソプラノ歌手として、またテニス・プレイヤーとして知られていた。一八九二年、太平洋郵船会社の横浜支店長キャンベル（William Wallace Campbell）と結婚した。キャンベルは横浜アマチュア・ロウイング・クラブや横浜ヨット・クラブの会長を務めるスポーツマンであり、モスキート・ヨット・クラブの創立者でもあった。キャンベルが所有するヨット大名号は、関東大震災の時にはキャンベルやプールの家族の避難所となった。

震災から逃れたチェスターとドロシー、当時六歳のアンソニー、四歳のリチャード、三歳のデヴィッドの三人の子どもは神戸で二年間過ごし、カナダに移った。その後チェスターがドッドウェル商会のニューヨーク支店長となったためニュージャージーに移った。チェスターは一九四九年に引退し、ヴァージニアで余生を送った。

震災当時四歳だった次男のリチャード（Richard Armstrong）は、アメリカに帰国後、大学で政治学や国際法を学んだ。卒業後、国務省の外務職員局に就職し、第二次大戦中、海軍に入隊した。終戦と同時に海軍少尉として生まれ故郷の横浜に上陸し、ＧＨＱ（連合国軍総司令部）民政局に配属されて新憲法の原案作成に携わった。二十六歳の若さにも関わらず、法学知識を買われて天皇や条約に関する小委員会の責任者に抜擢され、象徴天皇制の制定に関わった。（参考91、92）

バーナード

Bernard, Charles Burton, 1853.7.16-1947.4.3

イギリス　2A区16

バーナードはイギリス南西部サマーセット州ラングポートの生まれ。父がロンドン港の税関局長になったので少年期をロンドンで過ごし、モフィット商会に入社して茶貿易の経験を積んだ。

一八七五年、弱冠二十二歳でフィンドレー・リチャードソン商会の茶部門の担当者として来日、一八八三年には独立してバーナード&ウッドを設立した。一八九四年以降は商号をバーナード商会とし、静岡で茶園も経営していた。

ヨットマンとして知られ、横浜ユナイテッド・クラブや山手ゲーテ座の運営にも貢献した。アマチュア・ドラマチック・クラブの舞台監督や役者を務める趣味人でもあった。若い頃には画家志望だったというだけあって絵画を好み、穏やかな作風の作品が神奈川県立歴史博物館や横浜開港資料館、定宿として愛した箱根宮ノ下の富士屋ホテルなどに残されている。ジャパン・ブルワリー（麒麟麦酒株式会社の前身）の役員を務めていた時には、ビール瓶に張るラベルに麒麟の絵をデザインし、それが現在のラベルの元になったという。

バーナードは中島千代（Chio Ann, 1892.4.17-1963.3.2）と結婚して根岸の高台に住んだ。日本の古美術品を収集し、漢字の勉強もしていたというバーナードだが、第二次世界大戦は母国イギリスと第二の故郷日本を引き裂いてしまった。夫妻は敵国人として収容所に入れられた。バーナードは戦後まもない一九四七年、九十四歳で死去、千代は一九六三年に死去し、二A区で永眠している。（参考93）

ヘルム

Helm, Carl Julius Gustave Adolf, 1879.1.8-1933.2.8

ドイツ　9区56A

バーナード夫妻の子息エドワード（Edward Victor, 1909-1962）はイギリスの名門校セブンオークス・スクールで学んだのち、十九歳で日本に戻り、シェル石油に入社した。一九三三年、エドワードはヘルム家のリリアン（Lillian Charlotte）と結婚し、一九三七年、本牧にチェコ人建築家スワガーの設計になる自宅を建てた（現バーナードハウス、横浜市認定歴史的建造物）。

リリアンの祖父ユリウス（Julius Frederick Wilhelm Helm, 1840-1922）は、ドイツのポメラニア地方の都市シュテッティンからベルリンに向かう街道沿いの村ロゾウの農家に生まれた。一八六九年に来日し、弟のアドルフ（Adolf Edward Theodor, 1843-1889）とともに和歌山藩の歩兵科教官を務めた。一八七八年からは横浜のジェームズ&ウィルソンの運輸部門を買収し、横浜運送会社（Yokohama Drayage Co.）

を経営するようになる。同じ頃、弟のテオドール（Theodor）も来日し、一八八五年にアメリカに移住するまで、根岸のクリフ・ハウス牧場の経営に当たった。横浜運送会社には牧場の事務所も置かれていた。テオドールがアメリカに移住した一八八五年には、ユリウスも会社の経営権を日本人に譲り、朝鮮へ、さらにアメリカへ渡った。同じ頃、入れ替わるように弟のポールが来日し、郵便汽船三菱会社の技師を務めたのち、横浜で運送業を始めた。横浜に戻ったユリウスは一八九三年、一度手放した運送会社を買収するとともに、ポールと共同でヘルム・ブラザースを設立した（ユリウス・ヘルムについてはレスリー・ヘルム氏の調査による）。

一八九七年、ポールが健康を害して帰国、入れ替わりにユリウスの長男カール（英語名チャールズ）が入社し、一八九九年には香港に本店を置くイギリス国籍の株式会社に改組されたが、経営の実権はヘルム父子が握っていた。

一八七五年、ユリウスは小宮ヒロ（1854.3.10-1904.7.18）と結婚した。ヒロは一九〇四年に死去し、一一区に埋葬されている。ユリウスは一九一五年に帰国し、七年後に死去した。会社は長男カールをはじめ、次男ジェームズ（James Theodore）、三男ユリウス（Julius Felix）、四男ヴィルヘルム（Wilhelm Karl Frederich）らの手で経営が続けられ、洗濯業の横浜スチーム・ランドリー会社や磯子のヘルム・ドック（造船所）、山下町五三番地のヘルム・ハウス・アパートメント（スワガー設計）など多角的に事業を展開し、「ビジネス帝国」と呼ばれる企業グループに成長した。

リリアンはカールの末娘として一九一四年に横浜で生まれた。カールは一九三三年、リリアンがエドワード・バーナードと結婚する直前に死去し、九区に埋葬された。四男ヴィルヘルムは一九五一年、三女エリザベス（Elizabeth Alice Clara）は一九五四年、四女ルイザ（Louisa Marie Anna）は一九八〇年に死去し、いずれも二区に埋葬されている。

第二次世界大戦中、エドワードとリリアンはアメリカ経由アルゼンチンに逃れた。戦後帰国したエドワードはヘルム・ブラザースの役員を務めたが、一九六二年、母千代に先立つこと一年、五十二歳で死去、二区に埋葬された。

バーナードとヘルムの二つの家族を見守り続けたリリアンも二〇一〇年六月十九日、九十五歳で死去し、二十三日に山手聖公会で葬儀が行われ、夫の眠る墓に埋葬された。

ファヴル＝ブラント

Favre-Brandt, James, 1841.9.23-1923.8.7

スイス　9区19

イギリス以外の日本系商社のうち、生糸貿易の分野でもっとも活躍したのは、意外にも小国スイスの商社だった。

一八六三（文久三）年春、通商条約締結のため、アンベールを団長とするスイスの特派使節団が来日、その五人の随員のうち四人までが横浜に腰を落ち着けることになる。その第一号、カイザーが建築土木事務所を開いたのは一八六四年二月七日、日本・スイス条約調印の翌日のことだった。

バヴィエルはしばらくウォルシュ・ホール商会で働いたのち、一八六五年十月二十八日、バヴィエル商会を設立した。生糸の輸出にかけては横浜屈指の商社に成長する。ブレンワルトは一旦帰国し、シーベルと組んでシーベル&ブレンワルトを設立、一八六六年に再来日した。

ジェームズ・ファヴル＝ブラントはそのまま居住・開業した。ジュラ地方ヌーシャテル州ル・ロクルの出身で、父はフレデリック・エドワード・ファヴル、母はオリンプ・オーガスティン・ブラントという。父はラ・ショードフォンの市民権も持っていた。ル・ロクルとラ・ショードフォンはスイス時計産業発祥の地として、二〇〇九年、ユネスコ世界遺産に登録されている。

ファヴル＝ブラントというのは父母の姓を組み合わせた複姓である。小学校時代から東洋に憧れ、遣日使節団派遣の報を耳にするや、ただちに随員を志願したという。一八六四年、日本・スイス条約調印後、兄シャルルを共同経営者としてC&J・ファヴル＝ブラント商会を居留地八四番地に設立し、一八六七年頃一七五番地に移転した。シャルルは一八八一年頃帰国するが共同経営を続け、一九一三年からジェームズの単独経営となる。

ファヴル＝ブラントは工業専門学校を卒業し、射撃隊下士官の経歴を持っていたので、武器・機械・時計・宝飾品等の輸入に従事した。大山弥助（のち巌）は薩摩藩の武器購入係としてファヴル＝ブラントからスナイドル後装銃を購入したという。

平野光雄「ゼエームス・ファブルブランド伝」（参考94）によると、大山以外にも西郷隆盛、同従道、黒田清隆、伊藤博文、山県有朋、桂太郎、井上馨らと交友関係があり、とくに西郷隆盛とは「刎頸《ふんけい》の交わり」（親しい交際）を結んだという。残念ながらこれらの伝聞の全てを裏付けることはできないが、薩摩藩や長州藩と取引があったことは事実であろう。射撃の腕は確かで、スイス・ライフル・クラブの会長も務めた。

明治に入ると、各種時計の輸入と啓蒙、日本人時計師の育成に尽力した。長兄のエドゥアール・ファヴル＝ペレはスイス時計産業の指導者であるとともに、ファヴル＝ブラントが輸入したイギリス製懐中時計の製造にも関わっていたらしい。義兄のシャルル・フェリシャン・ティソも時計工場の創立者だった。ゼニット会社の製品も扱っていたが、それらの輸入懐中時計は高級品の定評があった。

また、日本各地に塔時計を設置した。その数一六か所に及んだという。横浜では町会所や郵便局の時計がよく知られている。高さ二メートル以上の大型置時計のことを「グランドファザー」というが、現存する新潟県議会議事堂（現新潟県政記念館）の大時計もファヴル＝ブラントが設置したものと考えられている（参考95）。日本の時計産業への貢献としては、『時計心得草』という啓蒙書を出版したことや、東京銀座の竹内時計店の竹内治三郎や外神田の京屋時計店の水野太一がル・ロクル時計学校へ留学するのを世話したことが知られる。

あまり知られていないのが工業製品の輸入である。ファヴル＝ブラントはベルギーのリエージュ水道管会社の代理店を務めており、一八九六年にはその製品を東京市に納入した。一九〇一年の横浜市水道第一回拡張工事に当たっても、ファヴル＝ブラントが輸入した同社の鋳鉄管が使用されている。

事業では成功を収めたが、家庭生活では不幸が多かった。ファヴル＝ブラントは一八六八年、松野久子と結婚し、七人の子を儲けた。久子は一八八二年、三十歳の若さで死去、九区に埋葬された。その後、久子の姪に当たる松野くま子と再婚し、二人の子を儲けたが、くま子も一八八九年、わずか二十五歳で死去した。さらに五人の子どもにも先立たれた。一九二三年、八十二歳になったファヴル＝ブラントは心臓を病んで軽井沢の別荘で静養していたが、八月七日に永眠し、久子の墓に埋葬された。彼が愛した第二の故郷横浜が関東大震災で壊滅する二五日前のことだった。

開港五〇周年に当たって、ファヴル＝ブラントもジャパン・ガゼット新聞社の依頼で「日本人との出会い」と題する回顧録を執筆した（参考96）。また'In the old days'と題するほぼ同様の回顧録を『ジャパン・レビュー』一九二三年八月号と九月号に連載している（参考97）。

ウォルター

Walter, James, 1846.11.18-1909.2.25

イギリス　4区18

スイス使節団の書記官を務めたブレンワルトは条約締結後一旦帰国し、一八六五年、スイスの絹織物業者出身で、当時ロンドンにいたシーベルと出会う。二人は十一月、横浜にシーベル&ブレンワルトを設立する旨の回状（サーキュラー）を発し、翌年四月、横浜に到着した。その後、シーベル・ブレンワルト商会→シーベル・ヴォルフ商会→シーベル・ヘグナー商会と社名が変わる（現在はDKSHジャパン株式会社）。明治期には生糸の輸出と機械や時計の輸入を中心として、横浜居留地屈指の商社に成長した。また、一八九一年までスイス総領事館がここに置かれており、歴代

の経営者が領事を務めていた。

生糸輸出で活躍した社員にイギリス人ウォルターがいる。ウォルターの生涯については藤本実也『開港と生糸貿易・中巻』（参考98）に記されているので、明白な誤りを訂正しつつ、その内容を紹介しよう。

ウォルターはリヴァプールの出身、絹織物業の町マクルスフィールドの製糸工場で働いたのち、ロンドンの生糸商のもとで経験を積んだ。一八六七（慶応三）年六月に来日し、最初はイタリア系マリエッティ・プラト商会に入社、翌年シーベル＆ブレンワルトに転じた。『開港と生糸貿易』には、「甲九十番（シーベル＆ブレンワルトのこと）に在つて生糸買入れと輸出に向つて努力を続け大に成功した、其後甲九十番が横浜生糸貿易商間に於て嶄然《さんぜん》と頭角を顕はし、旭日の勢を以て発展したのも、彼が効績頗る大なるものがあつたことは、今尚世人の知る所である」と記されている。

ウォルターは語学の天才だった。フランス語・ドイツ語・イタリア語のほか、スペイン語・ロシア語にも通じ、とくに日本語は流暢だったという。『開港と生糸貿易』はさらに続けて、「横浜在住の外人中卓越せる人格者」として尊敬されていたとして、外国人商業会議所の会頭や横浜ユナイテッド・クラブの会長を務めたことを挙げている。

ウォルターは狭い外国人社会で自足する人物ではなかったようだ。濃尾大地震や青森の飢饉に際しては被害者の救済に尽力した。日露戦争の際は戦死者の家族や傷病兵のための居留外国人による救済活動委員会の委員長を務めた。日本人からは「ワタリさん」と呼ばれて親しまれていた。

一九〇八年、ウォルターは帰国して三人の子どもと再会した。しかし、食道癌を患っていることが発覚し、治癒の望みがないことを知ると、横浜を墳墓の地と定めて日本に戻り、一九〇九年二月に死去した。死に際して日本政府は勲五等旭日賞を贈った。

『横浜貿易新報』(明治四十二年二月二十六日)が掲載した「ウオルター氏逝く」という追悼記事には「生糸貿易の先導者」「外商中の徳望家」と記されており、『開港と生糸貿易』の記述を裏付けている。また、この記事には、ヴィクトリア・パブリック・スクールや居留地消防隊(一八八二年総監督に就任)、横浜一般病院(通称山手病院)、クライスト・チャーチ(山手聖公会)など、外国人社会の公共施設の設立や運営に貢献したことも記されている。横浜貿易新報社が開港五〇年を記念して行った「故六偉人」の選挙では、唯一の外国人として入選した(参考99)。

シーベル・ブレンワルト商会は有能な日本人社員が多かったことで知られる。輸入品部主任西宮大助の子で輸出生糸部主任を務めた吉田鈴之助はウォルターの娘と結婚し、その長子五郎も大学卒業後すぐに入社しており、三代にわたって同社で働いた。

ジャクモ少年

Jacquemot, James Alexander Louis, 1860ca.-1865.6.11

イギリス　17区38

墓碑不明

スイス使節団の来日以前から横浜にはスイス人が住んでいた。ジャクモはイギリス人として、レーデルマンとペルゴはフランス人として来日していた。彼らが使節団を陰で支えていた。

イギリス領事が一八六一年末現在で調査した記録によると、ジャクモは当時四十五歳、夫人のアントワネットは三十三歳、娘のテレーズは八歳、息子のジェームズは三歳だった。子どもはいずれもロンドンで生まれている（参考77）。ジャクモはロンドンで貿易の経験を積み、一八六一年中に横浜へやってきたものと思われる。イギリスに帰化していたらしく、日本・スイス条約締結後もスイス国籍に復することはなかった。

イギリス領事ヴァイスの一八六二年度の商況報告によると、ジャクモは「生糸貿易に豊富な経験と知識」を持つ「この港での著名な生糸商」だった。この商況報告にはジャクモがヴァイスに宛てた手紙が引用されており、その中で「日本の土壌と気候がこの産業にすばらしく適している」こと、「日本の生糸が本質的に優秀な品質のもの」であることを述べ、日本の生糸輸出貿易が「あまり遠くないうちに、中国の貿易をしのがないまでも、それに匹敵する見込み」があることを予想している（参考100）。

生糸貿易のパイオニアとして活躍中のジャクモの家族を不幸が襲ったのは一八六五年六月十一日のことだった。シーベル＆ブレンワルトの創業者ブレンワルトの日記には次のように記されている。

「ジャクモの息子（五歳六か月）が今日午後二時と三時の間ごろ逝去。狂犬に噛まれた傷がもとで亡くなったそうだ。ジャクモ夫妻はまったく途方にくれており慰めようもない。その子は本当に可愛い少年だったから無理もない。」（参考101）。

当時居留地では犬が野放しになっていたらしい。発足したばかりの居留地の自治組織である参事会は、条例第一号として野犬取締条例を制定した。この条例が第二の不幸を生むことになるのだが、それについてはショイヤーの項をご覧ください（190ページ参照）。

ジャクモの予想のとおり、横浜からの生糸の輸出はめざましく伸張した。その一つの背景にはアロー号戦争や太平天国の乱の影響による中国からの輸出の減少があった。もう一つの背景にはヨーロッパでの蚕病の流行があった。その結果、一八六五年頃から良質の蚕種（蚕の卵）や繭自体が輸出されるようになり、生糸の粗製濫造もあって輸出生糸の品質悪化が問題となった。ジャクモはその実態を明らかにすべく、一八七五年七月から八月の四二日間にわたって、蚕糸地帯である福島・新潟・長野・山梨にかけて調査旅行を行い、その結果をイギリス公使パークスに報告した（参考102）。

ジャクモは一八七七年頃、日本を離れた。

イギリス国籍の生糸の専門家にもう一人、オールコック（George Henry Allcock, 1834-1907.1.12）がいる。ノッティンガムの出身で、一八六二年に来日、横浜のシュルツ・ライス商会、フーパー兄弟商会、モーリリャン・ハイマン商会で働き、一八八七年、公認生糸検査人として独立した。一九〇七年に死去、一四区で永眠している（参考103）。

ペルゴ

Perregaux, François, 1834.6.24-1877.12.18

フランス　22区49

ペルゴはファヴル＝ブラントと同じル・ロクルの出身。姉のマリー

は一八五四年にコンスタン・ジラールと結婚したが、コンスタンはその二年前にラ・ショードフォンで懐中時計製作のジラール社を設立していた。同社は一八五六年、夫妻の姓を組み合わせて、ジラール・ペルゴ社に社名を変更している。

ペルゴはジラール・ペルゴ社の時計を携え、一八六一（文久元）年に来日した。フランスに帰化していたらしく、ジャクモ同様、日本・スイス条約締結後もスイス国籍に復することはなかった。一八六四年一月十二日、オランダ人エドワルド・スネルと共同で貿易商のスネル＆ペルゴを設立したが、翌年の一月一日には共同経営を解消し、以後単独でペルゴ商会を経営した。

なお、スネルは一八六八（明治元）年七月、オランダ領事として新潟に赴き、奥羽越列藩同盟に武器・弾薬の供給を図ったが、新政府軍に商品を押収され、一八七二年、損害賠償請求訴訟を起こして四万ドル取得、その後も横浜に居住した。兄のヘンリーは日本名を平松武兵衛といい、会津藩の軍事顧問となった。会津若松城落城後の一八六九年、会津で移民者を募り、アメリカのカリフォルニア州ゴールドヒルにワカマツ・コロニーを作るが失敗し、一旦横浜に戻ったようだが、その後兄弟とも帰国したらしい（参考104、105）。

ペルゴはジラール・ペルゴの総代理店として各種時計や宝石の輸入と修理を行うとともに、一八六七年から七〇年までスイス領事館の書記官を務めた。一八七一年、東京築地に進出したが、三年後には横浜に戻り、山下居留地一三八番地で清涼飲料水の製造を始めた。一八七七年に死去し、二二区に埋葬された（ソーウインドジャパン株式会社〈ジラールペルゴ日本総代理店〉の調査による）。

ペルゴとの関係は不明だが、一三八番地の清涼飲料水製造所はスイス人のミンガード（August

Mingard）によって経営が続けられた。ミンガードは一八九六年に死去し、一区で永眠している。その後もK・ミンガードやその娘、姻戚の江川家などの手で経営が続けられた（参考106）。

スイス系時計輸入商社にはジュール（Jures）とポール（Paul, 1849.5.6-1912.2.5）の兄弟が経営していたコロン商会（Colomb & Co.）もあった。兄弟も時計の産地ヌーシャテルの出身、スイスの時計業組合長で遣日使節団長となったアンベールの甥と伝えられる。創業は一八七三年、銀座のシンボルとして親しまれた服部時計店の屋上の大時計は同社が輸入した。ジュールは一八九三年頃帰国してジュネーヴに居住し、横浜店はポールが経営していた。ポールは一九一二年に死去、一五区で永眠している。

エマール

Eymard, Claude Nicolas Simon, 1844.1.20-1908.1.30
フランス　1区29

本町通りから一本南に「シルク通り」と呼ばれる道がある。その界隈からもう一本南の「開港道」の両側にかけては、かつては生糸を扱う外国商社が軒を連ねるシルク・タウンだった。

開港道の西側入口から向かって左手の九〇番地にはシーベル・ブレンワルト商会があった。紛らわしいことに同じ番地にシーベル・ヴァーゼル商会（Sieber-Waser）もあった。どちらもスイス系生糸輸出

商社だが別の会社である。日本人は前者を甲九〇番、後者を乙九〇番と呼んで区別していた。九〇番地の向かいに当たる一七五番地にはファヴル＝ブラント商会、隣の一七六番地にはやはりスイス系生糸輸出商社のモルフ商会があった。シルク通り突き当たりの七六番地には、シーベル・ブレンワルト商会やシーベル・ヴァーゼル商会と生糸輸出高でトップの座を争っていたスイス系バヴィエル商会があった。

バヴィエル商会で働き、のちに独立したフランス人にクロード・エマールがいる。

エマールは一八四四年、フランス南西部、イタリア国境に近いブリアンソンの生まれ、一八七九年、バヴィエル商会に生糸検査技師として入社した。紡績原料となる熨斗《のし》糸（繭の緒を探す際に出る糸《いとぐち》）や生皮苧《きびそ》（生糸を繰る時に出る糸屑）などの屑糸の購入に手腕を発揮し、一八八五年に独立してエマール商会を設立した。一九〇一年以降同社が存在した二五三番地には、一二〇〇坪の敷地に屑糸の選別や荷作りのための施設があり、繁忙期には五〇〇人を超える日本人女性労働者が働いていた。バヴィエル商会、エマール商会、デローロ商会は「屑物三館」と呼ばれていた。

クロード・エマールは一九〇八年に死去し、一区で永眠している。横浜貿易新報社が開港五〇年を記念して行った「故六偉人」の選挙では、残念ながら当選しなかったが、外国人では唯一の次点者となった（参考107）。

商社の経営は嗣子シャルル（Charles Leopold Nicholas, 1879.1.13-1952.3.27）が継承した。シャルルは数頭の競走馬を所有する競馬愛好家だった。一九二七年に根岸競馬場で行われた天皇賞レースでは持ち馬のマツミドリ号が優勝している。シャルルは佐藤シゲ（1894.10.7-1953.5.19）と結婚し、本牧の和田山（現在の本牧山頂公園付近）の別荘に住んだ。シャルルは一九五二年、シゲは翌年に死去し、六区で永眠している。
シャルルの嗣子エドワール（Edouard L., 1924.10.14-1981.1.4）は一九五〇年、新名《にいな》清乃と結婚し、父の死後商社の経営を継承した。一九八一年に他界し、父母とともに六区で永眠している。商社の経営は長男フィリップにバトンタッチされたが、すでに生糸貿易は衰退しており、一九八四年、横浜の生糸貿易とともに歩んだエマール商会は、四代、百年の歴史に幕を下ろした。（参考108）

フランス系生糸輸出商社にはドーリル商会もあった。ドーリル（Paul Adrien Dourille, 1845.9.2-1927.2.18）は一八七八年、リヨンの商社から日本の生糸の鑑定・改良のため横浜に派遣され、一八八五年に独立して、シルク・タウンの一画、一六四番地に社屋を構えた。公認生糸検査人を務めるかたわら生糸の輸出に従事し、一九一二年合資会社組織とした。一九一七年には日本の製糸業の改良・発達に貢献した功績により大日本蚕糸会から第一種功績賞を贈られている。関東大震災後も再起を期したが、一九二七年に死去し、商社は閉鎖された。一六区で永眠している。

ドーリルと日本人の妻との間に生まれたジャンヌ（Jeanne A.K., 1885.11.22-1983.5.19）は、フランスで銀行員ボアクソ（Andre J.A.Boixo, 1897.2.6-1978.9.8）と結婚し、一九二一年、横浜に戻ってきた。その二年後、関東大震災が勃発し、山手七九番地に建てた新居は倒壊した。夫妻は無事だったが、隣の八〇番地ではマクガワン夫人が家屋の下敷きになって死去した。ボアクソは神戸に避難し、さらに中国に転勤になった。その後フランス公使館勤務となって横浜に戻ったが、第二次大戦中は敵国人として拘留された。夫妻はドーリルと同じ一六区で永眠している。

マクガワン夫人の墓碑が見当たらないのは、関東大震災の他の多くの犠牲者とともに、根岸外国人墓地に埋葬されたからかもしれない。一九八四年、元町公園の整備工事中、倒壊して土砂に埋もれていたマクガワン邸が発見され、発掘の上、山手八〇番館遺跡として保存された。（参考109）

デローロ

Dell'Oro, Giuseppe Ildebrando, 1886-1952

イタリア　8区15

「屑物三館」の一つ、イタリア系デローロ商会も、一八七八年以降、シルク・タウンの一画、九一番地に社屋を構えていた。

創業者のイシドーロ・デローロはミラノの出身、一八六七年に来日してデローロ商会を設立し、当初は主として蚕種を扱った。一八七六年、雨宮敬次郎がイタリアへ蚕種の売込みに赴いた際には、これに同行している。また、一八八〇年、上州島村の蚕種製造家、田島弥平らがイタリアへ蚕種の売込みに赴いた際には、ミラノでデローロの店を訪ねている。

デローロはヨーロッパの養蚕製糸の先進国イタリアの専門家だけあって、日本の養蚕製糸業についても研究熱心だった。日本で広く読まれていた上垣守国《うえがきもりくに》の著作『養蚕秘録』のフランス語訳をイタリア語に翻訳したほか、一八七四年には日本の養蚕地帯を旅行し、調査報告書をイタリア代理公使に提出している（参考110）。

イシドーロは一九〇〇年、ミラノで死去、商社は弟のジョセフや支配人のコロンボ（Luigi Colombo, 1835ca.-1907.2.2）によって経営が続けられた。コロンボは一八六七年に来日してバヴィエル商会で働き、一八七四年、デローロ商会に移った。一三区で永眠している。

一九〇九年にはイシドーロの子息ジュゼッペが来日して経営を引き継ぎ、関東大震災や第二次世界大戦を乗り越えて経営を続けた。ジュゼッペは一九五二年に死去し、八区で永眠している。

商社はその後も存続し、倉庫業や駐車場経営を続けた。一九七〇年頃に日本から撤退したが、九一番地にはその後も「デローロ駐車場」が存在していた。二〇〇一年、駐車場跡地にマンションが建設されることになり、工事の過程で、デローロ商会の建物の遺構が発掘された。地上の遺構の一部は「旧横浜居留地九十一番地塀」として保存され、横浜市地域有形文化財に指定されている（参考111）。

ショーネ

Schoene, Frederic Henri, 1837-1895

スイス　1区49

ヴァルマル・ショーネ&ミルスム（Valmalle,Schoene & Milsom）という風変わりな生糸輸出商社があった。経営者のヴァルマルはフランス人、ショーネとミルスムはフランス系スイス人なのに商社の国籍はイギリスだった。風変わりだが営業成績

は良く、一八七九年にはシーベル&ブレンワルトやバヴィエル商会に次ぐ生糸輸出量を誇った。

ヴァルマルは一八六五年頃、ショーネとミルスムは一八六六年頃来日し、一八六七年に三者の共同経営によるヴァルマル商会を設立、翌年からヴァルマル・ショーネ&ミルスムという商号になった。

日本人から「バルマンさん」と呼ばれた経営者のヴァルマルも風変わりな人で、さまざまな逸話を残している。『横浜開港側面史』(参考112)にはその剽軽《ひょうきん》振《ぶ》りが次のように伝えられている。

バルマンさんは「天気よろしい」とお世辞を言いながら、番傘を差して生糸問屋の店先をのぞいて歩く。いよいよ買う段になると、「アイ、生糸買います」と言って、物差しの目盛りで値段を示す。商談が整わないと、その場で大鼾《いびき》をかいて寝込んでしまう。ついに売り手が根負けしてその値で売ってしまうという商売振りだった。普仏戦争の際には、フランスの戦勝を祝うために数万個の提灯を買い入れたが、負けてしまったため、提灯を見ながら毎日声を挙げて泣いていた。

『開港と生糸貿易』(参考98)にも逸話が記されている。バルマンさんは「大の節約家」で、靴が損するといって商用以外には出歩かない。いつも針と糸を持っていて、靴が傷むと自分で直す。共同経営者のショーネが山手に立派な邸宅を構えた時には、「贅沢だ」といって一度も行かなかった。子ども好きで、鼻を垂らした子がいるとハンカチで拭ってやる。公共事業には惜しみなく出金する、といった具合で、とにかく風変わりな人だった。

なお、ヴァルマルのもとで番頭を務めた樋口忠助は熱海で樋口旅館(のち樋口ホテル)を創業した。熱海初の洋風ホテルとされる。

ヴァルマルは一八七六年、ミルスムはその翌年に帰国し、一八八一年にやはりフランス系スイス人のモットゥ（A.Mottu）が共同経営者となって、商号がショーネ&モットゥとなり、商社の国籍もスイスになった。

『開港と生糸貿易』によると、ミルスムの妻は川崎の田辺周蔵の妹で、その縁でミルスムが田辺に贈った桃の苗木が川崎の水密桃の起源になったという。

ショーネは内外人に信望が厚く、取引をめぐるトラブルが発生すると、日本人生糸商のリーダー原善三郎とともに仲裁に奔走した。政府高官にも知友が多く、西郷従道や大隈重信らが、根岸競馬場での観戦の折に、山手一五四番地のショーネ邸を訪れたという。

共同経営者のモットゥも生糸の専門家だった。一八七三年、横浜生糸改会社の設立に際して検査掛として招かれ、その後ジャクモのもとで働いていた。

生糸鑑定技術の達人としてモットゥと並び称された人にドイツ系スイス人のストラーラー（Franz Anton Strähler, 1858-1932.2）がいる。ストラーラーは一八八二年にバヴィエル商会に入社、その後ポール・ハイネマン商会に移り、その事業を継承したオットー・ライマース商会のニューヨーク支店長となった。その縁でアメリカに帰化したらしい。一九〇四年、横浜に戻ってストラーラー商会を設立した。一九二〇年、エラ夫人（M.Ella, 1869. 11.12-1920.3.22）が死去し、一六区に埋葬された。ストラーラーは一九二五年頃スイスに帰り、一九三二年二月に死去したが、夫人の墓に記念銘が刻まれている。

アーレンス兄弟

Ahrens, Hinrich, 1842.12.21-1886.10.18
Ahrens, Hermann Adolf, 1864.5.5-1904.12.5
ドイツ　兄は8区5、弟は15区44

ヒンリッヒ

ヘルマン

ヒンリッヒ

ドイツ帝国の中心となったプロイセンは一八六一年一月二十四日（万延元年十二月十四日）、日本と日普修好通商条約を締結したが、じつはそれ以前から、さまざまな国の保護のもとに、かなりの数のドイツ人が来日していた。

オランダ国籍で来日し、外国商人のトップをきって開業したクニフラーもじつはドイツ人だった。居留地に番地が付けられる前、商社は国籍別の番号で呼ばれていたが、英一番のトーレルもじつはドイツ人、オランダ一番のパトウもじつはドイツ人だった（ジャーディン・マセソン商会を「英一番館」と呼ぶのは番地に基づく呼称で、国籍別商館番号は英三番）。

ディルク・ファン・デア・ラーン「幕末・明治期の横浜のドイツ系商社」（参考113）は、「創世期のドイツ系大手三社」として、クニフラー商会のほかに、シュルツェ・ライス商会とテキストル商会の名を挙げている。この二社もオランダ国籍で設立された。「明治時代のドイツ系商社の中でもっとも成功した企業」として名の挙げられているのがアーレンス商会である。

ヒンリッヒ・アーレンスはブレーメンの出身。一八六九年、東京築地にアーレンス商会を設立し、一八七三年に横浜店、翌年に神戸店を開設したが、東京からは一八七九年に撤退した。一八八一年にはクルプ・ゲルマニアの会長を務めるとともに、手狭になった本町通りゲーテ座に替わる新しい劇場を建設するための準備委員会の委員を務めた。

同社の初期の特徴は政府との取引にあり、新設の学校のための図書や物理・化学実験に使う機器、法学関係の書籍、武器を輸入し、他方、政府の依頼で米の輸出を引き受けた。これらの事業は、アーレンスからの出資を得て設立された高田商会に引き継がれた。

中根音吉『竿忠の寝言』（参考114）に、築地のアーレンス商会が「釣音」こと中根音吉に釣竿を二六〇〇本注文したエピソードが記されている。この取引はうまくいかなかったが、アーレンスは釣音の使いでやってきた十三歳の息子、忠吉の気骨に惚れ込んだという。この忠吉が釣竿作りの名人初代竿忠になった。三代目竿忠の一家は東京大空襲で大きな被害を受けた。孤児となった子息の喜三郎と娘の香葉子は、父の贔屓だった落語家の三代目三遊亭金馬に引き取られ、喜三郎は四代目竿忠に、香葉子は初代林家三平の妻、九代目林家正蔵と二代目林家三平の母となった。

ヒンリッヒは一八八六年十月十八日、コレラに感染し、発症後わずか数時間後に死去、四十四歳の働き盛りだった。商社はアーレンス継続社（Ahrens & Co. Nachfolger）として一九四五年まで存続した。一九一〇年に出版された『横浜成功名誉鑑』（参考106）は、アーレンス商会を評して、「独逸流の堅忍不抜、秩序整然たる商陣を布いて、東西の貿易界に雄飛しつゝあり」と述べている。

アーレンス商会が扱った輸出品には、生糸のほかに、麦藁真田《むぎわら》（麦藁を真田ひものように編んだもので帽子の材料）、塗物、銅器・七宝焼・骨董品などの美術工芸品があった。明治初期、外国人向けに日本の風景や外国人の肖像を絹地に淡彩で描いた「横浜絵」と呼ばれる絵があり、五姓田《ごせだ》芳柳とその弟子たちが制作していた。その作者の一人、松本楓湖はアーレンス商会の注文で輸出七宝焼の下絵を描いて高収入を挙げ、浅草栄久町に家を買ったという（参考115）。

クニフラー商会を継承したイリス商会やアーレンス商会で働いていたドイツ人にヤーコプ・ウィンクレルがいる。ウィンクレルは一八八五年に独立し、アーレンス商会の輸出部門を継承した。ウィンクレルは独立に際して、同僚だった新井清太郎を招いたが、新井も一八八八年に独立し、おもに麦藁真田の輸出をウィンクレル商会から引き継いだ。その後、百合根や糸瓜《へちま》の輸出で業績を伸ばした（参考116）。両社はウィンクレル株式会社、新井清太郎商店として現在も横浜に本社を構えている。

輸入品には毛織物・船具・ガラス器具・薬品・染料などがあった。染料主任室原興重は一八九七年から翌年にかけて、ドイツのバディシェ（日本名馬獅子）染料会社で学び、帰国後同社の人造藍を大量に輸入した。その結果、日本の天然藍産業は壊滅状態になったという。アーレンス商会はまた長らく船舶会社北ドイツ・ロイドの日本代理店を務めた。

弟のヘルマンは一八八四年、神戸店の経営に参加した。一八九五年にアーレンス継続社を辞めてドイツ系シモン・エヴァース商会に移り、さらに一九〇〇年、ヘルム・ブラザースに移った。一九〇四年に上海で死去し、一五区に埋葬されている。

ヘルマンは森りたと結婚した。長男の森新太郎はライジングサン石油会社（現在の昭和シェル石油）、新太郎の弟茂と長男多朗はともにヘルム・ブラザースで働いた（参考117）。

コモル

Komor, George, 1888.12.8-1976.11.27
ハンガリー　7区27

一八六九年、オーストリア・ハンガリー帝国と通商条約が結ばれると、さっそくハンガリー人クーン（M.M.Kuhn, 1832ca.-1901.10.9）が来日し、五一番地に美術品輸出商クーン商会を設立した。『日本絵入商人録』（参考118）に掲載されている図には「千八百六十九年起業、コンノート公殿下並ニ夫人ノ御保護、日本・支那・印度新古骨董品並ニ東洋美術品大売捌所」と記されている。コンノート公（英国ヴィクトリア女王第三子）との関係がどのようにして生まれたのかは定かでない。

一八七五年にはカービーがドイツ銀行のために建てた建物に移った。『日本絵入商人録』に掲載されているのはその社屋である。クーンは一九〇一年に死去し、一四区に埋葬された。クーン商会は一九〇五年に清算される。

コモル兄弟はクーンの従兄弟で、一八八六年、ジークフリート（Siegfried）が来日してクーン商会で働き、一八九三年、アーサー・クーン（Arthur Kuhn）と組んでコモル商会を設立、翌年から商号が

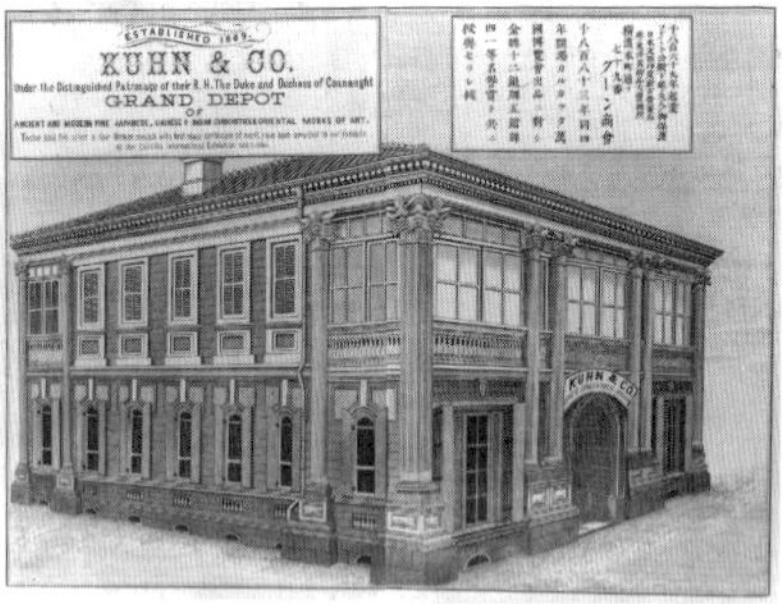

クーン商会

クーン&コモルになった。一八九六年には兄弟のイジドール（Isidore）も経営に参加し、おもにジークフリートは横浜で、アーサーは香港で、イジドールは上海で仕事をした。営業種目は日本と中国の美術品の輸出だった。一九〇五年までクーン商会と併存していたわけだが、両者の関係は定かでない。

ジョージ・コモルは一八八八年、イジドールの子としてブダペストで生まれた。一八九六年に両親とともに来日し、一九〇八年からクーン&コモルの経営に参加した。しかし、一九一四年に起きた第一次世界大戦の結果、オーストリア・ハンガリー帝国が崩壊し、その混乱の煽りをくらって廃業に追い込まれた。

ジョージは戦後、コモル・トレーディングを設立し、ポケット・ライターやボタンの国産化と輸出を行って成功を収めた。しかし、一九二三年の関東大震災で会社の建物が倒壊し、夫人がその下敷きになって死亡した。ジョージは失意のまま神戸に移住した。その後ロシア人ゼニア（Xenia, 1905.2.6-1998.3.27）と再婚し、横浜で再起を期したが、その矢先、一九二九年の世界大恐慌に見舞われ、さらに第二次世界大戦の勃発によって廃業を余儀なくされた。戦後は子息のジョンとともに、米兵相手に日本の雑貨を商うコモル&コモルを経営した。一九七六年に死去し、七区で永眠している。ジョン・コモルは現在、財団法人横浜外国人墓地の会長を務めている。（参考119）

アプカー夫妻

Apcar, Apcar Michael, 1854.12.31-1906.11.22
Apcar, Diana Agabeg, 1859.10.12-1937.7.8
アルメニア　14区11、12

黒海とカスピ海の間、カフカズ（コーカサス）山脈の南方にアルメニア高原がある。紀元前後の頃、ここにアルメニア王国が存在した。しかし、その後、ローマ帝国、ペルシャ帝国、トルコ帝国、ロシア帝国などの強国の勢力が及び、アルメニア人は実に一九〇〇年余にわたって「亡国の民」となった。ディアスポラ（離散定住集団）となったアルメニア人は世界各地に集団で移住し、集団間のネットワークを活用して商業に従事した。

マイケル（左）、ダイアナ（右）

インドのカルカッタ（現コルカタ）を中心に、アプカー・ラインとして知られる汽船会社を経営するアルメニア人の一族がいた。マイケル・アプカーはその一員としてペルシャ（現イラン）のイスファハンで生まれ、カルカッタに移住、香港で貿易に従事した。夫人のダイアナはビルマ（現ミャンマー）のラングーン（現ヤンゴン）の生まれ、カルカッタで教育を受け、一八八九年にマイケルと結婚した。夫妻は新婚旅行で訪れた日本を永住の地と定め、翌年五月に来日、横浜にアプカー商会を設立した。一九〇一年頃には神戸にも進出し、グレート・イースタン・ホテルやビーチ・ハウス・ホテルを経営した（参考120）。

創業直後のアプカー商会の営業内容について、『横浜貿易捷径』（参考121）は輸入品目として羊皮・漆・帽子・アラビアゴム・セルラック（レコードの原料となる樹脂）、輸出品目として陶器・漆器・紙細工・絹物・天産物を挙げている。輸入品担当は中国人採芝林、輸出品担当は吉田善太郎であった。また、『横浜成功名誉鑑』（参考106）にはエジプト、インドへの羽二重輸出で業績を伸ばしたこと、吉田善太郎が引き続き支配人兼日本人部長として働いていたことが記されている。

一九〇六年、マイケル・アプカーは滞在先の神戸のグレート・イースタン・ホテルで急死した。葬儀は神戸の春日野墓地でフリーメーソンの礼式に従って行われたが、墓は横浜外国人墓地一四区にある。未亡人となったダイアナは商社を合名会社にして三人の子どもたちとともに経営を続けた。出資者の一人、鎌倉郡中川村出身の石渡義助が庶務兼会計主任を務めた（参考122）。関東大震災後、一家は神戸に逃れたが、二年後に横浜に戻り、今度はモーターバイクの輸入で成功を収めた。

アプカーは日本と条約を結んでいないペルシャの国籍だったため、居留地での借地権や領事裁判権など、条約締結国民としての権利を享受できなかったと思われる。しかし、ビジネスが順調だったので、そのことが一家の生活にとって支障となったようには見えない。一家はビジネスに励む一方、本牧でサマー・ハウスを借りたり、箱根や山中湖畔へピクニックに出かけるなど、他の裕福な外国人同様の生活を楽しんでいた。マイケル二世は横浜ヨット・クラブや横浜アマチュア・ロウイング・クラブに属する水上スポーツの愛好家であり、また競馬ファンでもあった。しかし、国際情勢が一家の平穏な生活を奪うことになる。

一八二八年から一九一八年にかけての九〇年の間に、アルメニア高原は四度にわたってトルコとロシアの戦争の戦場となり、アルメニア人居住地区は両国に引き裂かれたが、キリスト教徒であるアルメニア人はイスラム教国であるトルコの支配を嫌った。第一次世界大戦中、トルコ領内のアルメニア人の多くがトルコ政府に対する抵抗活動を行った。これに対して、トルコ政府や一部のイスラム教徒によって、アルメニア人の強制移住や虐殺が行われた。迫害を恐れてロシア領内に避難したアルメニア人のなかには、シベリア鉄道で東へ向かい、ウラジオストックからアメリカへ渡った人たちがおり、日本を経由する人もいた。ダイアナは自宅を提供して避難民を支援するとともに、文筆活動を通じて国際世論に訴えた（参考123）。

第一次世界大戦のさなか、ロシアで革命が起きてロシア帝国が崩壊した。一九一八年、権力の空白が生じたロシア領内のアルメニア人居住地区にアルメニア共和国が成立したが、トルコの侵攻を受け、ロシアのソヴィエト政権に依存せざるを得なくなり、アルメニア・ソヴィエト社会主義共和国が成立、二年後にはソ連邦（ソヴィエト社会主義共和国連邦）に参加した。

一九二〇年、ダイアナはアルメニア共和国名誉領事に任命された。日本政府はこれを認めなかったが、民間では渋沢栄一を委員長とするアルメニア難民救済委員会が設立され、ダイアナも多額の寄付をしている。ダイアナは一九三七年に死去し、夫や夭逝した孫娘のマリー(Marie Diana, 1923.2.23-7.31)とともに、一四区で永眠している。

ダイアナの死後も一家はマイケル二世を中心に日本に住み続けたが、太平洋戦争が始まると、マイケルはフリーメーソンのメンバーだったことが治安警察法に違反するとして逮捕された。そのさなかの一九四二年、長女ドロシーが死去し、祖父母が眠る一四区に埋葬された。マイケルの釈放後、一家は軽井沢に隔離され、同様の処遇を受けた外国人たちとともに、窮乏生活を強いられた。戦後、一家は半世紀に及ぶ横浜での生活に終止符を打ち、日本を離れた（参考124）。

モリス

Morriss, Edward, 1833ca.-1890.11.6

イギリス　10区24

外国商社の活動は金融、海上保険、海運によって支えられていた。一八八〇年代になって、横浜正金銀行や東京海上保険会社、日本郵船など、日本の企業が態勢を整えるまでは、それらの業務はすべて外国企業によって行われており、そのことが日本人商人に対する外国商社の優位を支えていた。

開港から四年後の一八六三年以降、外国銀行が相次いで横浜に進出する。一八六三年に西インド中央銀行（Central Bank of Western India）、チャータード・マーカンタイル銀行（Chartered Mercantile Bank of India,London & China）、インド商業銀行（Commercial Bank of India）、一八六四年にオリエンタル銀行（Oriental Bank Corporation）、一八六五年にヒンダスタン銀行（Bank of Hindustan,China & Japan）が進出した（参考125）。

これらはいずれも「アングロ・インディアン銀行」と呼ばれるもので、ロンドンかインドに本店があり、重役たちは東アジアの事情に疎かった。そこで一八六五年、香港の実業家たちによって、東アジアをおもな営業地域とする香港上海銀行（Hongkong & Shanghai Banking Corporation, 略称ＨＳＢＣ）が設立され、三月に香港本店が開業、四月に上海支店を開設、五月には早くも横浜のマクファーソン＆マーシャルに代理店業務を委託、翌年五月に横浜支店を開設した。

香港上海銀行が横浜支店を開設した一八六六年五月、オーバーレンド・ガーニー恐慌と呼ばれる金融恐慌が勃発し、横浜に進出したアングロ・インディアン銀行のうち、チャータード・マーカンタイル銀行とオリエンタル銀行を除く三行が倒産した。

香港上海銀行横浜支店の初代支店長には、チャータード・マーカンタイル銀行の初代横浜支店長ブレットがヘッド・ハンティングされて就任した。一八七一年、三代目支店長に就任したトーマス・ジャクソンは、その後一八七六年から一九〇二年にかけて三度、通算十一年間にわたって頭取を務めた（参考126）。

モリスはアングロ・インディアン銀行の一つ、アグラ銀行（Agra & Masterman's Bank）の上海支店長を務めたのち、一八七二年に香港上海銀行に移り、上海支店の副支店長を経て、一八八四年二月からジャクソン頭取のもとで横浜支店長を務めた。在任中の一八八八年には山下居留地二番地にダイアックの設計になる豪壮な社屋を建設した。

一八九〇年、心臓病のために死去し、一〇区に葬られた。十字架に聖母マリアが寄り添うデザインの彫刻のような墓碑が建っている。（参考127）

ラムゼー

Ramsay, George Edward Oakes, 1839ca.-1885.3.27

イギリス　8区66

汽船会社の横浜進出も早かった。イギリスのＰＯ汽船会社（Peninsular & Oriental Steam Navigation Co.）は一八六四年、フランス郵船会社（Compagnie des Messageries Maritimes）は翌一八六五年、上海—横浜間に定期航路を開設した。

アメリカの太平洋郵船会社（Pacific Mail Steamship Co.）は一八六七年、サンフランシスコ—横浜—香港を結ぶ定期航路を開設し、一八七〇年には日本の開港場間の運航権をも獲得して沿岸海運に進出した。日本の海運業は太平洋郵船の沿岸海運に対抗する過程で形成された。それを担ったのは政府の肝煎りで設立された日本国郵便蒸気船会社と土佐藩の回船業に起源をもつ三菱商会であり、一八七三年頃にはすでに沿岸海運では太平洋郵船に対抗できるようになった。三菱商会は一八七五年に三菱汽船会社、さらに郵便汽船三菱会社と改称する。

一八七四年に起きた台湾出兵の際、政府は自前の海運力の強化を迫られ、矢継ぎ早に一三隻の蒸気船を購入した。翌年九月、内務卿大久保利通のもとで海運政策の見直しが行われ、これら一三隻の蒸気船も、解散した郵便蒸気船会社の所有船一七隻も、すべて郵便汽船三菱会社に無償で供与されることになった。それと同時に商船学校を設立して海員養成に当たることが義務付けられ、そのための助成金も交付された。これを受けて、十一月に三菱商船学校が設立された（参考128）。

政府が購入した船のなかに、灯台寮のA・R・ブラウン船長に依頼してロンドンで購入した隅田丸があった。ラムゼーは隅田丸に乗船して来日し、そのまま郵便汽船三菱会社に雇用され、また三菱商船学校の教官を務めた。

三菱商船学校の後身に当たる東京海洋大学の越中島校舎に「G・E・O・ラムゼー功徳碑」が建っている。おもに碑文によってラムゼーの履歴を紹介しよう。

ラムゼーはロンドンの出身、早くから航海術を学び、十七歳で帆船ナサムトン号の修業生、その四年後には一等航海士、さらにインドで海軍の艦長となった。アロー号戦争に従軍したのち、インド沿岸航路の商船船長やPO汽船の船長を務めたのち来日した。三菱商船学校では船舶運用学を教授した。一八八二年四月、三菱商船学校が官立の東京商船学校に改組された際退職し、三菱会社の船長となった。一八八三年、農商務省管船局のもとで海員国家試験制度が発足すると、その試験官に任命された（参考129）。

一八八五年三月二十二日、夫人のサラ・アン（Sarah Ann, 1845ca.-1885.3.22）が死去した。ラムゼーは同じ日に病に倒れ、五日後の二十七日、東京駿河台の官舎で死去した。働き盛りの四十六歳だった。夫妻は友人たちによって横浜外国人墓地八区に葬られた。一周忌に当たる一八八六年三月、教え子たちの手で上野に顕彰碑が建てられ、その後現在地に移された。碑は江東区登録文化財に指定されている。

クック

Cook, Henry, 1836.4.3-1906.9.27

イギリス　16区99

横浜開港当時、蒸気船はすでに実用の段階に入っていたが、商船の大半はなお木造帆船であり、外洋船にはたいてい船大工が乗り組んでいて、小修繕を行っていた。船乗りの中には、陸に上がってそれらの技術を活かし、居留地の街づくりに貢献する人々がいた。クックは最初の、また代表的な一人となった。

西洋人の食生活にとって食肉は欠かせない。遠洋航海をする船は乾燥肉や塩漬肉を満載していたが、いくらスパイスを利かせても新鮮な肉の味にはかなわない。規模の大きい船になると家畜を載せており、食肉処理技術をもった船員も乗っていた。クックもその技術をもっていた。

開港直後、横浜にやってきた外国人たちは「食肉飢饉」に襲われたことだろう。手に入るのは鳥肉だけで、牛といえばすべて役牛だし、豚の飼育は房総半島で始まったばかりだった。ロジャースの回顧談（参考130、131）によると、たまりかねた数人の居留民が共同で日本人から牛を買い、肥育したうえで、クックに食肉処理を依頼し、オープンしたばかりの横浜ホテルで焼肉パーティーを開いた。開港から一年半ばかり経った一八六〇年三月か四月のことである。クックを横浜最初の食肉商とする伝えもある（参考132）。

クックは本名をジェレマイア・キャロルといい、アイルランドの生まれ。イギリスのウェールズ地方ニューポートで育ち、船大工の修業のためアメリカへ渡って、いつのまにかヘンリー・クックと名乗るようになった。

横浜開港の頃は、後に横浜で食肉商を開業したベイリー船長のもとで、ヘンリー・エリス号乗り組みの船大工として働いていた。一八五九年十二月、元船員のオランダ人フライ（Henderik Johannes Frey）と共同経営の契約を結び、翌年二月頃、フライ&クックを設立、フライは家屋の建築、クックはボートやヨットの建造を受け持った。木工が主体だったが、鍛冶屋も兼営していた。日本人はフライのことを「オランダ船大工」、クックのことを「英国人船大工コック」と呼んでいた。

クックはそうとう頑固な性格だったらしく、裁判で争うことが多かった。裁判の経過は居留地で発行されていた英語の新聞に逐一掲載される。クックの子孫のイギリス人ホスキングさんは、そうした裁判記録を丹念に調べて、『誇り高き軌跡』というクックの伝記を著した（参考133）。それによってクックの生涯をたどってみよう。

クックはさっそく共同経営者のフライを相手に裁判を起こした。そのおかげで裁判記録から経営内容が少しわかる。フライ&クックは三〇～三五人の日本人職工を天保銭八枚の日当で雇い、フライのもとには大工頭幸兵衛、クックのもとには和助がいて彼らを統括していた。家屋の方は施工が期日に間に合わないほどの注文があったという。寺院のような建物本体に、洋風の長窓とヴェランダの付いた、いわゆる「擬洋風建築」は彼らの手で建てられたのではないだろうか。

共同経営を解消したのち、フライは馬車や家具・柩の製作から葬祭業まで手広く営業した。横浜で最初に霊柩馬車を走らせたのはフライであったろう。一八六八年四月、開港直後の神戸に移住し、神戸の造船業の草分けとなった。しかし、一八七〇年には病気のため開店休業状態に陥り、一八七二年二月二日、不幸にもピストル自殺を遂げた。遺体は神戸市立外国人墓地に埋葬されている（参考134）。

一八六三年、クックはキャメロン（Allan Cameron）と組んで、居留地一一五番地にキャメロン&クックという造船所を開設した。一八六七年、共同経営を解消してクックの単独経営となり、最盛時の一八八三年には日本人職工が一二〇人もいた。

アレクサンダー・クラーク「横浜の移り変わりについての興味あることなど」（参考24）によると、「在日外国人によって建造された最初の船」はパール号という帆船で、ジャーディン・マセソン商会が発注し、キャメロン&クックが建造した。また、アザラシやカワウソの猟師がこの造船所から多くの帆船を購入した。

仕事は順調だったが、クックが共同所有者となっていた貨物船パーミーニオウ号の遭難から歯車が狂い始める。船長のアボットから給料支払いの訴訟を起こされ、さらに実弟のジョン・キャロルから工場の所有権をめぐる裁判を起こされた。挙句の果てに偽証罪で有罪判決を受け、一八八五年十二月一日から一八か月間服役することになった。

出獄後はキルドイルの経営する横浜エンジン&アイアン・ワークスの木工職工長として働いた。一八九二年、長女エミリー・ジュリアの夫ウォーネックがスウェーデン人ピーターソンと組んで、クックの工場跡地の一一五番地に設立したピーターソン&ウォーネック（のちピーターソン・エンジニアリング・カンパニー）に移った。翌年には本牧に自分の造船所を設立したが、一九〇六年、七〇年の生涯

を閉じた。（参考135）

クックは一八六七年、メアリー・ジュリア・バトラー（Mary Julia Butler, ?-1878.2.18）と結婚し、二男三女を得たが、一男一女は幼くして死去、夫人も一八七八年に死去し、ともに一六区に埋葬されている。子息は日本郵船会社の主任技師となり、二人の娘は結婚して日本を離れた（参考136）。

クックの死後も造船所の経営は続けられ、横浜ヨット・クラブ所属のヨットの修理を一手に引き受けていた。一九二二年には、ここで修業を積んだ岡本酒造が経営にあたった。岡本はその後新山下町に岡本造船所を設立している。神奈川に山田造船所を設立した山田竹次郎もクックの工場で育った。

ブリトン

Britton, Frank Guyver, 1879.5.10-1934.6.3

イギリス　10区5A

ブリトンはリヴァプールの出身。ロンドン・シティ・カレッジの機械工学科を卒業し、日本郵船に就職した。当初、イギリス―南アフリカ航路に勤務したが、日本勤務を希望し、一九〇四年、佐渡丸で日本に向かった。下関に到着したのち、信濃丸の機関長としてソルター船長のもとで働くことになった。日露戦争開戦前夜のことである。佐渡丸はブリトンが下船した翌日、玄界灘でロシアのウラジオストック艦隊の攻撃を受け、乗員は捕虜となった。他方、海軍に徴用されて

いた信濃丸は、五島列島沖で警戒中、バルチック艦隊を発見し、「敵艦見ゆ」の電報を発信した。これが日本海海戦の発端となった。ソルターとブリトンはその功績により、日本政府から旭日章を授与されている。

戦後、ブリトンは日本郵船を退職し、横浜エンジン&アイアン・ワークスに就職した。一九〇八年、滝頭（現在磯子区）に禅馬《ぜんま》鉄工所（バブコック&ウィルコックス日本支社、のち東洋バブコック。バブコック日立の前身）が設立されると、日本人職工とともに創業に加わり、支配人となった。

横浜市の顧問を務めていたブリトンはアメリカの最新鋭のゴミ焼却場を視察し、一九二九年、横浜市のために当時東洋一と言われた滝頭ゴミ焼却場を設計・建設した。

ブリトンはドイツ系アメリカ人のアリス（Alice Hiller, ?-1966.6.29）と結婚して磯子に住んだ。自ら設計した自宅は関東大震災にも耐えた。信濃丸の甲板に使われていたチーク材で外壁を鱗張りにしたブリトン邸は磯子ではよく知られた存在だった。一九三四年、ブリトンが急死したのち、光風園という東洋バブコックの社員クラブとして利用され、戦後の一九七八年まで存続した。

ブリトンの死後、アリスは娘のドロシーの教育のためにイギリスへ渡ったが、第二次世界大戦が始まったので日本に戻ることができず、大戦中はアメリカで過ごした。戦後の一九四九年、日本に戻り、別荘があった葉山で暮らした。一九六六年に葉山で死去し、ブリトンとともに一〇区で永眠している。

ドロシーは一九六八年、イギリス軍岩国基地司令官を務めた空軍少将サー・セシル・バウチャー（Sir Cecil Bouchier）と結婚してレディ・バウチャーとなった（「レディ」はサーに対応する女性の敬称）。その後も旧称のドロシー・ブリトンのペンネームで文筆活動を行っており、「奥の細道」やベストセラーとなった黒柳徹子の自伝的エッセイ『窓ぎわのトットちゃん』を英語に翻訳した。ハープの名手としても知られている（参考137）。

ランガン

Rangan, William, 1842ca.-1877.4.13
イギリス　18区49

自動車が普及する以前、陸上交通の主役は馬だった。居留地では貸馬屋や馬車会社も営業を始める。貸馬屋というのは、水兵や水夫、旅行者などに馬を貸すもので、ガイドや馭者を斡旋したり、馬の売買の仲介、馬具の販売をしており、馬車も所有していた。一番早い貸馬屋は一八六二年のフォーズ・リヴァリー・ステーブル（Ford's Livery Stable）だが、一年も続かなかったようで、実態はよくわからない。翌年には前年にゴールデン・ゲート・レストランを開業したジョージ（Cornelius George）が貸馬屋を兼営している。

一八六五年一月十七日、ランガンが横浜リヴァリー・ステーブルを開業した。場所は当初居留地一二四番地、翌年一二三番地に移る。一八六八年にはジョージのゴールデン・ゲート・リヴァリー・ステーブルも同じ一二三番地に移ってきた。この一画は「馬車屋街」とも言うべき馬車会社の密集地になる。

一八六九（明治二）年は馬車業界にとって画期的な年になった。一月一日、東京が外国貿易のために開放され、築地に外国人居留地が設けられた。東京と横浜の居留地を結ぶ交通手段の整備が課題となる。横浜ではこの年の春に野毛と戸部の丘の麓の海面が帯状に埋め立てられ、馬車道と呼ばれる平坦な道が東海道まで整備された。このビジネス・チャンスをめがけて、各社が乗合馬車の運行に乗り出す。

明治二年二月下旬発行の『万国新聞』一五集には、ランガン商会とゴールデン・ゲート・リヴァリー・ステーブルの二社が、京浜間に乗合馬車を運行する旨の広告を出している。前者は赤地に黒い馬の絵、後者は赤字に白い馬の絵を描いた旗を掲げて競い合った。ランガン商会はいつの頃からか東京高輪の英国公使館の公信の運搬も請け負っており、その馬車便は「エド・メイル」と呼ばれていた。

カブ商会も参入した。カブ商会は一八五四年頃、フリーマン・カブらによってゴールド・ラッシュに沸くオーストラリアで設立された。この会社の道路マネージャーをしていた人にホイト三兄弟の一人、ヘンリーがいた。一八六二年、兄弟はニュージーランドに進出して馬車会社を設立、一八六八年には自社所有のアルビオン号に馬車ごと積んで来日し、六月十六日横浜に到着、カブ商会の看板を掲げて営業を開始した。

兄弟はオーストラリアのカブ商会同様、日本でも金山と港を馬車で結ぼうと考えた。しかし、日本のエル・ドラド（黄金郷）である佐渡と横浜を馬車で結ぶのが不可能だと知って意気消沈していたところに、京浜間交通の需要が発生したので、すぐそのチャンスに飛びついた。一八六九年十一月から乗合馬車の運行を計画し、オーストラリアから馭者を招いた。ラザフォード（Frank Rutherford, 1838ca.-1871.1）がこれに応じて来日し、カブ商会のために働いたが、不幸にも一八七一年、三十三歳の若さで死去した。五区で永眠している（参考138）。

篠原宏『明治の郵便・鉄道馬車』（参考139）にクレーンの出した広告が掲載されている。それによると、東京の築地ホテル表門向かいにクレーン（日本名鶴吉）の管理する馬車の発着所があり、横浜のカブ商会との間で郵便配達業務を行っていた。アルビオン号の同乗者の中にクレーンがいる。Crane は鶴を意味するので「鶴吉」を名乗ったのであろう。写真家及びピアノ調律師として知られるウイリアム・クレーンの一四人兄弟の一人かもしれない。

サザランド商会の実態は定かでないが、自身は一八六七年の創業としている。京浜間の郵便配達業務を行っていたらしく、「サザランド切手」が残されている。一八七一年一月二十三日付で『ジャパン・ウィークリー・メイル』に出した広告では、一日二便、東京に馬車を仕立てると述べている。当時の営業所は馬車屋街の一画、一〇七番地にあった。

日本人もチャンスを逃さなかった。明治二年二月に川名幸左衛門や写真家の下岡蓮杖《れんじょう》、三月には中山譲治が京浜間乗合馬車の営業を出願した。神奈川県は共同事業とすることを条件に許可したので、彼らは成駒屋という馬車会社を設立し、五月から営業を開始した。

チャンスが生まれたのも束の間、政府は京浜間に鉄道を敷設することを決定し、明治三（一八七〇）年に工事が始まった。馬車会社は対応に追われる。ランガン商会は同年六月十七日、さっそく鉄道の停車場予定地（現在の桜木町駅）から本町通りに沿って東端の堀川まで、馬車鉄道の敷設を出願した。同社の馬車はこの頃頻繁に交通事故を起こしており、経営が悪化していたと思われるので、乾坤一擲《けんこんいってき》の計画だったのかもしれない。しかし、認可された形跡はない。

その後ランガン商会は一二二番地に移転するが、同じ一二二番地で、ゴールデン・ゲート・リヴァリー・

ステーブルを手放したジョージが、一八七一年にジョージ&ホーンベックという新しい馬車会社を設立した。おそらくランガン商会から馬車事業を継承したものと思われる。しかし、一年も続かなかった。ホーンベック（C.R.Hornbeck, ?-1877）は一八七七年に死去し、七区に埋葬されている。

ランガン商会は両替商などを営みながら一八七五年まで存続したが、その頃廃業した。ランガンも一八七七年に死去した。墓碑によるとインドのマドラス生まれで、三十五歳の若さだった。

ジャフレー

Jaffray, Andrew, 1838ca.-1888.12.18

アメリカ　8区33

幕末以来の老舗馬車屋、ゴールデン・ゲート・リヴァリー・ステーブルは、一八六九年中、獣医のジャフレーの手に渡った。ジャフレーは『ジャパン・ウィークリー・メイル』一八七二年四月十八日号に、横浜と小田原や箱根の温泉地の間に馬車を運行する旨の広告を出している。小田原・箱根方面に路線を拡張することは、京浜間鉄道開通に備えて馬車会社が採用した戦略の一つだった。

ランガン商会やジョージ&ホーンベックの廃業によって、馬車屋街に残ったのはジャフレーだけになったが、一八八〇年十二月二十日、ジャフレーの馬車屋から出火して周囲を焼き払った。ジャフレーは二七七番地に移転し、一〇年以上にわたって存在した居留地の馬車屋街が消滅した。

一八八五年、ジャフレーはテオドール・ヘルムが手放した根岸のクリフ・ハウス牧場を引き継いだが、一八八八年、牧場で急死した。八区に足の裏を象ったユニークな形の墓碑がある。

ファーマー

Farmer, John, 1840ca.-1882.2.10
イギリス　21区52

カブ商会を経営していたホイト兄弟は、京浜間にシティ・オブ・エド号という蒸気船も就航させていた。一八七〇年八月一日、築地の波止場を出航しようとしたシティ・オブ・エド号の汽缶が破裂し、多数の犠牲者を出した。おそらくこの痛手から回復できなかったのだろう、一八七二年一月二十五日、サザランド商会がカブ商会の看板を買収するかたちで両社が合併した。『日新真事誌』（明治五年五月一日）に掲載されている広告では、馬車数十両を備え、江の島・鎌倉・小田原・箱根・伊豆方面へ運行すると述べている。

合併後のカブ商会の共同経営者の一人ファーマーは一八八二年に死去し、二一区で永眠している。サザランド（James W.Sutherland）は一八八九年九月十一日、引退生活のため南フランスへ向かう途中、ロンドンで死去した。

カブ商会は一九〇二年にデュランド・カブ商会（Durand,Cobb & Co.）と名称を変え、一九一二年からは自動車も扱うようになる。一九一五年、また名称が変わって横浜リヴァリー・ステーブルとなり、一九二二年まで存続した。

一八七〇年から一八八一年にかけて、ペキノ商会というフランス系の馬車会社もあった。経営者のペキノ（Celestin Pequinot, 1839.7.27-1894.3.14）は一八九四年に死去し、一一区で永眠している。

バージェス

Burgess, Gustavus W., 1835ca.-1872.12.15

イギリス　21区70

ロジャースの回顧談（参考130）によると、彼の記憶する最初の焼肉パーティーが、一八六〇年三月か四月、横浜ホテルで開かれたことについてはクックの項で述べた。ロジャースは続けて、横浜最初の食肉業者としてアイスラー&マーティンデルの名を挙げている。同社はその後アイスラー商会と社名が変わり、一八六一年頃にはキャメロン商会に継承された。一八六三年、キャメロンはその事業をヘンダーソン&ウェストに譲渡し、自身はクックと組んでキャメロン&クックという造船所を始めた。ヘンダーソン&ウェストは一八六九年まで存続した。

一八六一年頃、ヘンリー・エリス号の元船長ベイリー（W. A. Baillie）が食肉業を始めた。同社は一八六三年、アメリカ系のボールドウィン商会に引き継がれ、以後一八六八年にバージェス&バーディック、一八七一年にバージェス商会と社名を変えつつ、アメリカ系の食肉業者として営業を続けた。

一八六二年夏に起きた生麦事件を合図とするかのように、外国人を排斥しようとする攘夷派浪人の活動が活発になり、居留地襲撃の噂が何度も流れた。一八六三年七月、居留地防衛のためイギリスとフランスの軍隊が山手に駐屯を開始する。恐れていた居留地襲撃は起きなかったので、兵士の任務はパトロールくらいしかなく、調練やスポーツに明け暮れていた。運動すれば空腹になる。駐屯軍の存在によって、山手に巨大な胃袋が出現した。駐屯軍将兵の数は慶応年間で約一〇〇〇人、居留民の数が五〇〇人程度だったから、その比重の大きさがわかる。

山手に生じた巨大な需要に応えるべく、食肉供給システムの整備が課題となった。食肉業者は居留地の周縁に位置する本村通りや堀川通り沿いに牛舎を設け、屠畜もそこで行っていたが、廃物の処理が問題となった。そこで幕府は、外国側の要求を入れて、北方村字小港に屠牛場を設け、慶応元（一八六五）年五月から十月にかけて、イギリス、アメリカ、オランダ、フランス、プロイセンの五か国の食肉業者に貸与した。バージェス&バーディックは屠牛場のアメリカのテナントを任されていた。

天然氷の採取・販売事業は、十九世紀初頭にアメリカのニュー・イングランド地方で始まり、ボストンから各地に出荷されたので、ボストン氷と呼ばれた。開港直後の横浜にもさっそくボストン氷が輸入されている。それは大西洋を越え、アフリカ南端の喜望峰を回り、さらにインド洋を越え、半年がかりで運ばれてくるのできわめて高価であり、贅沢な飲料あるいは食材として利用されていた。アメリカ人リズレーはそこに目をつけ、一八六五年春、中国から天津氷を輸入し、氷を販売するとともにアイスクリーム・サロンを開いた。しかし、翌年リズレーは日本人曲芸師を連れて欧米巡業の旅に出てしまったため、短命に終った（参考140）。

バージェス&バーディックの居留地四二番地の事務所の隣、四三番地には一八六九年頃から同社の氷室（Ice House）があって、ウイリアム・クラークが管理していた。クラークはボストン氷の一銘柄「ウェンナム湖の氷（Wenham Lake Ice）」を輸入して「氷のクラーク」と呼ばれていた。

同じ時期、中川嘉兵衛も天然氷の採取・販売事業に取り組んでいた。一八六四年以来、富士山麓など各地で採氷を試みるがいずれも失敗、一八六八年、元町一丁目に氷室を建設して横浜氷会社（Yokohama Ice Co.）の看板を掲げ、翌年、初めて函館氷の出荷に成功した。かくして「氷のクラーク」との衝突が不可避となる。

一八七〇年、中川は青森で氷を切り出したが、運搬船のチャーターがうまくいかず、失敗してしまう。これを見たクラークは一気に勝負に出た。中川が大隈重信に提出した上書（参考141）によると、ウェンナム湖の氷のみならず、函館からも氷を入荷し、機械製氷も買い占めた。

翌一八七一年、中川は函館五稜郭の氷の切り出しに成功し、バージェス商会（この年から社名が変わる）との間で、値下げ競争をしながら猛烈な商戦を展開する。ボストンから運ばれてくる氷が函館氷と同じ値段のはずはないのに、同じ値段で売っているのは自分の氷業を圧倒するのが狙いだとして、中川は「如何にも可憎《にくむべき》の至に候間、弥々《いよいよ》以て奮発仕り、一歩も引退かず、氷の価彼が半値段に引下げ、損益に拘らず、彼が商業を打砕き候はでは商民の一分相立がたく」「一人の耻《はじ》は則商民一体の汚名に相当り、乍恐聊《おそれながらいささか》御国体（国家の体面）にも関係仕」とまで述べている（参考142）。

結果は中川の勝利に帰し、彼の言葉によれば、「外氷コレガ為ニ廃亡シ、社ヲ引テ本国ニ去ル」ということになった。『東京日日新聞』（明治八年九月七日）には、「我が国の製造物産を以て、全く外国輸入を圧倒したる者は、只この氷一品あるのみ」という兵庫県令神田孝平《たかひら》の言葉が紹介されている。

しかし、バージェス商会が「社ヲ引テ本国ニ去ル」というのは中川の誤解だった。バージェスは一八七二年に死去し、二二区に埋葬されている。三十七歳の若さだった。『神奈川県史料』（参考143）に、バージェスが病死した際、バージェス商会には多額の負債があり、「身代限《しんだいかぎり》」（破産）になったとの記録がある。中川との商戦の犠牲になったのかもしれない。ただし、同社は別人の手で再建され、一八七五年まで存続した。

ウッドラフ

Woodruff, Frederick George, 1850.4.9-1922.3.1

イギリス　16区37

『ジャパン・ガゼット横浜五〇年史』のなかの「四十年以上の在住者」（参考144）にウッドラフの紹介記事がある。それによると、イギリスのケント州ディールの生まれで、一八六九年の春に来日した。しばらくしてバージェス&バーディックに入社し、同社が受け持っていた小港屠牛場のアメリカのテナントで働いた。屠牛場には牛小屋と屠畜場と一緒に外国人職員と船頭の宿

舎があった。牛市は太田村で開かれ、仕入係がここで買い付けて屠牛場へ連れて行き、食肉は舟や荷馬車で居留地の食料品供給業者に届けられた。

ウッドラフは一八七三年、屠牛場のオランダのテナントを受け持っていたカルスト商会を買収してウッドラフ商会を興したが、一八七五年に事業を譲って帰国、再来日後はドモニー商会やジェームズ＆ウィルソン、ウィンスタンレーの横浜牧場、カーナウ商会などで働いた。

一九二二年に死去し、スエ夫人（Suye, 1864.11.11-1937.8.19）とともに一六区で永眠している。

ラフィン

Laffin, Thomas Melvin, 1862-1931

アメリカ　6区2B

バージェス商会の後継者の一人にコリアー（John Edward Collyer, 1839-1890.6.24）がいる。ニューヨークの出身で、一八七四年バージェス商会に入社したが、翌年同社が閉店したため、七〇番地で独立し、エクスチェンジ・マーケットという両替店を開くとともに、ジャパン・マーケットという食料品店も開設した。一八七九年、エクスチェンジ・マーケットはバージェス商会の跡地、四二番地に移転する。

渡辺清司「ヨット茶のみ話」（参考145）によると、コリアーは「船舶へ積込む食糧雑貨を取扱って巨万の富を築いた」という。ヨットマンとして知られ、エセル号というヨットを建造して所有していた(参考146)。一八九〇年に死去し、八区で永眠している。コリアー商会は社員のラフィンらを遺産管財人として清算された。

同じく「ヨット茶のみ話」によれば、ラフィンは大型帆船の船員として日本へ渡航中、暴風雨にあって難破し、横浜にたどりついた。「米国で修得した造艇及び製帆技術により在留外人ヨットの指導的中心だったという。来日は一八八五年、同年八月コリアー商会に入社した。コリアーの死後、エクスチェンジ・マーケットを継承する。一九〇八年には横浜ヨット・クラブの会長に就任している。その所有するメアリー号は「ラフィンの誇りであり、かつ横浜の誇りでもあった」(参考146)。

ラフィン所有のメアリー号

「ヨット茶のみ話」には、さらに次のように記されている。水野佐太郎はコリアー商会の輸入する船舶用の帆布やロープを扱っていたが、ニューヨークのラプソン製帆所の製帆術をラフィンから伝授され、「我国に於けるヨットセール製作の元祖」となった。水野の弟子の浅田徳次郎も真砂町に浅田製帆所を開設した。ラフィンはまた池田、森田、板倉等の船大工にアメリカ式の造艇術を伝授したので、「我国ヨット界の大恩人」だという。

ラフィンは一九〇六年、横浜冷蔵製氷会社(Yokohama Cold Storage & Ice Co.)を設立した。同社は一九一九年、加藤重利らの経営に移り、ジャパン冷蔵製氷株式会社となった。ラフィンはまた一九二五年に炭酸の製造会社(Yokohama Tansan & Aerated Water Works)を設立し、その製品は「ラフィン炭酸」の名で知られた。一九三一年に死去し、ミヨ夫人（1863-1959）とともに六区で永眠している。日蓮宗に帰依していたらしく、墓石には「天祥院真光日栄大居士」と「瑞祥院妙真日光清大姉」という二人の戒名が刻まれている。

「小ラフィン」こと長男のジョンもヨットの製法に長じていた。ジョンがモーガンに設計を依頼し、一九二六年、山手一一一番地に建てた邸宅は、一九九六年、横浜市に寄贈された。一九九九年、横浜市の文化財に指定され、山手一一一番館として一般公開されている。

もう一人の子息トムもヨットマンとして知られた。関東大震災の時にはヨットを自在にあやつって多数の罹災者を救出した。また、動けなくなったアンドレ・ルボン号を自分の小艇で沖まで誘導し、その功績でフランス政府からレジオン・ドヌール勲章を授与された（参考109）。

カービー

Kirby, Edward Charles, 1836.6.23-1883.12.8

イギリス　8区60

五か国屠牛場とは別に、その近くにカービー屠牛場があった。

一八六八年、カービーが自費で建造したもので、一八七四年頃まで存在した。

カービーの死去に当たって『ジャパン・ガゼット』は長文の追悼記事を掲載した（参考147）。その記事によってカービーの生涯を紹介しよう。

カービーはイギリスのウスターシャー州スタウアブリッジの生まれ。父親は中学校の校長を務めていたが、一家はチフスに罹り、カービーは孤児になっただけではなく、自身も高熱のため聴力を失った。教会の孤児院で育ち、長じてドーセット州ブランドフォードの薬局に務めた。契約年季を終えると、一八五五年か翌年、黄金熱に沸くオーストラリアへの移住者の群れに投じた。

一八六〇年、カービーは新天地を求めて上海へ渡り、薬局に勤めた。さらに寧波に移り、薬局のほか、雑貨店や船舶供給業からホテルまで経営した。当時中国では太平天国の乱が起きており、欧米列強に守られた開港場の上海や寧波は安全なため景気が良かった。しかし、太平天国の乱が下火になると景気が後退したので、さらなる新天地を求め、一八六五年、寧波の店をたたんで横浜に移り、山下居留地八五番地で雑貨店や精肉・製パン業を営んだ。屠牛場を設けたのもそのためだった。

不動産投資も始めた。一八六九年、居留地のメイン・ストリートに面する六〇番地と六一番地にバンク・ビルディングを建設した。ここにはジャパン・ヘラルド社などが事務所を構えた。翌年には隣地の五九番地に自社のための建物を建てて八五番地から移転し、八五番地にも店舗を建設した。『ファー・イースト』(一八七〇年六月十三日)は六月六日にオープンした五九番地の建物を「東洋一立派なストア」と形容している。一〇〇番地には自宅を、七九番地にはドイツ銀行のための建物を建てた。後者はのちにクーン商会の社屋となる。

一八六八年、神戸が開港されると彼の関心は神戸に向けられる。一八七一年、五九番地で行っていた事業のすべてをレーン・クロフォード商会に譲渡し、翌年神戸に広壮な煉瓦造の店舗を建設した。レーン・クロフォード商会はその後、営業種目を洋裁業や書籍・楽器の販売にも拡張し、横浜居留地随一の百貨店として、関東大震災まで存続した。

カービーは神戸では造船業が有望だと考え、小野浜鉄工所を設立した。のちに日本海軍が買収して小野浜造船所、さらに呉海軍工廠支部となった。

ストルネブリンク

Stornebrink, Ludowicus, 1847.3.15-1917.9.17
オランダ　15区31

一八七〇年、バージェス&バーディックが「ウェンナム湖の氷」のみならず、函館氷や機械製氷まで買い占めたことについては先に触れた。同年七月一日付の『ファー・イースト』にも「ウェンナム湖の氷のみならず、函館氷や良質の機械製氷も手に入れることができるようになった」と記されており、その頃すでに機械製氷が行われていたことは明らかなのだが、詳しいことはわからない。
本格的な機械製氷工場は、兄トーマスとともに銀座煉瓦街の建設に従事したアルバート・ウォートルスが、一八七九年、谷戸坂入口の山手一八四番地に設立したジャパン・アイス・カンパニーに始まる。翌年五月十二日から販売を開始した（参考148）。その敷地は山手居留地の角地で、中川嘉兵衛の横浜氷

会社があった場所の隣接地に当たる。ジャパン・アイス・カンパニーの施設は一八八一年四月二十八日に競売にかけられ、ファン・リサとストルネブリンクが落札し、横浜アイス・ワークスの名称で操業を再開した。一八八三年以降ストルネブリンクが単独で経営したが、一九〇三年頃から病気勝ちになり、一九一二年七月七日、経営権を日本企業の帝国冷蔵に譲渡した。

横浜アイス・ワークス以来の工場は関東大震災で倒壊したが、その後再建され、一九九九年末まで神奈川日冷山手営業所が操業を続けた。経営者は幾度か変わったものの、一二〇年にわたって機械製氷が行われてきたことになる。跡地は現在山手迎賓館という結婚式場になっていて、壁際に「機械製氷発祥の地」のプレートが設置されている。その隣の中川嘉兵衛の横浜氷会社があった場所は、現在みなとみらい線元町・中華街駅の元町側出口となっている。

工場を手放した後、ストルネブリンクは山手の自宅で静養していたが、一九一七年九月十七日に死去した。同月二十日付の『横浜貿易新報』に追悼記事が出ているので、その内容を紹介しよう。

ストルネブリンクはオランダのロッテルダムの出身で、父は著名な航海業者だった。一八七三年四月二十五日、長崎に来航し、郵便汽船三菱会社の機関士として働いた後、製氷工場を始めた。追悼記事には「道楽と言つては唯機械を買ふ事ばかりでした」「その頃外《ほか》に競争者もなく、まア世間が斯うして呉れたのです」という家人の談話が収録されている。

道楽というわけではないが、ストルネブリンクはフリーメーソンの活動にはきわめて熱心だった。イングランド系の横浜ロッジやその幹部会（チャプター）と極東ロッジ（Far East Lodge）、さらにイングランド系ロッジの日本地方本部（District Grand Lodge of Japan）の役員を務めている。

ストルネブリンクの死後六年目に関東大震災が勃発し、ハナ夫人はその犠牲となった。夫妻は一五区で永眠している。

ラッセル

Russell, Maurice, 1857.4.2-1923.9.1

イギリス　11区47

横浜居留地で長年飲食料品を提供した商社にカーナウ商会がある。一八六九年、カーナウ（Joseph Curnow, ?- 1873.6.28）が設立し、一八七三年、カーナウの死去にともない、ミッチェル（A.Mitchell）が経営を引き継ぐとともに、ミッチェルの甥のラッセルが入社した。一八八三年、ミッチェルはロンドンに移り、ラッセルが横浜の責任者となった。カーナウは二〇区で永眠している。

当初は洋酒の輸入が中心だったが、スイスのネスレ社の練乳など、飲食料品全般に業務を拡大し、精肉部も設けた。船舶供給にも力を入れてイギリス海軍の納入業者となった。さらに茶など日本産の飲食料品の輸出に手を広げ、神戸・長崎・函館にも支店を設けて、着々と業績を伸ばした。

一九〇九年、開港五〇周年に当たって、ラッセルはジャパン・ガゼット社の記者の質問に答え、三六年に及ぶ飲食料品供給の経験を次のように述べている（参考149）。

ラッセルが横浜に来た頃、居留民よりも英仏駐屯軍や寄港船舶、日本政府に雇用されていた外国人などの需要の方が多かった。国産品で需要に応じることはできず、ジャガイモはアメリカから、玉ねぎはインドのボンベイ（現ムンバイ）から、肉類は上海から輸入した。イチゴやアスパラガスは贅沢品だった。しかし、現在ではこれらは日本の市場向け野菜の栽培者によって、それぞれ定まった季節に供給されるようになった。アスパラガスはイギリスよりも安く品質の良いものが手に入るようになった。

ラッセルはロンドンの東方、テームズ川河口に臨むシーアネスの出身。山手病院や外国人墓地、パブリック・ホール（通称山手ゲーテ座）の運営など、居留地の公共事業に携わった。またイギリス人社会とユダヤ人社会双方の重鎮だった。イングランド出身者の集まりである王立聖ジョージ協会（Royal Society of St. George）や一九〇八年に設立された日英協会（The Japan-British Society）の役員を務めるとともに、ユダヤ人慈善協会（Jewish Benevolent Association of Japan）の会長を務めた。

O・M・プールの『古き横浜の壊滅』（参考90）によると、関東大震災が起きた時、ラッセルも多くの避難民とともに山手の端のイギリス海軍病院にたどりついた。しかし、そこで娘たちとはぐれてしまい、高齢のうえ太っていたので、崖を降りることができず、迫りくる火炎の犠牲となった。もよ夫人（1860.5.22-1938.6.9、戒名は松寿院貞誉妙讃大姉）とともに一一区で永眠している。

クラーク

Clarke, Robert, ?-1891.2.20

イギリス　22区1

「パン」はポルトガル起源の言葉で、江戸時代にも小麦粉を用いた蒸餅のようなものという知識が伝えられていた。そうした素地があったからか、横浜で最初にパンを焼いたのは内海兵吉という日本人だった。開港一年後の一八六〇年中のことである。内海は富田屋の屋号で営業を続け、「元祖食パン」の評価を確立した（参考150）。

外国人最初のパン屋は一八六一年中に開業したアメリカ人グッドマン（George W. Goodman, ?-1865）であった。『ジャパン・ヘラルド』一八六二年三月一日号に「横浜最初のヨーロッパ風パン屋（European Bakery）」の広告を出している。わざわざ「ヨーロッパ風」とことわっているのは、内海の「日本風パン屋（Japanese Bakery）」を意識したからだろうか。一八六四年三月五日号に掲載した広告では、小麦粉はヨーロッパとアメリカが供給しうる最上のものを使用し、製品は世界中のどの地域のものにも劣らず、「生命の糧」と称えられるにふさわしい、と自画自賛している。そうとうな自信家だったようだ。

グッドマンはこの広告のなかで「病気のため一時日本を離れるので、その間店をロバート・クラークに委せる」とも述べている。翌一八六五年一月に復帰して営業を再開したが、健康は回復していなかったらしい。同年中に死去し、一七区に埋葬された。クラークはそのまま横浜に留まり、同年八月十二日、一三五番地で「横浜ベーカリー」を開業した。一八七一年に一二九番地へ移る。

クラークはイギリス聖公会の熱心な信徒だった。一八八九年、聖公会の日本人信徒のために、一二九番地の自宅を礼拝の場所として提供している。一八九一年、クラークらの寄付金により、日本人のための聖公会の聖堂として、寿町三丁目に聖アンデレ教会が建設された（参考38）。

『時事新報』明治二十四（一八九一）年二月二十三日号に「クラーク氏没す」と題して次のような記事が出ている。

「横浜居留地諸外国人一般の麺麭《パン》を製し、大に巨利を博したる百二十九番館の英国人アール　クラーク氏は三十万円程の財産を遺し、去る二十日死去したるよし」

『ジャパン・ディレクトリー』（在日外国人商工名鑑）を調べると、横浜ベーカリーはその後も未亡人の手で一九〇〇年まで営業が続けられている。夫妻で通算三五年にわたりパンを焼き続けたことになる。未亡人のアンナ・ミヤ（Anna Miya, 1841ca.-1908.2.17）は一九〇八年に死去した。両親に先立って死去した娘のレベッカ（Rebecca, ?-1883.8.5）とともに二二区で永眠している。

横浜ベーカリーで修業した人に打木彦太郎がいる。一八八七年頃独立し、クラークの未亡人が廃業したのち、伝統ある「横浜ベーカリー」の商号を用いた。その後、宇千喜麺麭製造所と称するようになる。富田屋と宇千喜は横浜の二大ブランドになった。富田屋は戦後加賀製パン有限会社と改称して営業を続けたが、一九六五年に廃業し、四代一〇五年の歴史に幕を下ろした。宇千喜麺麭製造所は戦後ウチキパン株式会社となり、現在も営業を続けている。クラークからグッドマンへと遡れば、開港以来の伝統が息づいているということもできよう。

デンティチ

Dentici, Michele, 1845.3.5-1930.1.13
イタリア　9区48

居留地で横浜ベーカリーよりも長くパンを焼き続けた人にミシェル・デンティチがいる。一八八〇年、ベルナールのフレンチ・ベーカリーを引き継ぎ、ブーランジュリ・プロヴァンサル（Boulangerie Provencale, プロヴァンス風パン屋）の看板で営業を始めた。以後、関東大震災で廃業するまで、四〇年以上パンを焼き続けた。

デンティチはシチリア島パレルモの出身。夫人のマリア（Maria, 1858.4.16-1946.1.2）はイタリア国境にもプロヴァンスにも近いフランス南東部ムーティエの出身。「プロヴァンス風パン屋」の看板を掲げたのは、パンの製法が夫人に由来するからかもしれない。

デンティチの来日については二つの説がある。一つは、一八七三年、イタリア海軍巡洋艦乗り組みの料理人として来日したというもの。もう一つは、一八七四年、南伊豆沖で座礁・沈没し、百名近い犠牲者を出したニール二世号遭難事件の四人の生存者の一人で、同号のパン焼職人だったとするもの。いずれの説でも一八八〇年にパン屋を開業するまでの経緯は定かでない。

一八九九年、デンティチは堀川通りから阿波町通りが分岐する角地の一〇九番地に移転するとともにペンションを兼営した。また、一九一一年からはイーストマン・コダック社の代理店を務め、映画フィルムを扱った。ペンションは震災後、山手二一七番地に再建され、ミシェルの死後も妻のマリア、息子のエドアルド（Edoardo, 1883.9.28-1952.4.17）、娘のクララ（Clara, 1878.12.31-1945.1.13）の手で一九四一年まで営業が続けられた。ペンションで提供されていた食事のレシピが現存しており、レストランの山手十番館の料理長の手で再現されたことがある（参考151）。

戦時中ペンションは日本軍に接収され、マリアとクララは大磯の陋屋での生活を余儀なくされた。クララは戦争の終る直前の一九四五年一月十三日、マリアは直後の一九四六年一月二日、そこで死去した。長崎にいたエドアルドは戦後横浜に戻ったが、一九五二年四月十七日に死去した。

デンティチ家の人々　左右がミシェルとマリア、後列左がクララ、中央がエドアルド。

エドアルドの子息ダンテ（Dante Michel, 1910.6.6-1981.12.23）はパリのソルボンヌ大学で学び、フランス国籍を取得した。関東大震災後、フランス系ジョルジュ・オドワイエ商会がバヴィエル商会の業務を継承したが、一九三八年、ダンテはその社員として横浜に戻った。戦後は横浜商工会議所国際部副会長や横浜市海外交流協会理事を務めた。ダンテの妻リナ(Lena)は日本郵船のソルター船長の娘。ソルターは日露戦争当時、海軍に徴用されていた信濃丸の船長としてロシア艦隊の探索に当たり、五島列島沖でバルチック艦隊を発見し、「敵艦見ゆ」の電報を打ったことで知られる。

ミシェルと妻マリア、子どものエドアルドとクララは九区の同じ墓で、孫のダンテはその近くで永眠している。（参考152、153、154）

ペイル夫人

Peyre, Mélina Bernard, 1858ca-1886.3.22

フランス　8区19

居留地には洋菓子店もあった。

フランスのプロヴァンス地方ムーリエスでオリーヴ農園を経営するジャン・ペィルには四人の息子がいた。一八七四年頃、まず三男サミュエルが来日し、オリエンタル・ホテルに勤めた。翌年末、長男ジャン・アルチュールが来日し、兄弟は八〇番地でペィル兄弟洋菓子店(Peyre Frères)を開いた。店には喫茶室も設けられていた。クララ・ホイットニーの『クララの明治日記』（参考155）に、「フランス人の経営するペールフレールで、すばらしくおいしいコーヒーを飲んだ」として、この喫茶室が登場している。一八七八年にはオリエンタル・ホテルを買収して八四番地に移り、ペィル兄弟ホテルを開業した。

一八八〇年から翌年にかけて、サミュエルとジャンが帰国する一方、入れ替わるように次男マチュウ・ウジェンヌと四男ジュール・ダニエルが来日し、ホテルを手放して隣の八五番地に移り、洋菓子店の経営に戻った。日替わり定食だけだが、レストランも併設されていた。一八九〇年にジュールが帰国したのちは、一八九九年に日本を去るまで、マチゥが経営に当たった。日本郵便切手総代理店として、日本の切手の海外での販売も行っていた。

マチゥ夫人メリナ・ベルナールは、夫とともに一八八〇年十二月一日に来日したが、六年後、二十八歳の若さで死去した。八区で永眠している。

マチゥの帰国後、アルザス地方ミュルーズ出身のユダヤ系フランス人ヴェィユ（Justin Weill, 1848.1.18-1915.11.19）が経営を引継ぎ、ペィル兄弟洋菓子店の看板のまま一九一一年まで営業を続けた。ヴェィユは一九一五年に死去し、一四区に埋葬されている。（参考156）

ウィンスタンレー

Winstanley, James, 1825.10.29-1903.10.19

イギリス　11区78

牛乳は飲料としてもチーズやバターの原料としても洋食に欠かせない。開港直後は食肉業者がこれらも供給していたが、その量はわずかだったろう。そこに目をつけたアメリカ人リズレーは、一八六六年二月、アメリカから六頭の牝牛を連れてきて牧場を開設した。ブラックの『ヤング・ジャパン』（参考14）によると乳牛業は順調だった。ところが、十月になると、リズレー

は日本人曲芸師一行を連れて欧米巡業の旅に出てしまう。その間に牧場は「他人の手に渡ってしまった」という（参考140）。この「他人」が誰なのかはっきりしないが、ジェームズ&ウィルソンの可能性が高い。同社の「横浜牧場」は居留地九八番地にあった。

一八七四年頃、根岸村芝生台にクリフ牧場が開設された。明確ではないが、これもジェームズ&ウィルソンが経営していた可能性が高い。一八七八年、ジェームズ&ウィルソンは運輸部門をユリウス・ヘルムの横浜運送会社に譲渡する。同時にクリフ牧場の経営もユリウスの弟テオドールの手に渡り、名称がクリフ・ハウス牧場に変わった。

ジェームズ&ウィルソンはその後も九八番地の横浜牧場の経営を続けたが、一八八〇年に廃業したらしい。同じ年、ウィンスタンレーが根岸村仲尾に「横浜牧場」を開設した。ジェームズ&ウィルソンの社員だったウッドラフがウィンスタンレーの横浜牧場でも働いていることからみて、ジェームズ&ウィルソンの横浜牧場とウィンスタンレーの横浜牧場との間には継承関係があるように思われる。

クリフ・ハウス牧場はテオドール・ヘルムからジャフレーの手に渡ったが、ジャフレーが急死したのちの一八八九年、ウィンスタンレーの横浜牧場と合併する。しかし、一八九二年の牛疫流行により、一二五頭の牛が全滅し、閉鎖を余儀なくされた。それにもめげず、ウィンスタンレーはクリフ・ハウス牧場の跡地で牧場を再建した。

ウィンスタンレーは一八六七年頃来日し、横浜牧場を開設するまでは競売業のバーン商会で働いていた。一九〇三年に死去したが、牧場は山岸茂八によって経営が続けられた。一九一六年頃、不動坂上に移転して山岸牧場となり、関東大震災まで存続した。（参考157）

コープランド
Copeland, William, 1834.1.10-1902.2.11
アメリカ　2区30

ビールは開港直後から輸入されていたが、季節風を利用して航行する帆船に頼っていたため入荷の時期にむらがあり、「ビール飢饉」の発生することがあった。調練やスポーツばかりしていた駐屯軍将兵は、空腹にもなるが、喉も渇く。また、軍艦ではラムやワインは飲めたが、ビールはなかったので、寄港した軍艦の水兵たちは上陸すると「ビールへ走った」という。こうした需要に応えるため、醸造所の設立が求められていた。

『ジャパン・ガゼット横浜五〇年史』に収められているイートンの「思い出と個人的体験」（参考158）によると、横浜最初のビール醸造所は山手四六番地にあり、続いてコープランドのスプリング・ヴァレー・ブルワリーが、さらに山手六八番地にノールトフーク＝ヘフトの醸造所ができたという。

イートン(John Latham Owen Eyton, 1845.12.3-1930.7.31)は一八六七年に来日し、翌年からノールトフーク＝ヘフトのもとで、一八七七年からスプリング・ヴァレー・ブルワリーで働いたので、その証言は信憑性が高い。一八八七年、競売業のイートン&プラットを設立、根岸外国人墓地で永眠している。

山手四六番地の醸造所とはジャパン・ヨコハマ・ブルワリーのことである。一八六九年八月二十三日、ローゼンフェルトによって設立された。十月に醸造技師としてドイツ出身のアメリカ人ウィーガント

(Emil Wiegand) が来日したが、経営者がクラインに替わるとソリが合わず、辞めてしまう。この醸造所は一八七四年六月に廃業し、施設は競売にかけられた。

クラインと衝突したウィーガントは、ノールトフーク＝ヘフトの醸造所に移った。しかし、また仲違いしてしまい、この醸造所も一八七五年に廃業した。一旦帰国したウィーガントは再び来日し、一八七五年五月、廃業したばかりのノールトフーク＝ヘフトの醸造所を賃借して、バヴァリア・ブルワリーを設立した。

コープランドはノルウェー南東部の海辺の町アーレンダールの生まれ、元の名をヨハン・マルティニウス・トーレセンという。ドイツ人技師のもとでビール醸造技術を学んだのちアメリカに渡り、ウイリアム・コープランドという新しい名前と営業資金を携え、一八六四年十一月九日、横浜にやってきた。一八六六年、ジェームズ商会（ジェームズ＆ウィルソンの前身）の経営に参加、翌年に独立して運送業のコープランド商会を興した。

コープランドは明治二（一八六九）年正月、山手一〇五、一二一～三および二四〇番地の借地権を取得し、翌一八七〇年中、その土地にスプリング・ヴァレー・ブルワリーを創設した。一八七三年からの三年間ほどが全盛期で、鉄道を利用して東京にも出荷され、上海にも輸出された。

一八七五年、近くの山手六八番地でウィーガントのバヴァリア・ブルワリーが操業を始めると、両者の競争が激しくなり、ともに利益を減らすようになった。そこで両者は合併することになり、翌年六月十五日、コープランド＆ウィーガントを設立、コープランドを支配人、ウィーガントを醸造担当として、スプリング・ヴァレー・ブルワリーの看板で操業を続けた。なお、六八番地の醸造所は一八七七年六月二十一日に焼失した（参考159）。

ウィーガントはコープランドとも衝突してしまう。一八七九年夏、ウィーガントはコープランドの詐欺と暴力を理由に、共同経営の解消を求めてアメリカ領事裁判所に提訴する。その結果、翌年一月、共同経営が解消され、醸造所は競売にかけられた。コープランドは自ら落札して経営を続けたが、ウィーガントが公判廷でコープランドのビールは人体に有害だと主張したのが響いて営業不振に陥り、一八八四年、廃業に追い込まれた。ウィーガントは頑固な職人気質の人物だったようだが、結果的には初期ビール業界の「壊し屋」になってしまった。

スプリング・ヴァレー・ブルワリーの経営が軌道に乗った一八七二年、コープランドは一旦ノルウェーに帰り、当時十五歳のアンネ・クリスティネ・オルセン（Anne Kristine Olsen, 1857.6.9-1879.12.16）と結婚した。しかし、アンネは一八七九年、二十二歳の若さで死去し、五区に埋葬された。

アンネの墓　5区。

一八八九年、コープランドは勝俣ウメと再婚し、スプリング・ヴァレー・ブルワリーの跡地の一部でビア・ホールを開いたがうまくいかなかった。一八九三年には中米グァテマラに移住して日本の特産品の販売を試みたがこれも失敗に終った。一九〇二年、健康を害して日本に戻り、約一か月後に死去した。未亡人となったウメは東京で両親と暮らしていたが、六年後の一九〇八年、三十九歳の若さで死去した。夫妻は二区で永眠している。なお、ウメの弟の勝俣詮吉郎は商業英語の第一人者として早稲田大学教授になった。若い頃、コープランドの家に下宿して英語を学んだと伝えられる。

晩年は不遇だったコープランドだが、ビール産業の創始者たちのなかで、一人だけ「ビール産業の祖」と称えられることになったのは、せめてもの幸せだった。その理由の一つは、他の人々と異なり、日本人によるビール産業の創始に貢献したことにあると思われる。

廃業後コープランドは東京本郷の磯貝和助に雇用され、テーブル・ビールを醸造した。また、浅田甚右衛門はコープランドから醸造機械を買い取り、東京中野に浅田麦酒醸造所を設立した。新橋でコープランドの代理店を営んでいた桜田三右衛門は、コープランドの弟子の久保初太郎を技師として桜田ビールを醸造した。甲府で三ツ鱗印ビールを醸造した野口正章もコープランドから技術指導を受けたと伝えられる。

もう一つの理由は、一八八五年、イギリス人タルボット（William H.Talbot）らの手で、スプリング・ヴァレー・ブルワリーの跡地にジャパン・ブルワリーが設立されたことである。コープランドが死去した際、ジャパン・ブルワリーが葬儀一切を取り仕切ったのは、コープランドの醸造所を同社のルーツと認定したからであろう。同社のビールは総代理店となった明治屋によって、キリン・ビールの銘柄で全国に販売された。一九〇七年には経営権が日本人に移り、社名も麒麟麦酒株式会社となる。（参考160）

Ⅵ　居留地社会を支えた人々

居留地とは、外国人が他国の領土内で土地を貸与されて居住する場所のことをいう。中国では外国人が地代を払って借りる（＝租）場所という意味で「租界」と呼んだ。日本では、幕末の通商条約で、外国人が借地権や建物の所有権を得て永住することを「居留」（Permanently reside）と呼んだところから、居留地という言葉が生まれた。

居留地の運営の規則を、英語でLand Regulation，中国では土地章程、日本では地所規則という。現地の内外の権力者が協議して決めることになっていたので、内容は開港場によってそれぞれ違っていた。重要なポイントは外国人の自治行政を認めるかどうかであって、上海共同租界の土地章程では外国人居留民の自治行政権が大幅に認められていた。

一八六〇（万延元）年八月、イギリス、アメリカ、オランダ三国の領事は、上海共同租界土地章程を基に「神奈川地所規則」を制定したが、この地所規則は日本側の受け入れるところとはならず、これに基づいて開催された借地人会議や選出された委員会もほとんど機能することなく終わった。しかし、一八六二年の夏に起きた生麦事件の後、居留民の間で自治意識が高揚した。事件直後には微々たる兵力ではあったが義勇軍が組織された。隊長のガワー（Samuel

John Gower, ジャーディン・マセソン商会支店長）以下、隊員たちが自治要求の主体となる。

居留民の自治要求を刺激したものに下水問題があった。日本側は着々と居留地の整備を進めたのだが、居留民にはその方法が不満だった。不満はとくに旧埋立居留地（旧横浜新田地区の造成地）に日本側が設置した木製開渠の下水に向けられた。この頃、居留地内には数軒の食肉業者がいて、その廃物が問題となっていた。そのために植物性の生活ゴミを前提とする日本側の衛生対策では不十分だと思われたのである。ここには生活文化の違いによる「文化摩擦」があったのだが、居留民には居留地の生活環境を守るためには自治行政が必要だという認識をもたらした。

居留民の自治要求をバックアップしたのは新任のイギリス領事ウィンチェスターであった。彼は自治の実現のためには、日本側と取り決めを結んで財源を確保する必要があると考えた。この考えはイギリス、フランス、オランダ、アメリカ四か国連合艦隊の下関砲撃や幕府と長州藩との間の長州戦争の勃発といった政治情勢に後押しされながら、一八六四年十二月十九日、「横浜居留地覚書」の締結として実を結んだ。それによって地代の二割払い戻し金を財源とする自治や屠牛場の設置などが合意された。覚書の調印に先立つ十二月十日、居留民は借地人会議を開催して参事会（Municipal Council）の設立を決議した。構成や委員の選出方法などが検討された後、翌年六月九日に発足、初代議長にショイヤーが選出された。

居留民の期待を担って発足した自治行政だが、領事団と居留民との間や居留民の間にも不協和音が多く、はやくも一八六七（慶応三）年には財源不足を理由に自治権を返上してしまう。

自治権の返上を受けて、十二月十七日に横浜外国人居留地取締規則が制定され、神奈川奉行所のもとに居留地取締局を設け、その長官に外国人を任用することとなった。行政権は日本側が握るが、「御雇」の長官を通じて居留民の意向を汲み取るかたちで、「文化摩擦」の解消が図られたのである。

初代長官にはイギリス領事館員ドーメンが就任し、日本人スタッフの他に、警察業務にはイギリス人、フランス人、中国人のスタッフをも起用して新体制がスタートした。ドーメンの任期満了にともない、翌一八六八（明治元）年六月、居留民の選挙によってベンソンが選ばれ、一八七七年に解任されるまでその任に当たった。

横浜では居留民による自治行政は発展しなかったが、社会生活の分野では自発性や協調性が発揮された。居留地の生活は、外国人商業会議所や消防隊など、さまざまな共同団体によって支えられていた。山手の横浜一般病院（山手病院）や外国人墓地もそのような団体によって運営されていた。

明治以降になると、教養ある富裕な居留民による上流社会が形成される。彼らにとって社交や教養・スポーツ・娯楽は貿易や商業にも劣らない重要事であって、その中心となって活動することが名士の条件であった。彼らの手で、横浜ユナイテッド・クラブやパブリック・ホール（ゲーテ座）などの施設、日本レース・クラブや横浜クリケット&アスレチック・クラブなどのスポーツ団体が設立された。夫人たちもテニス・クラブや文芸協会を組織した。

居留民の絆を深めるのに大きな役割を果たした団体にフリーメーソンがある。入会すること

フリーメーソンの会員たち　兵庫＆大阪ロッジの面々。右端がヘルマン・アーレンス。1892年

で、世界大の人脈に連なることができる点に大きな魅力があった。

　その起源をめぐる諸説はさておき、近代フリーメーソンの発祥の地はイギリスであり、イングランド系、スコットランド系、後者から派生したアメリカ南部系などの系統があった。系統によって多少の違いはあるが、「人格円満にして、教養ある者」「経済力ある者」といった入会条件があった。「至高の存在への尊崇と信仰」も入会条件とされたが、これは新教徒（プロテスタント）であることを意味すると理解された。しかし、カトリック教徒やユダヤ教徒を排除するものではなく、また特定の教派と結びつくものではなかった。

　結社の目的は相互扶助と慈善であり、社会的な役割としては現在のロータリー・クラブやライオンズ・クラブと変わりはない。しかし、多少入会条件が厳しく、もったいぶった儀式やもっともらしい教義のようなものを持ち、検定による昇級制度があり、非公開を原則とする点で、いわば「選ばれた者」の団体という性格が生じ、それも魅力だったのだと思われる（参考161）。

　日本で最初のフリーメーソンの支部は、一八六四年から一八六六年にかけて、横浜に駐屯していたイギリス陸軍第二〇連隊に存在したアイルランド系の「スフィンクス・ロッジ」だが、これは軍隊とともに移動する支部であった。居留民による最初の支部はイングランド系の「横浜ロッジ」であり、ジャーナリストのブラックやピアノ調律師のクレーンらによって、一八六六年六月二十六日に結成された。牧師のS・R・ブラウンや写真家のフェリーチェ・ベアトも入会している。

イングランド系では他に「お天道様ロッジ（O Tentosama Lodge）」や「極東ロッジ（Far East Lodge）」、スコットランド系では「東の星ロッジ（Star in the East Lodge）」があった。アメリカ南部系は階級別になっていて、最低位の「大日本十全会（Dai Nippon Lodge of Perfection）」から最高位の「日本帝国法院会議（Grand Consistory of the Empire of Japan）」までの四つのロッジがあった（参考162）。

非公開が原則とは言っても、在日外国人の商工名鑑である『ジャパン・ディレクトリー』には各ロッジの役員名簿が掲載されている。ところが一九〇〇年以降、掲載されなくなる。おそらく、前年に条約改正が実施され、領事裁判権が廃止されて、居留外国人にも日本の法律が容赦なく適用されることになったため、とくに集会及政社法の適用を恐れて公表しなくなったものと思われる。その結果、フリーメーソンは非合法の存在になり、太平洋戦争が始まると、集会及政社法の後身である治安警察法に違反するとして、弾圧の対象となった。時を同じくして、フリーメーソンを陰謀団体とするデマが流された。このデマは現在も払拭されたとは言い切れない。

横浜外国人墓地では、フリーメーソンのシンボルであるコンパスと定規を誇らしげに刻印した墓標を数多く見ることができる。

ショイヤー

Schoyer, Raphael, 1800ca.-1865.8.21

アメリカ　22区28

居留地参事会の初代議長に選出されたショイヤーはボルティモアで生まれ、サンフランシスコに移り住んだ。一八五九（安政六）年末頃、妻子とともに来日、当時六十歳だったから、初期の居留民のなかでは例外的に高齢であった。『ジャパン・ガゼット横浜五〇年史』に収録されているバラ牧師の「新しい日本の建国功労者」（参考163）には「冒険心にあふれたアメリカのユダヤ商人」として登場する。墓碑にはキリスト教徒の印の十字架もユダヤ教徒の印のダビデの星も刻まれていないから、無宗教に改宗したユダヤ人なのかもしれない。

ロジャースの回顧談（参考130）によると「横浜最初の競売屋」であり、居留民からは「ショイヤー老人（Old Schoyer）」と呼ばれていた。早くから競売品のカタログを発行していたが、一八六二年五月からは、その内容を拡充し、時事ニュースを主体とする木版一枚刷の週刊ミニコミ紙『ジャパン・エクスプレス』を発行した。

夫人のアンナは画家として知られ、川上冬崖や高橋由一に洋画の手ほどきをした。横浜で活躍した建築家ブリジェンスの夫人ジェニー、アメリカ公使ファルケンブルクの夫人と姉妹だった。

遺言状によるとソロモンとヤコブの二人の兄弟、アーネスト・アシャー（Earnest Asher）とフランク・

ルーベンス（Frank Reubens）の二人の息子がいた。遺言状作成人はフランシス・ホール（Francis Hall, ウォルシュ・ホール商会設立者）とケンプトナー（William Kemptner）、遺産管財人はサンフランシスコ在住のホート（Samuel Hort）と義弟のブリジェンスであった。

ショイヤーが死去した際、『デイリー・ジャパン・ヘラルド』は追悼記事の中で「傑出した個性の持主はみんなそうだが、強力な友人と敵の両方を持つ男だった」と述べている。そうとう強烈な個性の持ち主だったようだ。

開港当初、来日した外国人が居住に困ることを予測し、神奈川奉行は運上所（税関と外務省出張所を兼ねたような幕府の役所）の裏手に貸長屋を建てた。ショイヤーにはそのうちの一棟が貸与された。ショイヤーは周辺の貸長屋の借家権も買い集めたうえで手を加えた。フランシス・ホールの日記（参考164）には、それは常緑樹や花で飾られた日本風の家屋で、木々の繁る裏庭には泉が湧いており、さながら公園のようだった、と記されている。バラも「趣味よく改造された日本式の平屋」と形容している。夫人の美術的センスが活かされていたのかもしれない。日本人はその建物を国籍別商館番号で「アメリカ二五番」と呼んでいた。

ホールの日記によると、一八六二年十月二十七日、ホールは自分の四十歳の誕生日に、アメリカ公使プラインや領事フィッシャー、牧師のS・R・ブラウン、医師ヘボンとともにショイヤーを招待している。翌年七月十一日にショイヤー邸で開かれた宴会には、公使・領事といっしょにホールが招かれている。こうした事実から、アメリカ人上流社会の一員としてのショイヤーの風貌が浮かび上がってくる。これらの人々が「強力な友人」であったろう。

一八六一年夏頃から、ショイヤー邸にはアメリカ人カメラマンのジョン・ウィルソンが滞在してスタジオを構えていた。ショイヤーのもとで働いていた下岡蓮杖は夫人から教えを受けながら、日本の名所風景や職業・風俗を洋風のパノラマに描いた。同年末、ウィルソンと蓮杖はカメラとパノラマを交換する。翌年初頭、蓮杖はウィルソンのスタジオを譲り受けて写真館を開き、ウィルソンは五月にロンドンでパノラマの展示会を開いた（参考165）。

ウィルソンの出国に際して、ショイヤーはウィルソンが所持していた居留地九七番地の借地権を買収する一方、翌年には「アメリカ二五番」の建物を「居酒屋の亭主」へ復貸した。復借人はポルトガル人五人、フランス人四人、イギリス人・アメリカ人各二人、オランダ人一人の計一四人に上るという記録がある。バラは先の回顧談で「そこではあらゆる国籍の男が酒場を営み、日曜日や祭日には説明に絶する混乱と騒ぎがみられた。ここをこういう目的に使用させた事は、私たちが知っていたショイヤー氏の最悪の面であった」と述べている。

蓮杖もそのあおりをくらって転居を余儀なくされ、戸部に移った。蓮杖の談話筆記『写真事歴』（参考166）には、しばらくして写真用の薬液が尽き、寝食を忘れて苦心を重ね、これが失敗すれば夜逃げをする他ないという段になってようやく撮影に成功、「驚喜して手の舞ひ足の踏むを知らず」と記されている。蓮杖は一八六二年末頃、野毛に写真館を開き、その後、弁天通りに移った。

一八六一年十一月十二日、横浜の中心部で火災が発生し、これを機に防火帯の設置が計画された。神奈川奉行はこれをチャンスとばかりに、居酒屋街と化していた「アメリカ二五番」の土地をショイヤーから取り上げようとした。これに対してショイヤーは公使プラインや領事フィッシャーの強力な援護を得て頑強に抵抗した。フィッシャーなどは国旗を立てて自分が死守するとか、些細なことから戦争が起こることもあるのだ、などと述べて奉行を脅かしている。結局、この争いはショイヤーが急死するまで約四年半に亘って続いた。神奈川奉行にとっては天敵のような存在だった（参考167）。

敵は他にもいた。一八六二年七月には、ショイヤーの中国人買弁アレー（Alye）とジャーディン・マセソン商会のアヒン（Ahing）との艀《はしけ》の奪い合いから、アヒンにピストルをつきつける事件を起こし、双方互いに原告・被告となって、イギリス、アメリカ両領事裁判所でジャーディン・マセソン商会の支店長ガワーとわたりあっている。一八六三年秋から翌年春にかけて家屋の普請をしたが、手間賃を滞納したため、大工辰五郎が下請の職人とともに多人数で押しかける事件も起きている。『横浜開港側面史』（参考112）に収録されている「鈴木隣松翁談」には、いつも山椒の木のステッキを持ち歩き、言うことをきかないとすぐに振り上げるので、日本人から「山椒の擂木《すりこぎ》」と呼ばれて恐れられたという逸話も伝えられている。

敵も多かったが、剛腕を買われたのか、居留地参事会の議長に選出された。発足したばかりの参事会の最初の課題は野犬対策だった。一八六五年六月十一日、ジャクモ少年が狂犬に噛み殺された事件については先に述べた。参事会は条例第一号として野犬取締り条例を制定した。しかし、この条例が第二の不幸を生むことになる。

参事会の条例は領事団の批准を得る必要があるのだが、領事団は参事会と協議することなく、条例案を変更してしまった。詳細は不明だが、領事団が制定した条例は、参事会では一一対三で否決された少数意見と同じだったという。

八月二十一日、この問題を討議するために借地人会議が開かれた。ショイヤーは領事団を非難する大演説を行い、終わって席へ戻ると同時に発作を起こした。参事会の財務委員として同席していたヘボンが治療に当たったたが、その甲斐もなく、その場で死去した。

ベンソン

Benson, Edward S., ?-1879.7.3

アメリカ　18区54

二代目の居留地取締長官を務めたベンソンは、中国で太平天国軍と戦った常勝軍の二代目隊長バージェヴィンのもとで軍人として働いたのち、一八六〇年四月頃来日、ベンソン&トッピングという仲買商を始めた。一八六一年末から翌年四月までアメリカ領事代理も務めている。参事会では衛生委員会委員を務めた。商人としては主に不動産を扱っていたらしく、明治初期には全商社・商人中最大の九千坪余の借地権を保有していた（参考78）。

一八六八（明治元）年六月三十日、居留地取締局の初代長官ドーメンの任期が満了を迎えた。そこで居留民による選挙が行われ、ベンソンが当選した。公使団の推挙を経て、六月三十日、日本政府から正式に任命され、一八七七年に居留地取締局が廃止されるまで、神奈川県知事のもとで、居留地の道路・下水の維持管理、警察業務などの指揮監督に当たった。

「横浜居留地改造及競馬場墓地等約書」の第一〇条に、山手に外国人用の公園を設けることを認める条項がある。この条項はなかなか実現されなかったが、一八七〇年一月十一日、ベンソンらが居留民を代表し、領事団の署名を添えて日本政府に正式に申請したことから実現に向けて動き出した。その後、山手公園として整備されることになる。

退任後、ベンソンは神戸で代理領事を務めたが、神経を患い、一八七九年七月三日、三菱汽船玄海丸に乗船して横浜に戻る途上、三浦半島長浦で検疫中にピストル自殺を遂げた。（参考168）

ブレメルマン

Bremermann,Conrad, 1848ca.-1884.10.1

ドイツ　5区97

居留地取締局が廃止された一八七七年、神奈川県の警察組織が改組され、取締局が担っていた警察業務は境町警察署に引き継がれた。一八八二年、戸部・長者・松影各町警察署が境町警察署に統合されて横浜警察署となり、その構内に居留地警察署が設置された。一八八四年、山下居留地二〇三番地（旧イギリス監獄跡地）に移転、一八九三年、加賀町警察署と改称されて現在に至っている。

居留地警察署には英語に堪能な日本人警官もいたが、外国人も雇用されていた。

ブレメルマンはブレーメンの出身、一八七八年、イギリス帆船の乗組員として来日し、郵便汽船三菱会社に雇用されて玄海丸に乗船勤務したのち、横浜で語学教師をしていた。一八八四年七月、居留地警察署に巡査として採用された。

居留地警察署の重点的取り締まり対象に「流血の街（Blood Town）」と呼ばれる地域があった。本村通り（現在の南門シルクロード）と小田原町（現在の関帝廟通り）が交差する辺りである。この一帯にはマドロス相手の英語で「サルーン」、日本語で「チャブ屋」と呼ばれる酒場や安宿・娼家、そのいずれとも定めがたい、大仏《おさらぎ》次郎が小説『霧笛』で曖昧屋《あいまいや》と名づけたような店が密集していた。一八八二年三月、居留民がイギリス公使パークスに提出した上書によれば、それらの店では激烈な悪酒を飲ませるので、多数の軍艦が入港する折には、上陸した水夫らがこの飲酒のため街頭で昼夜を分かたず闘争しているという（参考169）。

一八八四年九月二十一日、共同運輸会社がイギリスに発注した汽船陸奥丸が入港し、フィリピン人の乗組員は解雇された。事件の発端は、二十九日、その一人と彼らが止宿していた宿の従業員でイギリス人のジョン・コリンズが、フランス郵船ヴォルガ号の水夫との間で起こした喧嘩だった。十月一日、ヴォルガ号と加勢のメンザレー号の水夫約三〇名が武装して上陸し、前橋町（現在の中華街大通り）と小田原町を結ぶ函館町（現在の上海路）で、コリンズと「オンキヤット」という名のフィリピン人を殺害した（参考170）。

異変を聞きつけたブレメルマンが現場に急行して鎮めようとしたが、争闘に巻き込まれ、刃物で刺されて重傷を負ってしまった。署長らが駆けつけた時にはすでに手遅れだった。就任してから数か月後のことで、三十六歳の若さだった。事件を報じた『東京横浜毎日新聞』も「職務に勉励せられ、大に事務改良等の効もありし人」とその不運な死を悼んでいる（参考171）。警察では警部の待遇で五区に埋葬し、翌年三月三十一日に墓碑の除幕式を行った（参考172）。

ノールトフーク＝ヘフト

Noordhoek Hegt, Marinus Johannes Benjamin,1821.9.24-1894.5.21

オランダ　1区77

ノールトフーク＝ヘフト家は四百年以上続くオランダの名家の一つだという。ノールトフークが名前でヘフトが苗字だと誤解されやすいが、そうではなくて複姓である。長すぎるので、以下「ヘフト」と省略する。日本人からは「ヘクト」と呼ばれていた。

オランダ東部の町デルデンのヘフト家には一三人の兄弟がいた。そのうち三人が来日している。一八六〇年五月二日、まず六男のヘンリ（Henri Alexander, 1839-1871.12.24）が来日し、一八六三年から一八六六年にかけてオランダ公使館書記官を務めた。

長男のマリヌスはヘフト家の伝統に従って船乗りになり、一八五二年、三十歳の若さで商船の船長になった。その後一〇年間アジアで活動し、各地の港でよく知られる存在となった。一八六二年に来日、七月六日に弟のヘンリと食料品・雑貨商のノールトフーク＝ヘフト兄弟商会を設立した。十一月以降はマリヌスの個人経営となり、一八六四年には三男のウィレム（Willem Adriaan Johan, 1827-1879）が来日して経営に加わった。ウィレムは一八七〇年頃、ビルマ（現ミャンマー）のラングーンに移って貿易業を営んだ。ヘンリは一八七一年、マリヌスの家で死去した。

ヘフトの事業の特色は本業よりもむしろ余業や公共事業にあった。参事会の委員にも選ばれている。一八六五年七月頃、参事会は条例第三号を公布し、居留地内での爆発物の貯蔵を禁止した。ヘフトは廃船ナッソウ号を貯蔵のために提供して感謝されている。これはオランダ人フフナーゲルが船長をしていた帆船で、一八五九年末頃売却され、フフナーゲルらは上陸して横浜ホテルを開設した。そのためこのホテルは日本人から「ナッシヨウ住家」と呼ばれていた。その後所有者を転々としながら、貯蔵船として利用されていた（参考60）。

イートンの回顧談「思い出と個人的体験」（参考158）によると、ナッソウ号は使用に耐えないほど老朽化したので解体され、代わりにヘフト所有のエミリー号が倉庫船として利用された。ヘフトはこれでひと財産築いたという。公益と私益をうまく結びつけるのがヘフトの才覚だったようだ。

潜水業の創始者、増田万吉について次のような話が伝えられている。増田はオランダ八番館の「ヘクト」あるいは「ヒフト」あるいは「ハイフト」のもとで働いていたが、一八六六年中、弾薬倉庫船の船底が腐り始めていたので潜水器具を借りて修理した。その後、「ヒフト」あるいは「ハイフト」から本格的に潜水術を学んだ（参考60）。

この弾薬倉庫船はナッソウ号以外には考えられない。イートンの先の回顧談によると、海岸通り八番地の土地はヘフトの弟が所有していたが、日本を離れる際手放したという。この弟はウィレムだと思われるので、増田に潜水術を教えたオランダ八番館の館主とはウィレムのことかもしれない。

ヘフトは消防事業に異常なほどの熱意を燃やした。ブラックは『ヤング・ジャパン』（参考14）の中で、ヘフトは「居留地であれ、日本人町であれ、火事が起きると、いつも最も活発に助力した人だ。自分で輸入して、いつも自分の家においていた一台の消防車を、消防隊に使わせてくれたうえ、その整備をひき受けてくれた」と述べている。一八六四年に設立された消防隊の委員を務めたことは言うまでもない。一八六六年十一月二十六日に起きた大火の際も大活躍し、居留民一同から感謝状が贈られた。

ヘフトは手動式消防ポンプ車の開発に熱中し、居留地消防隊に採用を求めた。蒸気消防ポンプ車が重視されるようになっていたので、居留地消防隊は採用しなかったが、軽便で扱いやすかったので、日本の消防隊に採用されたことがある。

一八七〇年、ヘフトは劇場の建設とビール醸造所の設立の二つの事業に取り組んだ。

アマチュア演劇は駐屯軍将兵から始まり、一八六七年には居留民の劇団も誕生した。最初の劇場は一八六四年にリズレーによって設立され、翌年にはロイヤル・オリンピック劇場という立派な看板を掲げたが、リズレーが欧米巡業の旅に出かけてしまったので、閉鎖されたらしい（参考128）。

アマチュア劇団は倉庫などを借りて活動していた。ヘフトの六八番地の倉庫もそのために使われていた。クルプ・ゲルマニアや中国劇場も利用されたが、いずれも手狭だった。そこで一八六九年末、劇場建設が計画され、資金集めが始まった。この計画は、ヘフトが六八番地の倉庫を改築し、アマチュア劇団に貸すことで実現した。劇場の名前は「ゲイエティ・シアター（Gaiety Theatre）」、一八七〇年十二月六日に開場した。これがいわゆる「本町通りゲーテ座」である。今も名高いアイルランドの首都ダブリンのゲイエティ・シアターの開設より一年早い。'Gaiety'は英語で陽気とか快活を意味する。一八七二年頃にはすでに日本初のガス灯による舞台照明が行われていた。一八七二年末に、パブリック・ホールと改称され、その運営にあたるパブリック・ホール委員会が組織された。

ヘフトのビール醸造所はコープランドのスプリング・ヴァレー・ブルワリーより少し遅いものの、一八七〇年中には設立された。醸造所の一画にはベルヴュー・ガーデンというビア・ホールも設けられていた。そこでは音楽家の黒人夫婦が理髪サロンを経営していて、夜ともなると夫婦のピアノやヴァイオリンの演奏を聞きながら、客たちはビールをがぶ飲みしたという(参考173)。

明治初期、ヘフトは全商社・商人中八位の四千九百坪余の借地権を保有していた。その八六パーセントに当たる四千二百坪余は山手にあり、箕輪坂《みのわ》(現代官坂)の両側はほとんどヘフトの借地だった(参考78)。

イートンの回顧談に次のような記述がある。ヘフトは箕輪坂の上の数区画の借地権を入手した。谷戸坂と地蔵坂のほかには馬車の通れる道がなかったので、ヘフトは山手七三番地と五九番地の間を通り、元町に出る道路を造成する許可を得た。当時細い道しかなかったので、両側の自分の保有地を少しずつ提供して、「ヘフト坂」と呼ばれる道路を造った。

ヘフトはまた山手病院や山手公園の運営委員を務めたほか、在日外国人の日本研究団体である日本アジア協会や横浜ライフル協会の会員でもあった。

ヘフトは一八九四年、七十二歳で亡くなった。夫人のヘンドリカ(Hendrika)はその後も横浜に留まり、一九〇七年に死去した。夫妻は弟のヘンリや娘のマリアンヌ(Marianne Okajima, 1873.10.7-1926.8.12)

とともに一区で永眠している。もう一人の娘は、ジャパン・ブルワリーの筆頭株主や支配人を務めたウィルソン・ウォーカー（Wilson Walker）と結婚した。（参考174）

現在、命日に近い日曜日に、山手に移転したゲーテ座の跡地に建つ岩崎博物館で、横浜演劇研究所や横浜交響楽団が主体となって、「横浜山手ヘフト祭」が行われている。

モルギン

Morgin, Nicola, 1847-1911.8.4

イギリス　10区74

火災は居留民共同の敵（Common Enemy）であった。一八六三年十二月二十二日、クニフラー商会で起きた火災をきっかけとして、翌年一月一日、消防隊（ヴォランティア・ファイア・ブリゲード）が組織された。

一八六六年末の大火ののち、諸外国との間で、再建計画を盛り込んだ「横浜居留地改造及競馬場墓地等約書」が締結された。その第四条に「竜《りゅう》吐《ど》水《すい》（消防用ポンプ）置場（Fire Engine House）」を外国側に提供することを約束した条項がある。一八七一年、この条項に基づいて居留地二三八番地の土地が領事団に貸与され、領事団からヴォランティア・ファイア・ブリゲードの流れを汲む横浜ファイア・ブリゲード（以下ＹＦＢと略す）に使用が委ねられた。ＹＦＢはここに事務所・宿舎・火の見櫓・消防車庫、さらに一〇万ガロン（約四〇〇立方メートル）の容量をもつ貯水槽を設置した。

一八九九年、改正新条約の実施によって居留地制度が廃止されたのにともない、施設は薩摩町消防署と改称され、ＹＦＢも薩摩町消防組となったが、公認私設消防団として存続した。一九一九年、政府は大都市の消防署制度を改定し、私設消防団を認めないこととしたので、当時「全国一」と言われた薩摩町消防署の施設や設備のすべてが神奈川県に無償で譲渡された（参考175）。その後、組織や名称を変えつつ、一九九四年二月まで中消防署日本大通消防出張所がここに存在した。跡地に当たる横浜情報文化センターと横浜都市発展記念館の裏手の駐車場の一角に、横浜市認定歴史的建造物として「旧居留地消防隊地下貯水槽」が保存されている。一八九三年に改造された二代目の煉瓦造貯水槽の遺構と考えられている。

一八六六年末の大火後、いくつかの私設消防隊が誕生した。アメリカン・ファイア・ブリゲードは消防ポンプ車ヴォランティア号を取り寄せ、一八六七年七月三日に放水実験を行った。手動ながら一分間二五〇ガロンの放水能力をもっていた。一八七一年二月六日には最初の蒸気消防ポンプ車として、ロンドンのシャンド&メーソン社製のヴィクトリア号が到着、ヴィクトリア・ヴォランティア・スチーム・ファイア・エンジン・カンパニーが長らく使用した。一分間四〇〇ガロンの放水能力をもっていた。ＹＦＢも一八七四年に同社製の蒸気消防ポンプ車リリーフ号を導入し、技師のガバレッタ（R.Gabaretta）が管理した。放水能力は一分間三五〇ガロンであった（参考60）。

一八七〇年代中頃には四つの消防隊が共存していた。神奈川県としてはＹＦＢ中心の居留地防火体制を想定していたと思われる。居留地取締長官のベンソンがＹＦＢの委員を務めていたし、一八七四年には県雇技師のデーヴィスが監督に就任しているからである。一八七六年、アメリカン・ファイア・ブリゲードはヴォランティア号や役員ともどもYFBに統合された。

日本側では明治元（一八六八）年春、消防組織の強化が図られて、一〇組の消防組が設けられた。そのうちの一つが居留地を担当することになり、増田万吉が頭取に任命された。外国商館担当という意味で「商組」と呼ばれた。詳細は不明だが、商組はYFBと連携して消火活動に当たったものと思われる。一八七一年末、北方《きたがた》村の山手周辺地域を担当する「き組」は商組に統合された。この年、神奈川県はイギリスから九台の消防ポンプを購入し、居留地を除く各所の消防組に配置した。町会所に置かれた第一番ポンプは石橋六之助（通称ゴミ六）の率いる人夫が受け持った（参考176）。

増田と石橋は居留地の清掃事業も行っていた。旧参事会は外国商館の構内の清掃まで公費で行っていたが、一八六八年、居留地取締局の初代長官ドーメンは経費削減のためこれを廃止し、希望者は自費で増田と石橋に依頼すべしという布告を出している。石橋は翌年から道路清掃も請け負うようになる（参考177）。

増田は商組の頭取でもあったから、配下の火消人足と掃除人足とは不可分の関係にあった。「消防の仕事には無料で奉仕し、収入はゴミ処理の面からまかなう」というのが増田の方針であった（参考178）。YFBの事業と日本人による居留地の消防・清掃事業は整理・統合され、石橋・増田配下の掃除人足たちは無料で消防隊構内の家屋に居住するかわりに、出火に際しては無給で消火活動に従事するようになる。一八八一年、日本人部隊の頭取に石橋、監督にモルギンが就任した（参考179）。

一八八二年にはYFBとヴィクトリア・ヴォランティア・スチーム・ファイア・エンジン・カンパニー

が統合され、後者の監督だったウォルターが総監督、モルギンが監督に就任した。ヴィクトリア号もYFBの管理下に置かれるようになる。翌一八八三年五月十四日、石橋と増田は居留地の清掃事業を行う石橋増田掃除請負合名会社（通称は両名社）を設立した。かくして公共事業と営利事業を組み合わせるユニークな仕組みができあがった。費用は火災保険会社からの拠出金と居留民からの寄付金でまかなわれていた。

モルギンの生涯については、『横浜貿易新報』（明治四十四年八月六日）に掲載された「日本消防の爺さんモ氏逝く」という記事をもとに紹介しよう。

モルギンはアドリア海を挟んでイタリアの対岸に位置するダルマチアの出身、九歳の時から船員生活を始めたという。一八六四年、オーストリア軍艦の兵曹長として一度来日、一八七二年に再度来日した。モルギンの横浜でのキャリアは牧夫から始まる。一八七四年、根岸のクリフ牧場の支配人になった。一八八一年から居留地消防隊に勤務するが、その一方で一八八四年には根岸村柏葉に山手牧場（Bluff Dairy）を開設した。しかし、翌年二月、石川要之助に譲渡している。石川牧場は一九一一年、競馬場裏手の根岸町一六六七番地に移転し、一九九〇年に廃業するまで、典型的な都市近郊搾乳場として、四代一〇五年にわたって存続した（参考157）。

ダルマチアはハンガリー王国やヴェネチア共和国に支配されたこともあったが、ナポレオン戦争後の一八一五年、ウィーン会議の結果、オーストリア帝国の支配下に置かれた（現在はクロアチア共和国の一部）。来日した時のモルギンの国籍はオーストリア＝ハンガリー帝国だったが、山手牧場を譲渡した時の書類には「英国人」と記されている。その頃イギリス国籍を取得したらしい。

『横浜貿易新報』の記事によれば、モルギンは居留地に限らず、市内の大小の火事には必ず駆けつけた。一八九九年の関外の大火の際にも関内への延焼を食い止めた。この年、居留地消防隊は薩摩町消防組と改称されるが、モルギンは引き続き監督を務めた。道楽もなく、暇な時には山下町（旧居留地）一帯を巡回して火災に備えた。モルギンのおかげで薩摩町消防署の施設や消防法は東京の警視庁も模範とするほどになった。

一九〇六年頃、眼病を患い、監督の地位を子息のマルコに譲って自らは顧問に退いた。一九一一年八月四日、心臓麻痺のために死去し、六日に葬儀が行われた。遺体は消防車に載せられ、多数の消防夫が付き従って、カトリック山手教会に運ばれた。『横浜貿易新報』の記者は「横浜市の恩人として、日本消防の先生として、悼惜《とうせき》の至り」と記している。ヤスコ夫人（Yasuko Katerina, 1853.12.20-1906.11.8）とともに一〇区で永眠している。

キングドン

Kingdon, Nicholas Phillipps, 1829-1903.11.12

イギリス　18区30

キングドンはロンドンで医者の家に生まれた。若くしてメキシコに渡り、ラカテラスで貨幣を鋳造する造幣所の支配人を務めた。一八六一年、上海に移り、ターナー商

会に勤務、そこで生糸貿易の経験を積み、一八六三年三月、ジャーディン・マセソン商会と並び称される巨大商社、デント商会から生糸検査人として横浜に派遣された。

一八六六年、金融恐慌が勃発し、デント商会は倒産に追い込まれる。一八六九年、キングドンはシュワーべと組んでキングドン・シュワーべ商会を設立した。営業種目は主として生糸の輸出とマンチェスター産の綿製品の輸入であった。

『ジャパン・ウィークリー・メイル』は追悼記事のなかで、キングドンについて「典型的な英国紳士」だったと述べている（参考180）。それが意味するのは、公共心や社交性に富み、教養を重んじ、スポーツを愛するような人物像であろう。それらを可能とする経済的な支えが必要なことは言うまでもない。

キングドンが来日した一八六三年の十月頃、W・H・スミス中尉が居留地六六番地にユナイテッド・サービス・クラブというイギリス人中心の社交クラブを設立した。その設立に協力したのが、キングドンにとって最初の公益事業への参加だったと思われる。一八六四年には同じスミスによって、海岸通り五番地に新たに横浜ユナイテッド・クラブが設立され、イギリス以外の居留民にも門戸を開いた。ユナイテッド・サービス・クラブもこれに統合される。

一八九三年、キングドンは横浜ユナイテッド・クラブの会長を務めた。クラブもさることながら、山手一六・一七番地（現山手イタリア山庭園内）にあったキングドン邸も社交の場だった。日曜日の夕方に開かれるディナー・パーティには居留地の名士たちが集まって会話を楽しんだ。

一八六四年になると、キングドンはにわかに多忙になる。まず一月一日に設立された消防隊の委員となった。同年末、消防隊が発注した三台の消防車が到着し、そのうちの一台はキングドン宅に配備された。

一八六四年初頭に組織された市街清掃団の委員にも選ばれ、委員長も務めた。街路や下水の塵芥を集め、海岸通り沿いに配置された清掃船団に積込んで除去するのが仕事だった。年末の十二月二十六日には外国人商業会議所を設立するための会議で司会を務めている。また、この年から一八六六年にかけてポルトガル領事を務めた。これは初代のジョゼ・ロウレイロ（Joze Loureiro）以来、デント商会の社員の指定席となっていた役職である。

一八六五年四月十三日に母親に送った手紙のなかで、キングドンは愚痴をこぼしている。「領事の仕事や皆から押しつけられた他の公共の仕事で考えられないほど時間を取られます。例えば私は清掃委員会の委員長を一四か月もやっていて、雨期と熱い季節がやってくるというのに、毎日見回りに出かけなければなりません。その上、消防委員会の委員長をはじめ居留地のあらゆる会議でだいたい議長を務めます。この会議も増えてきたので市参事会の設立を考えています。」（参考181）一八六五年二月十日、参事会設立に向けて開かれた借地人会議では書記を務めている。六月九日に開かれた参事会の最初の会合でも書記を務め、ベンソンらとともに衛生委員会の委員に選出された。

スポーツでは競馬とヨットに力を入れた。一八六五年二月頃、山手のイギリス軍キャンプの一部にあった練兵場で、駐屯軍将校を中心に「ギャリソン・レース（駐屯軍競馬）」が開催されるようになるが、キングドンは発起人の一人だった。根岸に本格的な競馬場が完成してからはいっそう熱を入れ、レース・クラブの「生命」「魂」とまで言われた。キングドンの厩舎の馬が二七レース中一〇レースで優勝したこともあった。とくにメキシコで栄えたアステカ帝国の最後の皇帝にちなむ、モクテズマという日本産サラブレッドが名高く、二三戦一二勝の生涯成績を残している。日本馬の調教に定評があったので、宮内省や陸軍省所属の馬の調教を委嘱されることもあった。宮内省御厨課所属でキングドンが調教したモヒトツという名馬もいた。生涯成績は三一戦一一勝（参考182）。

教養の面では、設立間もない一八七四年から日本アジア協会の会員となった。研究テーマをもっていたようには見えないので、維持会員としての役割を果たしていたものと思われる。

キングドンは浮世絵師、初代歌川国鶴の娘ムラと結婚した。浮世絵師の二代国鶴・国松兄弟の姉に当たる。国松は新聞の挿絵画家としても活躍し、横浜の吉田町で書店も経営していた。ムラは一八九二年十月二十日に死去、夫妻は夭逝した娘のメアリーとともに一八区で永眠している。

子息のキング（King Kinkiku, 1867ca.-1901.8.14）はイギリスのキングス・カレッジで学んだのち、父の事業を手伝っていたが、「紳士騎手」としても知られていた。また、父子でヨットを楽しんだ。しかし、父に先立って死去し、父をひどく落胆させた。根岸共同墓地の歌川家の墓地で永眠している。キングの孫の歌川民子が吉田町で開業した料亭宇多がわは、現在も後継者の手で経営が続けられている（参考183）。

（参考184、185、186）

トーマス

Thomas, Thomas, 1842.7.5-1923.9.1

イギリス　4区31

トーマスはイギリスの絹織物業の町マクルスフィールドの出身、一八六一年七月、生糸検査技師として弱冠十九歳で来日した。一八六四年七月一日、ワトソン商会にいたストラチャン（William Morrison Strachan）と組んでストラチャン&トーマスを設立した。主な業務は生糸・茶の輸出と綿織物の輸入であった。その後、毛織物・機械の輸入や多数の汽船会社・保険会社の代理店業務に手を広げている。一八八〇年に共同経営を解消し、それぞれがストラチャン商会とトーマス商会を経営した。後者は一八九二年にボーグ&トーマス、一八九四年以降はトーマスの個人経営となり、手形仲買業を営んだ。

トーマスが携わった最初の公的な仕事はイギリス聖公会のクライスト・チャーチの役員であった。ベイリー牧師の在任中というので、一八六二年から一八七二年の間のことである。一八八六年から一八八九年にかけて外国人商業会議所の会頭も務めた。一八八四年には山手に新しい劇場（いわゆる山手ゲーテ座）を建設するための有限責任会社横浜パブリック・ホール・アソシエーションの理事に就任し、会計や理事長など、二三年にわたって役員を務めた。（参考187）

トーマスはキングドンやウィーラーにも劣らぬ競馬マニアであり、ストラチャンと共有のタータン厩舎（Tartan Stable）で主に中国馬を飼育していた。まだ根岸競馬場ができる前の一八六五年四月、トーマスらは谷戸坂から不動坂に至る外国人遊歩新道（現在の中区山手町から山元町・滝之上・旭台の辺り）をコースに見立て、千ドルもの高額の賭け金で、日本馬と中国馬のマッチ・レースを仕組んだ。リンダウ所有の日本馬バタヴィアにエドワード・スネルが騎乗し、トーマス所有の中国馬ラットにはトーマス自身が騎乗したこのレースは、ラットの勝利で終った（参考182）。

トーマスが根岸競馬場を管理運営する横浜レース・クラブやその後身の日本レース・クラブの役員を

務めたことは言うまでもない。夫人のジェシー（Jessie Paton, ?-1900.9.20）もレディズ・ローン・テニス＆クロッケー・クラブの会長や婦人慈善協会、国際婦人図書室の役員を務めていた。

トーマスは一九二三年に起きた関東大震災の犠牲となった。享年八十一歳だった。震災ではトーマスが設立と運営に尽力した山手ゲーテ座も倒壊して再建されず、その存在は忘れられてしまった。一九八〇年、山手に服飾関係の資料を展示する岩崎博物館が設立された際、敷地の一部がゲーテ座の跡地にまたがっていたことから、一階に設けられたホールは山手ゲーテ座と名付けられた。博物館の手前左手角に「ゲーテ座跡」の案内板が立てられている。

モリソン

Mollison, James Pender, 1844.7.21-1931.11.22

イギリス　16区12A

モリソンはグラスゴーの出身、ロンドンとマンチェスターで修業し、製茶検査技術を身につけた。一八六四年秋、二十歳で上海に渡り、スミス・ケネディ商会に勤務した。

香港と上海のイギリス人は、インターポート・マッチと呼ばれるクリケット（野球に似たイギリスの伝統球技）の対抗試合をしていた。一八六六年に上海チームは香港チームに大敗、翌年雪辱を果たした。

モリソンはこれに参加して以来、クリケットが病みつきになってしまった。

一八六七年一月、モリソンは横浜にやってきて、フレーザー（James Campbell Fraser）と共同でフレーザー商会を設立した。社名は一八七七年にモリソン・フレーザー商会、一八八四年にモリソン商会と変わるが、事務所は一貫して山下居留地四八番地にあった。当初は茶の輸出が中心だったが、やがてノーベルのダイナマイトやマンチェスター産綿製品の輸入を手掛けるようになる。モリソンは一八八一年とその翌年、外国人商業会議所の会頭を務めた。

来日当時、横浜にはクリケットのクラブもグラウンドもなかった。たまたま横浜に上海でモリソンのチームメートだったプライスの弟のアーネスト（Ernest Price）がいたので、二人が中心になってクラブを結成し、後に新埋立居留地と呼ばれることになる造成地の一画、二六五番地（現在の横浜中央病院の辺り）にグラウンドを設けた。一八六八年中のことである。六〇ヤード四方の土地を整地して芝を植えたが、外野のあたりには石や藪が残っていた。もとは沼地だったのでスワンプ（沼地）・グラウンドと呼ばれた。それでも一八七〇年から翌年にかけて、このグラウンドでクラブとイギリス駐屯軍第一〇連隊の将校チームとの好ゲームが行われたという。

一八六六年末の大火後に結ばれた「横浜居留地改造及競馬場墓地等約書」の第一条により、焼失した遊郭の跡地に公園を造成することになった（現在の横浜公園）。クリケット・クラブはこれを絶好の機会と捉え、日本政府からここにグラウンドを設ける許可を得た。一八七二年中、クラブは日本側と話し合いが整うのを待たずに芝生を植え始め、費用の半額を日本側に要求した。スワンプ・グラウンドで我慢していただけに、素晴らしいグラウンドを得た喜びは理解できるが、傍若無人の誹りは免れない。

一八七五年には待望のクラブ・ハウスも完成した。

一八八四年にかけて、クリケット、ベースボール、フットボールの各クラブと横浜アマチュア・アスレチック・アソシエーションの四団体が順次合併して横浜クリケット&アスレチック・クラブが結成された。モリソンはその会長も務めた。一九一二年、横浜カントリー&アスレチック・クラブと改称されて現在に至っている。競馬ファンでもあり、日本レース・クラブの役員を務めている。

横浜リーディング・サークルは、一八八五年、わずか八名の女性によって始められた。その後しだいに会員を増やし、一九〇八年、横浜文芸音楽協会に名称を変えた時には、総数四〇〇名を超える大きな団体になっていた。その際モリソンが会長に選ばれて一九一一年まで務めた。一九〇九年一月八日の例会でモリソンが行った講演の記録が、『横浜の思い出』(*Reminiscences of Yokohama*)と題してジャパン・ガゼット社から出版されている。モリソンはアマチュア劇団の支持者でもあった(参考188)。日本アジア協会の評議員も務めている。

声楽の心得のある夫人は横浜文芸音楽協会の音楽委員を務めた。一八九八年三月十九日、上野の東京音楽学校の奏楽堂で開かれた慈善音楽会に歌手として出演した際には、イギリスの駐日公使E・サトウが聴いていて、「すばらしい歌を聞かせた」と日記に書きとめている(参考189)。東北の飢饉の被害者への救援など、慈善事業に熱心だったことでも知られる。日露戦争の際には戦死した兵士の遺族への義捐金を集めるために「インターナショナル・フェア」を開催した(参考190)。レディズ・ローン・テニス&クロッケー・クラブの会長も務めている。

順風満帆の生活を送っていたようにみえるモリソンだが、一九二三年の関東大震災では子息のジョン（John Pender Duff）とその妻メアリーを失う悲劇に見舞われた。外国人墓地も大きな被害を受けた。一九一七年以降、外国人墓地管理委員会の委員長を務めていたモリソンは墓地の復旧に尽力した。一九三一年、八十七歳で死去、一六区の子息夫妻の墓の隣に埋葬されている。死後、モリソン商会は清算され、土地・建物はヘルム・ブラザースの手に渡った。

『日本絵入商人録』に一八八三年頃に建設されたモリソン商会の建物の絵が掲載されている。この建物は関東大震災で二階部分を失い、さらに復興過程の道路整備で西側部分を削り取られながら奇跡的に生き残り、倉庫として利用されていた。二〇〇一年、市内に現存する最古のレンガ造建築と認定され、「旧横浜居留地四八番館」として神奈川県の重要文化財に指定された。

ウィーラー

Wheeler, Edwin, 1841ca.-1923.9.1

イギリス　16区3

開港直後の一八五九年十月二十四日、外国人による最初の病院としてイギリス人ダッガンが神奈川ホスピタルを開業した。翌一八六〇年春には、アメリカ人のシモンズとベーツが開業している。一八六四年以降、フランスを皮切りに、各国の海軍病院が相次いで設立された。

一八六三年四月、最初の公共的な病院として横浜ホスピタルがオープンした。領事団の管理のもとで、居留民が資金を提供し、元イギリス公使館付医師のジェンキンスが治療に当たったが、長続きせず、一八六六年末頃閉鎖された。一八六七年三月頃、山手八二番地にあったオランダ海軍病院が一般の患者も受け入れる「ゼネラル・ホスピタル」に改組され、メイエルとヨングが治療に当たったが、その運営も行き詰まっていた。

同年末、居留民の間から公共的な病院を設立する運動が起こった。翌一八六八年三月六日、領事や居留民の参加する会議で、オランダ病院を医師・建物ごと借用することが決定された。これが横浜一般病院（Yokohama General Hospital, 通称山手病院）であり、入院治療専門の病院として、領事団の監督のもと、居留民の代表で構成される委員会と多くの医師が運営に当たった（参考60）。戦後は名称がブラフ病院となり、在日外国人に欠かせない存在だった。一九八二年に閉鎖されたが、同じ場所にブラフ・クリニックという病院ができている。

創立時の山手病院を担ったメイエル（A.de.Meyer, 1833.4.26-1869.8.7）は一八六九年に死去し、二二区に埋葬された。墓碑にはロッテルダムの生まれと記されている。後任のイギリス人ダリストン（James Joseph Robert Dalliston, 1821ca.-1875.1.20）はニュージーランドの元義勇軍付医師であった。就任と同時に山手八二番地乙の土地を借地して病院用地を拡張した。一八七五年に急死し、メイエルと同じ二二区に埋葬されている。

ダリストンの死後、アメリカ人エルドリッジとフランス人マッセ（Émile Massais, 1836ca.-1877.10.3）が赴任したが、マッセも一八七七年、コレラに感染して急死した。一六区で永眠している。その後しばらくエルドリッジが一人で治療に当たっていたが、一八七九年七月一日、ウィーラーが加わった。

ウィーラーはアイルランドの出身、一八七〇年一月、イギリス海軍医として来日し、公使館付医師となった。来日早々、八月一日に起きたシティ・オブ・エド号の汽缶破裂事件の被害者や、翌年一月十二日、暴漢に襲われた大学南校の御雇教師ダラスとリングの治療に当たっている。六月には新潟県に雇用されていたキングが暴行を受ける事件が発生した。ウィーラーは東京から新潟まで、土砂降りの中、三回馬を換えながら、普通七日かかる行程を記録破りの三日間で走破して危急を救った。

一八七一年五月、鉄道建設工事の本格化にともない、ウィーラーは工部省に雇用されて鉄道医を兼ね、外国人技師の医療に当たった。一八七六年、契約が満期を迎えたのを機に、イギリス公使館の前任医師シッダールが所有していた横浜居留地七五番地の医院を購入して開業した。一八七九年以降は、エルドリッジとともに山手病院や十全医院（横浜市立大学医学部病院の前身）で働いた。一九〇二年には山手病院付属伝染病院の責任者となり、また山手病院の院長に当たる監督の職に就いて、石浦徳太郎らの医師を育てた。その間、イギリス領事館の医療顧問や神奈川県の衛生顧問を務め、一九〇八年には日本政府から勲三等瑞宝章を授与された。

東京在住時代からフリーメーソンの会員であり、イングランド系の横浜ロッジや日本地方本部ロッジの役員を務めた。スポーツ愛好家としても知られていた。横浜クリケット&アスレチック・クラブの創立時からの会員であり、会長も務めている。モリー・ボーン号というヨットも所有していた。ヨット製造で名高いウィットフィールドの建造になるもので、H・J・ゴーマンの操縦によりレースで何度も優勝した（参考146）。

とりわけ情熱を注いだのが競馬だった。日本レース・クラブの役員を何度も務めている。ウィーラーは来日間もない一八七一年、陸軍が招魂社（現靖国神社）で開催していた競馬でタイフーンという馬を見つけ、格安の値段で購入して本格的な競争馬に育てた。同年十一月に行われた秋季競馬でいきなりモクテズマを破ってデビュー戦を飾り、一躍注目を浴びた。一八七三年春のレース後にモクテズマが急死してからは、ライヴァルのモヒトツと日本馬のチャンピオンの座を争い、モヒトツを上回る四八戦二三勝の生涯成績を残した（参考182）。

夫人のメアリーもレディズ・ローン・テニス&クロッケー・クラブの有力メンバーであり、創立間もない一八七七年から六年間にわたって会長を務めた。横浜合唱協会の役員を務め、横浜文芸音楽協会でも合唱で活躍した。

タイフーン号の手綱を引くウィーラー（左）

ウィーラーは一八六〇年代に故郷を離れてから一度も帰国することなく、日本で五三年、横浜で四七年の歳月を過ごした。クライスト・チャーチやヴィクトリア・パブリック・スクールの委員も務めた。日本アジア協会の会員でもあった。とりあげた新生児の数は千人にのぼると言われる。結婚式では乾杯の音頭をとった。ジャパン・ガゼット社の記者は「横浜在住の多数の外国人の中で、E・ウィーラー博士ほど広く知られ、深く尊敬されている人はいない」と述べている（参考187）。

一九二三年九月一日の昼前、ウィーラーがいつものように友人とシェリー酒を楽しんでいるところを大地震と火災が襲った。住み慣れた山手九七番地（現アメリカ山公園内）の自宅に戻ろうとしたが、八十二歳のウィーラーにその体力は残されていなかった。夭逝した長男フランシス（Edwin Francis, 1886.2.25-1888.1.13）と娘のセオドラ（Theodora, 1890.7. 3-1891.8.7）とともに一六区で永眠している。（参考191）

エルドリッジ

Eldridge, James Stuart, 1843.1.2-1901.11.16

アメリカ　4区17

ペンシルベニア州フィラデルフィアの出身。十七歳で陸軍に入隊した直後に南北戦争が始まり、北軍のトーマス将軍の参謀将校を務めた。戦争終結後は、ハワード将軍のもとでワシントンの奴隷解放局に勤務した。その傍らジョージタウン医科大学に通い、一八六八年三月十一日、医学博士の学位を取得、引き続き解剖助手、講師として働いた。一八六九年には農務省の図書館司書となったが、このことが彼のその後の運命を決することになる。北海道開拓使顧問の仕事を引き受けた農務長官ケプロンの秘書兼医師として来日することになったからである。

一八七一年八月二十三日、二十八歳のエルドリッジはケプロンとともに横浜に到着、九月十六日、明治天皇に謁見し、翌年五月、開拓使付医師として函館に赴任した。八月には開設されたばかりの開拓使

函館医学校の教官となり、基礎から臨床に至る医学万般を教授した。率先して人体解剖を行うとともに、『近世医説』という医学雑誌を発刊して知識の普及に努めた。

一八七五年、開拓使との契約が満期を迎えたが、折しも山手病院のダリストンが急死したので、後任を引き受け、マッセやウィーラーとともに一八八七年まで勤務した。山手病院はその後フランス人メクル（Alphonse Mécre, 1846-1917.4.15）を中心に運営される。メクルはフランス郵船会社の勤務医としてヴェトナムで働いたのち、在日フランス公使館付医師となり、その後一八八四年から一九〇三年まで二〇年間に亘って山手病院に勤務した。一九一七年に死去し、アンナ夫人（Anna, 1861-1914）とともに六区で永眠している。

エルドリッジはさまざまな分野で医療に貢献した。一八七九年、野毛の近藤良薫《よししげ》医師宅で出張診療を行い、翌年には弁天通りの賛育会でヘボンらと無料診療を行った。一八八三年からウィーラーとともに十全医院の診療指導医を務めた。一八九八年からは外国人のための伝染病院にも勤務した。一八八三年、政府から中央衛生委員を委嘱され、一九〇〇年、成医会（東京慈恵会医科大学の前身）の副会長に選ばれた。アメリカの在外衛生委員も務めている。一八九七年、業績を評価されて政府から勲四等旭日章を授与された。

エルドリッジの函館医学校での教え子に、会津藩御典医出身の六角《ろっかく》謙吉がいた。六角はエルドリッジとともに横浜に移り、助手兼通訳を務めた。エルドリッジが十全医院に勤務した際は治療主任として補佐した。エルドリッジが函館時代に開拓使次官黒田清隆に宛てた手紙は、謙吉の二人の子息、柾那《まさな》と高雄によって翻訳されている（参考192）。

夫人のフランシス（Frances S.Heath, ?-1930.5.30）はレディズ・ローン・テニス&クロッケー・クラブの有力メンバーであり、国際婦人図書室の会長も務めた。婦人慈善協会では副会長を一五年、会長を二〇年も務めている。他方、エルドリッジはハワイ王国の領事を務めたことと、日本アジア協会の会員だったこと、一時アマチュア・ドラマチック・クラブの役員を務めたことを除くと、余業や娯楽にはあまり縁のない人だった。日本アジア協会ではアイヌが毒矢に用いる毒の研究などを発表している。例外と言えば、海水浴とフリーメーソンの活動くらいであろう。

富岡海岸（現金沢区）には一八七五年頃から外国人が海水浴に訪れるようになった。エルドリッジは長老派教会の信徒だったので、同派宣教医のヘボンとはとくに親しかったらしく、いっしょに富岡の慶珊寺を海水浴のための定宿にしていた。慶珊寺にはエルドリッジとヘボンの「家族旅寓」の木札が遺されている。ただし、当時の海水浴は潮湯治《しおとうじ》と言われて、娯楽というよりも健康増進が目的だったから、半ば医師としての仕事の一部だったのかもしれない。

エルドリッジはフリーメーソンの活動にはきわめて熱心だった。スコットランド系の東の星ロッジとアメリカ南部系のロッジに属し、後者のDes Payenes Preceptoryでは六年にわたって最高位（Commander）を務めている。一八九九年、中国と日本の代表者の一人として、支部をつくるため上海に赴く途中、神戸で体調を崩し、横浜に戻って静養したが、一九〇一年十一月十六日、不帰の客となった。遺志により、遺体は火葬のうえ、四区に埋葬された。日本政府は死の直前の十一月十日、勲三等瑞宝章を授与して功績に報いた（参考191）。

エルドリッジ夫妻には二人の娘がいた。ベアトリックス（Beatrix Heath）はデンマーク人生糸商のタイナー（Frederich M.Tegner）と結婚して四人の男子を儲けた。一九一二年、イギリスに移住し、子どもたちはイギリス国籍を取得した。フランシス二世（Frances Heath）はデンマーク人の弁護士で領事を務めていたウォーミング（Sophus Warming）と結婚し、関東大震災後、母とともにイギリスに移住した。紫あやめのペン・ネームで日本を紹介する文筆活動を行ったことが知られている。母のフランシス（エルドリッジ夫人）は一九三〇年にイギリスで死去、遺骨は娘たちの手で横浜外国人墓地のエルドリッジの墓に葬られた。

エルドリッジが勲三等瑞宝章を受賞してから百年後の二〇〇一年十一月十日、明治神宮でエルドリッジの玄孫の青年と日本の女性との結婚式が行われた。これを機に曾孫のウイリアム・タイナー氏とヘンリー・タイナー氏の兄弟が来日した。結婚式翌日の十一日、両氏と六角謙吉の曾孫に当たる健氏の夫人聡子氏や、医学史の研究家小玉順三氏らによって、横浜開港資料館でエルドリッジを偲ぶ研究会が開かれた。その席上でのヘンリー・タイナー氏の講演の要旨が、六角聡子氏の翻訳により、「お雇い外国人医師　J・S・エルドリッジ」として有隣堂の情報紙『有隣』（参考193）に掲載されている。

Ⅶ　情報や文化の伝達に寄与した人々

十九世紀は欧米列強によって世界の秩序が作り変えられていく時代であった。世界史的にみれば日本の開国・開港はその過程の一齣に他ならない。列強とは他国に影響力を行使できるような経済力と軍事力をもった国家のことを言うが、とくにその指標となるのは海軍力であった。その海軍力によって世界の海は史上初めて海賊の脅威から解放された。最後の大物海賊パンダ号が拿捕されたのは一八三五年のことであった。列強の世界進出は、蒸気船や蒸気機関車、電信の発明による交通・情報革命と平行し、またそれによって支えられていた。

かつてイギリス東インド会社は、戦争を行い、条約を結び、植民地を支配する権限をもっていた。いまやそれらは国家の海軍省や外務省、植民地省の仕事になる。それにともなって貿易の独占も廃止されて、自由貿易商人（Free trader）と呼ばれる民間商人が進出する。ＰＯ汽船会社のような海運会社や植民地銀行、海上保険会社が彼らの活動を支えた。

地方新聞も貿易商人をバックアップした。一八四五年に香港で『チャイナ・メイル』、一八五〇年には上海で『ノース・チャイナ・ヘラルド』が創刊された。これらの新聞は電信網の拡大にともなって、商業情報をすばやく、かつ広く提供するとともに、貿易商の主張を代弁する役割も果たした。

海外貿易の中心地となった横浜は、船や電信によってもたらされる世界の情報を日本各地に伝えるとともに、日本の情報を世界に発信する情報基地となり、ジャーナリズム発祥の地となった。

東回り航路と西回り航路が交差する横浜には、貿易商人や外交官、軍人だけではなく、画家や写真家、音楽家、俳優などもやってきた。その多くは旅行者だったが、なかには横浜に腰を落ち着ける人もいた。彼らによって居留地に西洋の文化が移植され、それを学び摂ろうとする日本人も集まった。

ジャーナリストや芸術家の何人かが横浜外国人墓地で永眠している。

ブラック父子

Black, John Reddie（Roderick), 1826.1.26-1880.6.11
Black, Henry James, 1858.12.22-1923.9.19
イギリス　9区29

ジョン

日本に欧米流のジャーナリズムをもたらしたのはイギリス人ハンサード（Albert William Hansard)

であった。ハンサードは一八六一（文久元）年に来日し、六月二十二日、長崎で週二回刊の新聞『長崎シッピング・リスト&アドヴァタイザー』を創刊した。その後、横浜に移り、競売業を営みつつ、十一月二十三日、毎土曜日夕方発行の週刊新聞『ジャパン・ヘラルド』を刊行した。一八六三年十月二十六日には、広告主体だが日本最初の日刊朝刊紙『デイリー・ジャパン・ヘラルド』を刊行している。

ジャパン・ヘラルドの編集者となるブラックは、スコットランドのファイフシャー州ダイサートで海軍軍人の家に生まれた。ロンドンのクライスツ・ホスピタルで学び、海軍士官を目指したと伝えられる。一八五三年、エリザベスと結婚した。しかし、海軍軍人に向かないと考えたらしく、翌年七月二十六日、エリザベスとともにロンドンを出発、十月二十九日、南オーストラリアのアデレードに移住した。そこで長男ヘンリーが生まれている（参考194）。ブラックがそこで何をしていたのか、詳しいことは分からない。コッキングの回顧録「日本にやって来たある流浪人の哲学」（参考195）によれば、オーストラリアの金鉱では「有名なコンサート歌手」であった。しかし、そこでの生活も不本意だったようだ。

オーストラリアを離れたブラックはしばらくインドに滞在した。フリーメーソンの記録によると、一八六三年六月二十四日、インド北西部パンジャブ地方のシムラで「ヒマラヤ兄弟団（Lodge of Himalayan Brotherhood）」という支部に加入している。職業は「歌手」と記されている。同年九月二十二日にはインド北部ムスーリーの支部(Dalhousie Lodge of Mussoorie & Deyrah)に移った(参考196)。

インドでの生活も不本意だったらしく、帰国を決意したブラックは、一旦上海に立ち寄り、一八六四年六月、ロイヤル・オリンピック劇場で「さよなら独唱会」を開いている（参考197）。その後、ピアノ伴奏を務めたチゾルム（Marquis Chisolm）とともに来日し、八月から九月にかけて、居留地五三番地に止宿しながら隣の倉庫でミニ・コンサートを開催した。このことが、彼のその後の人生を決定付けることになる。

ブラックがプロのテノール歌手として横浜にデビューしたという事実は、ブラック＝ジャーナリストという先入観に囚われた目でみると意外に思われるが、ここまでの経緯を知っている者にとっては何も意外なことはない。

初回の八月二十二日には、チゾルムの伴奏で「涙とほほえみ（Smiles and Tears）」と題して計一四曲を熱唱した。入場料は指定席三ドル、自由席二ドルであった。二十九日に行われた二回目の公演では、蝶の舞（Butterfly Trick）のアサキチサンと競演している（参考188）。これが「最初で最後」のはずだったが、好評につき九月十三日には手品師の隅田川浪五郎と十八歳の娘コマン、十五歳で綱渡りの息子コナミを出演させ、十九日には浪五郎とアサキチサンを共演させた（参考198）。

余談ながら、アサキチサンは独楽廻しの松井源水らとヨーロッパへ渡った浅之助と考えられている。コマンは正しくは浪五郎の妻とわ、コナミはとわの弟で養子の松五郎である。一八六六年十二月、源水らはロンドンへ、浪五郎一家はリズレーらと日本帝国一座のメンバーとしてニューヨークへ渡った。日本人芸人の海外公演第一号である。松五郎はのちにドイツ人の女性と結婚するが、日本語を忘れてしまったのか、日本政府に身分証明を求める書類をドイツ語で送っている（参考199）。

ブラック自身も周囲の人々も「お別れコンサート」のつもりだったのだが、そうならなかった。十一月、ブラックは競売業のハンサード商会に入社し、翌一八六五年四月二十六日には同社の共同経営者兼ジャパン・ヘラルド社の編集者となった。腰を据える覚悟を決めたのであろう、十一月八日に夫人と長男ヘンリーが来日している。その頃、ハンサードは健康を害しており、八月に帰国、翌年五月五日、ロンドンで死去した（参考200）。

翌一八六七年、ハンサードの娘婿のワトキンス（Albert Thomas Watkins）が来日してジャパン・ヘラルド社の社主となった。しかし、ワトキンスは社員と折り合いが悪かった。そこで、社員たちはノールトフーク＝ヘフトら数人の商人から支援を受けながら、ブラックを編集長として、一八六七年十月十二日、『ジャパン・ガゼット』を創刊した。広告を主体とするジャパン・ヘラルド社の日刊朝刊紙に対して、時事ニュースを主体とする日刊夕刊紙として新機軸を打ち出した。

ブラックは『ジャパン・ガゼット』だけでは満足しなかった。一八七〇年五月三十日に、写真を紙面に貼り付けたユニークな新聞『ファー・イースト』を創刊し、一八七五年八月三十一日号まで刊行した。写真製版技術が開発されていなかったので、写真そのものを貼り付ける他なかったのだが、結果として、変革期の日本の風景や出来事が高画質の画像で記録されることになった。西洋文明の受容の産物である鉄道や洋風建築とともに、江戸時代から続く町並みや生活にもカメラが向けられており、当時の日本に対するトータルな関心が示されている（参考201）。

明治五（一八七二）年三月十七日には、ポルトガル人ダローザの協力を得て、日本語の日刊紙『日新真事誌』を刊行した。当時、日本政府は文明開化政策の一環として新聞を保護・育成していた。『日新真事誌』は立法審議機関だった左院と契約を結び、記事の提供を受けることになった。同様に大蔵省は『ジャパン・メイル』を定期購入することによって保護し、政策を海外に伝える手段とした。

しかし、蜜月関係は長くは続かなかった。欧米人ジャーナリストにとって政府と協力することは従属を意味するものではなかった。『日新真事誌』は一八七四年一月十八日号に板垣退助らの「民撰議院設立建白」を掲載した。ジャパン・メイル社のハウエルも同年八月十一日、ロンドンの『タイムズ』に日本の台湾出兵を批判する意見を投稿した。この頃、政府部内では内務省を中心に、新聞弾圧と言論統制の政策が優勢になった。

邪魔になったブラックに対して政府の打った手は、権力者がよく使う「飼い殺し」であった。一八七四年十二月、ブラックは民撰議院設立準備のためという口実で左院法制課に雇用された。その条件として『日新真事誌』からも『ジャパン・ガゼット』からも手を引いた。しかし、翌年左院が廃止され、七月十日に正院翻訳局に転属となっても仕事は与えられず、九月十二日限りで解雇となった。

ブラックを失った『日新真事誌』は、一八七五年十二月五日号をもって廃刊に追い込まれた。『ジャパン・メイル』も同月二十五日号を最後に、政府から定期購入の契約を打ち切られた。翌年一月六日、ブラックは『万国新聞』を発刊するが、日本政府の圧力により一号限りで廃刊となった。(参考202、203、204)

一八七六年四月、失望したブラックは上海に渡り、ファー・イースト社を設立して、写真貼り付けの『ファー・イースト新シリーズ』や夕刊紙『上海マーキュリー』を刊行した。

一八七九年六月、健康を害したブラックは療養のため横浜に戻った。小康を得てイギリスへ帰るつもりだったのに、開国以降の日本の年代記の執筆に没頭してしまう。小冊子の予定だったものが、『ジャパン・ガゼット』や『ファー・イースト』はもちろん、『ジャパン・ヘラルド』や『ジャパン・メイル』のバック・ナンバーも参照して書き続けるうちに、今日『ヤング・ジャパン』(*Young Japan*, London, 1880-81)として知られる大著になった。外国人が日本に与えた影響や居留地の歴史を中心に、一八六六年六月までを第一巻として印刷にかかり、一八八〇年一月八日に「まえがき」を執筆、さらに第二巻を書き進め、西南戦争の直前までできたところで、六月十一日、脳卒中のために急死した。

ジャーナリストとして活躍するようになってからも、ブラックの歌唱力は健在だった。一八七三年五月に設立された横浜合唱協会の中心メンバーであり、一八七五年十二月二十九日には本町通りゲーテ座で独唱会を開いている。スコットランド出身者の集まりである聖アンドルー協会の役員も務めていた。創立時からの日本アジア協会の会員でもあった。

横浜在住者によるフリーメーソンの最初の支部である横浜ロッジは、一八六五年六月二十六日、居留地三七番地のブラック邸で設立された。ブラックはその後、一八六九年七月二十九日に新設された「お天道様ロッジ」に移り、最高位のマスターに就任している。

未亡人となったエリザベス（Elizabeth Charlotte, 1832-1922.10.7）は日本に留まり、娘のポーリン（Elizabeth Pauline, 1869.7.25-1945.6.8）とともに東京に住んで、福沢諭吉など日本人上流階級の家庭で英語を教えた。二人とも熱心なイギリス聖公会の信徒であり、小笠原島で伝道事業に携わったこともある。二人は日本人社会で生活しながらも、イギリス人の価値観に従って生きたように見える。エリザベスは一九二二年、九十歳で死去、ポーリンは太平洋戦争のさなかの一九四五年、七十五歳で死去、ともに九区のブラックの墓で永眠している。

長男のヘンリーは父親からエンターテイナーの資質を受け継いだようだ。ブラックが上海に滞在中の一八七六年七月、浅草の芳川亭で柳川一蝶斎とともに奇術を披露している。柳川一蝶斎とは、父ブラックが歌手として横浜にデビューした際に共演したアサキチサン（のち蝶十郎）の師匠に当たる人物だと思われる（参考199）。

一八七八年には講釈師松林伯円《しょうりんはくえん》から演説術を学び、十二月に伯円とともに横浜の寄席富竹亭に出演した。翌年、父が横浜に戻ると、二人で演説会に呼ばれることもあった。父は英語で、ヘンリーは日本語で、自由民権運動を側面援助するような内容の演説を行った。ヘンリーはその後、放牛舎桃林の門に入って講釈を学び、さらに三遊亭円朝の率いる三遊派に加わって落語を学んだ。落語家としては快楽亭ブラックを名乗った。

ヘンリーは一八九三年四月、浅草の菓子商石井ミネの娘アカの婿養子になり、日本に帰化して石井貎刺屈《ブラック》となった。親日派を自認する外国人は多いが、「大英帝国の臣民」として生まれながら、その価値観に従わず、日本人の価値観に同化したヘンリーのような人はきわめて珍しい。関東大震災直後の一九二三年九月十九日、東京の自宅で死去したが、両親の眠る墓に埋葬された。（参考205）

次男のジョン・レディ二世（John Reddie, 1867.4.6-1929.9.10）はイギリスで学んだのちサムエル・サムエル商会に入社し、一八九〇年に神戸、翌年横浜に赴任した。一九〇八年、イギリスでキルビーの長女ヘレン・ドロシー（Helen Drowthy）と結婚した。再来日後は神戸に勤務し、神戸クラブの会長を務めた。一九二九年に死去し、神戸の春日野墓地に葬られた。

岳父のイギリス人キルビー（Edward Flint Kilby, 1851ca.-1903.10.4）は一八七三年五月に来日し、最初はハドソン・マルコム商会に勤務、一八八四年に独立してキルビー商会を興した。ヴィクトリア・パブリック・スクールの設立に尽力し、外国人商業会議所、クライスト・チャーチ、山手病院、居留地消防隊の委員を務めた。スポーツマンでもあり、横浜クリケット＆アスレチック・クラブの会長を務めている。日本アジア協会の創立時からの会員であり、フリーメーソンの重鎮でもあった。要するに、絵に描いたような英国紳士だった。キルビーは一一区で永眠している。（参考206）
イギリス人の価値観に忠実に生きたジョン・レディ二世やポーリンが、日本人の価値観に同化した兄のヘンリーと疎遠だったのは、「運命のいたずら」とでも言うほかない。

アングリン

Anglin, James Raymond, 1842ca.-1891.6.8
イギリス　21区37

一八六三年五月十三日、ポルトガル人ダローザが横浜で二番目の英語の新聞として『ジャパン・コマーシャル・ニュース』を創刊した。一八六五年五月二十四日付一〇七号をもって休刊したが、イギリス人リッカビーがその印刷所を買収し、九月八日に『ジャパン・タイムズ』を刊行した。
モスの回顧談「種々雑多な面白い思い出」（参考207）によると、ジャパン・タイムズ社の社員の大半は、横浜に駐屯していたイギリス陸軍第二〇連隊の兵隊であった。アングリンもその一人だった。一八六八年中、ジャパン・ガゼット社に移って職工長となり、一八七五年、ブラックの退社後、社主となった。
一八七七年からはタルボットが共同経営者兼編集長となり、『ジャパン・ヘラルド』とともに、日本政府に対する批判的な論調で知られた。一八九〇年にラウダーが社主になるとその傾向はいっそう強まり、デニング編集長のもとで条約改正反対の論陣を張った。一八九七年から一九〇八年まではマーチンの所有となった。その後、経営難に陥り、紙面を縮小しつつ刊行を続けたが、関東大震災による打撃から立ち直れなかった（参考208）。

アングリンは畜産の知識ももっていたらしい。一八七〇年から翌年にかけて、レヴィッヒ・アングリン商会（Rewig, Anglin & Co.）の名で豚肉商を営んでいたことがある。また、一八八二年から一八八六年にかけて、山手五一番地でジャパン牧場（Japan Dairy）を経営し、ジャパン・ガゼット社を牛乳販売所としていた。新聞と牛乳をいっしょに配達していたのではないだろうか。フリーメーソンではイングランド系の横浜ロッジや「お天道様ロッジ」に属していた。

ブルック

Brooke, John Henry, 1826-1902.1.8

イギリス　21区14

ブルックは一八七〇年、『ジャパン・ヘラルド』の編集長となり、翌年十月、ワトキンスに替わって社主となった。以後、三〇年に亘って社主兼編集長を務め、『ジャパン・ガゼット』とともに、横浜の外国人居留民の意向を代弁する新聞として、とくに条約改正問題をめぐっ

て日本政府に対する批判的な主張を掲げ、親日派の『ジャパン・メイル』と論戦を繰り広げた。

ブルックはイングランド東部リンカンシャー州ボストンの生まれ。父は『スタンフォード・マーキュリー』という新聞の編集長をしていた。ブルックも『リンカンシャー・タイムズ』の記者としてジャーナリズムの世界に足を踏み入れた。合金や写真の研究も行っており、ロンドン高等専門学校（London Polytechnic）で講師を務めたこともある。

一八五二年、オーストラリアのヴィクトリア植民地に移住、『メルボルン・モーニング・ヘラルド』の記者を務める一方、政界に進出し、ジーロング選出の立法評議会議員となった。短期間だが閣僚に就任したこともある。しかし、政争に巻き込まれて辞任せざるをえなくなり、オーストラリアを離れ、横浜で父親譲りのジャーナリストとして生涯を送ることになった（参考209、210）。

一八六七年四月二十一日、ブルックはシンガポール号で横浜に到着した（参考211）。ブルック家には妻のハリエット、ガーティ（Gertrude）とマーベルの二人の娘、それにオーストラリア産のメス馬がいた。若い女性の少なかった当時の外国人社会で、馬を優美に乗りこなすガーティは若い男性たちの注目の的になり、舞踏会では人気を独り占めにした。そのガーティを射止めたのはスミスだった。

ABというイニシャルの古参居留民（アーサー・ブレントだと思われる）の回顧談「六〇年代の横浜」によると、数々の公共事業に尽力したことから「公共心の権化（Public Spirited）」という異名をもつイギリス人スミス（William Henry Smith）は、ジャパン・ヘラルド社の社主の娘と結婚したという（参考212）。スミスは三十歳、ガーティは十九歳だった。

スミスは一八六二年、公使館警備のための海兵隊軽騎兵隊中尉として来日し、現地除隊ののち居留民のためにさまざまな事業を企画・実施した。一八六三年にイギリス人のためのユナイテッド・サービス・クラブ、翌年にはすべての外国人のための横浜ユナイテッド・クラブを設立した。一八六五年、収益を寄付する目的で横浜ウォッシング・エスタブリッシュメントという洗濯所を開設、その間、山手に農園を開き、養豚や西洋野菜の栽培を行った。一八七三年にはグランド・ホテルの総支配人になった。

スミスはとくに山手公園の整備に力を入れた。山手に外国人用の公園を造ることを定めた「横浜居留地改造及競馬場墓地等約書」の第一〇条はなかなか実施されなかった。一八七〇年一月十一日、ベンソンとスミスらが居留民を代表して日本政府に正式に申請し、ようやく実現に向けて動き出す。山手居留地に隣接する妙香寺の境内の一部が公園用地として用意されたが、造成費用や借地料は居留民が負担しなければならなかった。スミスは資金集めに奔走し、六月四日、開園にこぎつける。その後も園内で資金集めのためのフラワー・ショーやドッグ・ショーを開催して借地料や維持費を捻出した。

山手公園に付加価値を与えたのはブルックだった。一八七九年、インドのカルカッタ（現コルカタ）からヒマラヤスギの種を取り寄せて植えたのである。鳴海正泰氏は『横浜山手公園物語』（参考213）の中で、「山手公園に貢献した二人の外国人」として、ブルックとその娘婿スミスの名を挙げている。

ヒマラヤスギは山手公園だけではなく、山手を中心として各地に植えられるようになり、日本人から「ブルーク松」あるいは「ブロック松」などと呼ばれた。バラは「新しい日本の建国功労者」（参考163）の中で述べている。「ヒマラヤ杉が横浜やその外の町の、多くの公共の場に美観を添えているが、これこそ彼（ブルック）が第二の故郷にしたこの国とこの市にもたらした、最も長続きし最も貴重な貢献をしたもの」であると。

ブルックは創立時からの日本アジア協会の会員だった。夫人は婦人慈善協会の会長を務めている。『ジャパン・ヘラルド』はブルックの死後急速に衰退し、一九〇五年にはドイツ人四人が共同で経営するドイツ系英字紙となった。ドイツは第一次世界大戦で日本の敵国となったため、一九一五年に発行停止となり、半世紀に及ぶ歴史に幕を下ろした。

ミークルジョン

Meiklejohn, Robert, 1846.7.16-1904.6.16

アメリカ　4区72

横浜の三大英字紙『ジャパン・ヘラルド』『ジャパン・ガゼット』『ジャパン・メイル』はいずれもイギリス系であった。フランス系の『エコー・デュ・ジャポン』や『クーリエ・デュ・ジャポン』もあった。唯一のアメリカ系新聞を発行したのがミークルジョンである。ミークルジョンは一八七三年頃来日、当初ジャパン・メイル社、次いでジャパン・ヘラルド社で植字工として働き、一八七五年に印刷業のミークルジョン商会を設立した。最初の大きな仕事は『東京タイムズ』の印刷・販売であった。これはジャパン・メイル社と定期購入の契約を打ち切った日本政府が、一八七七年一月、アメリカ人ハウス（Edward Howard House）に補助金を与えて刊行させた英語の新聞だが、ハウスも政府の意のままにはならず、一八八〇年六月二十六日号をもって廃刊となった。

ミークルジョンの印刷技術には定評があり、多くの雑誌や書籍の印刷を手がけた。雑誌では『日本アジア協会紀要』の印刷をジャパン・メイル社から引き継ぎ、一八七九年以降一九〇〇年まで受け持った。評論誌『クリサンセマム』(*The Chrysanthemum*)の印刷も手がけた。ワーグマンの『ジャパン・パンチ』は一八八三年十二月号以降、木版から石版に変わるが、その印刷を担当し、一八八六年二月以降は発行所ともなった。ワーグマンの画集『日本の風景』(*A Sketch Book of Japan*)も印刷している。書籍ではE・サトウと石橋政方の共著『英和口語辞典』やアストンの『日本文語文典』など。後者の巻末付録には日本古典の複製が収録されている。

ミークルジョンは一八八六年から在日外国人の商工名鑑『ミークルジョンズ・ジャパン・ディレクトリー』(のち『ジャパン・アドヴァタイザー・ディレクトリー』)の刊行を始めた。一八九〇年十一月にはアメリカ系で唯一の新聞『ジャパン・デイリー・アドヴァタイザー』を創刊した。当初は広告主体の簡単な紙面だったが、翌年ジャパン・メイル社からロバート・ヘイを引き抜いて編集長に迎え、さらにその翌年、クイントンを記者兼副編集長に据えて紙面を充実させた。

一九〇〇年、ミークルジョンは事業をナップ(A.M.Knapp)に譲って引退、四年後の一九〇四年に死去した。五年後に死去したユキ夫人(Elizabeth Yuki, 1857.7.6-1909.11.25)とともに四区で永眠している。会社はアドヴァタイザー出版社(The Advertiser Publishing Co.)と社名を変えつつ、その後も存続した。(参考214、215)

イギリス人ロバート・ヘイ(Robert Hay, 1857ca.-1909.7.17)はスコットランドの出身。一八八三年に来日してジャパン・メイル社の記者となった。一八九七年、社主となったマーチンの招きでジャパン・

ガゼット社に移り、翌年編集長になった。一八九一年には『ジャパン・デイリー・アドヴァタイザー』の編集長になったが、ミークルジョンが引退した一九〇〇年、ジャパン・メイル社に戻って副編集長や支配人を務めた。一九〇九年に死去し、八区で永眠している（参考216）。ミークルジョンもヘイもフリーメーソンではイングランド系のロッジに属していた。

イギリス人クイントン（Arthur William Quinton, ?-1907.11.16）は香港のチャイナ・メイル社で経験を積み、一八八七年頃来日、『ジャパン・ガゼット』『ジャパン・ヘラルド』『ジャパン・メイル』を渡り歩いたヴェテラン記者であった。ヘイ同様、ミークルジョンが引退した一九〇〇年、ジャパン・メイル社に戻り、一九〇七年に死去するまで勤務した。一三区で永眠している（参考217）。

ワーグマン

Wirgman, Charles, 1832.8.31-1891.2.8

イギリス　16区9

世界を支配するためには世界を知的に征服すること、つまり認識しなければならない。西洋諸国による世界認識は当初、探検家や征服者によって行われていたが、やがて博物学者が各地で活動するようになる。日本にもオランダ連合東インド会社の社員として、ケンペルやシーボルトらの学者がやってきた。かれらは研究の一環として画

像を収集した。世界を股に掛けて植物を採集する人のことをプラント・ハンターと言うのになぞらえて、世界各地で画像の収集に当たる人をイメージ・ハンターと呼ぶことができる。

十九世紀になると、画家や写真家など専門のイメージ・ハンターの活動が盛んになり、その成果は写真集や絵入り新聞の挿絵となって広く普及した。絵入り新聞の先駆けとなった『絵入りロンドン・ニュース』が創刊されたのは一八四二年、翌年にはパリで『イリュストラシオン』、ベルリンで『イルストリールテ・ツァイトゥング』が創刊されている。

イギリスから出発して日本に到達した三人のイメージ・ハンターが知られている。東地中海出身のイギリス人写真家ベアト（Felice Beato）は、一八五五年、クリミア戦争の取材のために政府から派遣され、そのままインドから中国へ、そして日本にやってきた。スイス人写真家ロシエ（Pierre Joseph Rossier）は、一八五八年、ロンドンのヴェンチャー企業ネグレッティ&ザンブラ社から中国に派遣され、翌年横浜開港と同時に来日した。『絵入りロンドン・ニュース』から派遣されたのがワーグマンである。

ワーグマンはロンドンの出身。どのように絵画を学んだのか、パリやブリュッセルで修業したらしいが、詳しいことは分かっていない。分かっているのは、二十四歳で『絵入りロンドン・ニュース』の特派画家兼通信員に採用されて中国に派遣されたことである。初仕事となるマルセイユとマルタ島でのスケッチは、「中国への道」というタイトルで、一八五七年四月十八日号に掲載された。

ロシエやワーグマンが中国に派遣されたのは、一八五六年に中国とイギリス、フランスとの間にアロー号戦争（第二次アヘン戦争）が勃発し、中国に対する関心が高まっていたからである。ワーグマンは一八五七年四月頃、香港に到着、ここを拠点にフィリピンや広州、台湾に足を運び、スケッチと記事を送っている。一八六〇年六月には北京に進軍する英仏軍に同行した。この時、イギリス軍の従軍カメラマンに指定されていたベアトと行動をともにしている。指定されなかったロシエは従軍せず、初代総領事（のち公使）として日本に向かうオールコックに同行し、三人の中で最初に来日することになった（参考218）。

ワーグマンは一八六一年四月二十五日、ＰＯ汽船のチュウザン号で長崎に到着した。直後の六月一日からはオールコック一行とともに陸路江戸まで旅をした。その際のスケッチはオールコックの著作『大君の都』に収録されている。七月四日に江戸に到着した翌日の夜、イギリス公使館が置かれていた高輪の東禅寺が水戸浪士に襲撃される事件に遭遇した。その際に目撃した光景を描いたスケッチは『絵入りロンドン・ニュース』のスクープとなった。

横浜に落ち着いたワーグマンは、翌一八六二年五月頃、イギリスで流行していた漫画雑誌『パンチ』に倣って、ライフワークとなる漫画雑誌『ジャパン・パンチ』の刊行を始めた。理由は不明だが、十一月頃、ワーグマンは日本を離れ、一旦帰国している。そのため『ジャパン・パンチ』は三号で中断した。

一八六三年六月二十一日、ワーグマンはイギリス軍艦コーモラント号に乗船して再度来日した。同じ頃来日したベアトといっしょに仕事をすることが多くなり、一八六四年中、居留地二四番地にベアト＆ワーグマンという共同のスタジオを構えた。同年八月二十九日、二人ともイギリス軍の旗艦ユーリアラス号に搭乗し、イギリス、フランス、オランダ、アメリカ四か国連合艦隊の下関砲撃に従軍している。

十一月にはいっしょに鎌倉へ行った。途中、二十一日の午前十一時頃、江の島でイギリス陸軍第二〇連隊のボールドウィン少佐とバード中尉に会っている。その日の夜七時頃、藤沢の宿にいた二人のもとに、両士官が殺害されたというニュースが届いたのであった。二人は東海道を通って横浜へ戻った。

一八六五年から、不定期刊だがおおむね月刊の『ジャパン・パンチ』第二シリーズを刊行した。一八六七年中にベアトとの共同経営を解消し、翌年居留地一三七番地に移った。その後も鉄道開通や西南戦争など、日本の出来事を絵と文で記録し、『絵入りロンドン・ニュース』に送るとともに、居留地の出来事を題材とする漫画を『ジャパン・パンチ』に掲載し続けた。一八七二年以降、表紙に刊行月が記されるようになり、正式に月刊となる。長らく木版刷りだったが、一八八三年十二月号以降、ミークルジョン社が石版で印刷するようになり、一八八六年二月からは同社が発行所となった。最終号は一八八七年三月号、約二五年間にわたり、二二〇冊余が刊行された。

『ジャパン・パンチ』には居留地で実際に起きた事件を題材とする漫画が多く、読者の似顔絵が登場するユニークな雑誌だった。それが二五年間にわたって刊行されたのは、多数の愛読者がいたからだが、それはおおむねイギリス人だったようだ。

その一人、イギリス人モスは回顧談「種々雑多な面白い思い出」(参考196)のなかで、「私たち全員が彼の鮮やかなスケッチと洒落を長い間楽しんだ。彼は、本当に温和で親切な人物だった。『パンチ』に掲載されたスケッチは巧みで、要を得ていたし、初期の横浜の歴史を表しているので、古い住人たちは珍重した」と述べている。

同じくイギリス人のモリソンも『横浜の思い出』の中で、「『ジャパン・パンチ』を、人々はたいへん楽しみにしていた。しかし、ワーグマンの題材として自らが描かれそうな人には不安もあった」と述べている。

しかし、フランス人の中には「不安」くらいでは済まない人もいた。カションの神父と言えば、一八六六年中、幕府に接近し、イギリスに対抗して有利な地位を占めようとしたフランス公使ロッシュの片腕として活躍した人物だが、『ジャパン・パンチ』の同年七月号には、ロッシュに後押しされるカションが描かれており、「公使に支援されたメフィストテレス（悪魔のこと）」と記されている。スイス人ブレンワルトの日記によると、たびたびカションが攻撃されることに激怒したフランスの軍人が、ワーグマンに決闘を申し入れ、ワーグマンが応じなかったので、鞭で痛めつける事件があったという。漫画を描くのも命がけだったようだ（参考219）。

そういうわけだから、イギリス軍人ジョーンズ＝パリーが「ワーグマンのいない横浜は、法王のいないローマのようなものだ」というのはそうとう割り引いて受け取らなければならないが、ワーグマンに対する追悼記事が「横浜でもっとも広く、かつ深く愛された人物の一人であった」と述べているのは、イギリス人社会にあっては事実であったろう（参考220、221）。

ワーグマンは高橋由一、五姓田芳松など、黎明期の日本洋画界を担った画家を育てた。また、『ジャパン・パンチ』は『絵新聞日本地』や『団々珍聞《まるまるちんぶん》』など、日本人の手になる風刺雑誌の刊行を促し、それらに影響を与えた。

『ジャパン・パンチ』廃刊後の一八八八年、ワーグマンはイギリスに帰国し、弟のセオドア・ブレーク（Theodore Blake）とともに展覧会を開いた。日本に戻った頃には精神を患っており、闘病生活ののち、一八九一年二月八日、五十八歳で死去、一六区に埋葬された。命日には現在も有志の手で墓前祭「ポンチ・ハナ祭」が開かれている。（参考222）

ワーグマンは再来日した年の一八六三年、小沢カネと結婚し、翌年には長男一郎が誕生している。モスによれば一郎も「父親譲りの画才を受け継ぎ、多くの作品を描いた」というが、プロの画家にはならなかった。カネは一八九七年に死去し、善行寺（現在中区西之谷町）に葬られた。一郎の建てた墓碑にはワーグマンの戒名「包護院常念日厚信士」も刻まれている。

ソーン父子

Thorn, Edgar Vooris, 1847.9-1912.2.4

Thorn, Charles Hasting, 1881.8.19-1938

アメリカ　11区70

エドガー（左奥）、チャールズ（中央下）

横浜で漫画雑誌を出版した人にはワーグマンの他にフランス人ビゴー（Georges Ferdinand Bigot）とアメリカ人ソーンがいる。

ビゴーは一八八二年に来日し、一八八七年二月十五日から一八八九年にかけて月二回『トバエ』を刊行した。『ジャパン・パンチ』の最終号（一八八七年三月）には『ジャパン・パンチ』の太陽が『トバエ』の月に隠れてしまう絵が描かれている。逆に『トバエ』の同年四月十五日号（五号）には、『トバエ』と握手をして岸を離れる『ジャパン・パンチ』の船が描かれている。廃刊となる『ジャパン・パンチ』が『トバエ』を後継誌に指名したという寓意であろう。

『ジャパン・パンチ』には日本の政治も居留地の出来事も取り上げられていたが、『トバエ』は鋭い政治風刺に本領を発揮した。ビゴーは一八九〇年、『トバエ』に替えて『ポタン・ド・ヨコ』を発刊した。これには居留地の出来事を題材とした漫画も多い。同じ頃、ソーンも『月刊絵入りボックス・オブ・キュリオス』という漫画雑誌を発行した。

ソーンは経歴からみて画家ではなく実業家であろう。ニューヨーク州ニュー・ロウシェルの生まれ。一八五二年カリフォルニアに移住し、パシフィック大学を卒業後、サンフランシスコの商社に勤務、一八七三年にはサンタ・クララに移り、サンタ・クララ銀行の支配人となった。その後サンフランシスコのキャッスル兄弟商会に勤めた。ここで長男のチャールズが生まれている。

一八八七年十一月二十八日に来日し、東京京橋のジャパニーズ&アメリカン貿易会社の支配人となった。一八八九年、横浜で印刷業を始め、『ボックス・オブ・キュリオス』という小さな広告紙を出版、しばらく後に週刊紙とした。これとは別に『月刊絵入りボックス・オブ・キュリオス』という月刊誌も出版していた。しかし、残念ながら、どちらもそれぞれ一号分しか現存しておらず、詳しいことは分からない。「キュリオ（珍品）の箱」という題名から推測されるように、滑稽を主体としたものだったことは確かである。

現存する『月刊絵入りボックス・オブ・キュリオス』一八九二年五月号（横浜開港資料館・ブルーム文庫所蔵）は、ほぼすべて居留地の出来事を題材とした風刺画で構成されている。『ジャパン・パンチ』や『ポタン・ド・ヨコ』の系譜に属するものだと言える。

作者は不明だが、社員にオーストラリア出身の画家ナンケベル（F.A.Nankivell）がいたことがある。

のちにニューヨークに渡って『パック』誌の刊行に携わった。『ボックス・オブ・キュリオス』で漫画界にデビューした北沢楽天はナンケベルから多くを学んだという。北沢は一九〇五年、『パック』にちなむ『東京パック』という漫画雑誌を刊行し、一世を風靡した。

ボックス・オブ・キュリオス社の事業は順調に発展し、一九〇三年には長男チャールズも経営に加わった。最盛時にはアーチスト・植字工・印刷工・製本工あわせて百人をかかえ、横浜の代表的な新聞社、ジャパン・ガゼット社に匹敵する規模となっている。（参考223）

ソーンはフリーメーソンの有力メンバーであり、イングランド系極東ロッジの最高位に就いたこともあった。一九一二年二月四日、病気療養のために出かけたマニラで客死し、チャールズが事業を継承した。一九一五年にはゴルフ雑誌『バンカー』（The Bunker）を出版している。会社は一九二三年の関東大震災まで存続した。

チャールズはテニスの名手であり、また、横浜フィルハーモニック協会の役員や、一九〇四年にできたビージュ・オーケストラ（Bijou Orchestra）、それを母体として一九一四年に設立された横浜アマチュア・オーケストラ（のち横浜オーケストラ協会）の指揮者を務めるアマチュア音楽家でもあった。横浜文芸音楽協会の音楽委員やアマチュア・ドラマチック・クラブの会長、山手ゲーテ座の運営母体であるファーイースタン・パブリック・ホール株式会社の社長も務めた。一九三八年に死去し、父エドガー、母フランシス（Frances Hastings, ?-1910）、姉エドナ（Edna, 1878.4.14-1902.4.28）とともに一一区で永眠している。

フリーマン

Freeman, Orrin Erastus, 1830.9.9-1866.8.16

アメリカ　22区46

十九世紀中頃、カリフォルニアでのゴールド・ラッシュと北太平洋での捕鯨の盛況によって、アメリカ人の関心が西方に向けられるようになる。その関心に応えるべく、イメージ・ハンターも西へ向かう。その中の一人、カメラマンのH・R・マークスは、イギリスから東へ向かった人々より早く、日本人のイメージをキャッチした。一八五一年、前年の冬に遭難した栄力丸の乗組員たちの撮影に成功したのである。その成果は、アメリカで『絵入りロンドン・ニュース』に相当する役割を果たした新聞『イラストレーテッド・ニュース』一八五三年一月二十二日号に挿絵として掲載された。翌一八五四年には、ペリー提督の率いる日本遠征艦隊の随行カメラマン、エリファレット・ブラウン・ジュニアが横浜や下田で日本人を撮影した。

開港後、横浜で日本初の営業写真館を開設したのはアメリカ人のフリーマンであった。

フリーマンはボストンの出身。フォッグ兄弟商会の上海支店で働いていた弟のアルバート（Albert Lamper）の伝手で、一八五九年二月二十一日、上海に渡り、四月に蘇州で写真館を開いた。しかし、うまくいかなかったらしく、七月には上海に戻り、二十一日付で『ノース・チャイナ・ヘラルド』に写真館の開業広告を出している（参考224）。

一八六〇年初頭、フリーマンは横浜にやってきて写真館を開いた。現在では忘却の彼方に沈んでしまったフリーマンの写真館だが、当時一部の日本人の間では話題になったようだ。日本の化学の祖とされる洋学者川本幸民は、万延元（一八六〇）年五月七日付書簡で、最近横浜に代金を定めて肖像写真を撮る「米人」がいるようなので、写されに行きたいと述べている。

「寺島宗則自叙年譜」の安政六（一八五九）年の部分に、横浜に「写真ヲ為ス洋人」が来たので写真を撮ってもらった、その「玻璃《はり》板ノ自影」が今も存在する、という記述がある。「玻璃板ノ自影」とは、ガラス上のネガ像のバックを黒くしてポジ像に見せるアンブロタイプという技法の写真のことである。寺島が運上所の通訳官として横浜に滞在していたのは、安政六年七月から翌万延元年七月までのことなので、その間に撮影してもらったことになる。

また、石井研堂の『明治事物起源』（参考225）には、「米国人某」が万延元年三月に撮影した津田仙（農学者、津田塾大学を創設した津田梅子の父）の肖像写真を見たことがあると記されている。

これらはフリーマンの写真館のことだと思われるが、残念ながら写真は失われてしまった。しかし、幸いにもそうした写真の一枚が現存する。それは旧幕臣の洋学者で、明治時代には兵器製造部門のトップになった大築尚志《たかゆき》のアンブロタイプの肖像写真である。沼津市明治史料館に関係史料とともに保存されている。関係史料によると、万延元年六月十五日、横浜で「亜墨利加人フリーメン」が撮影した。代金は金一分と、きわめて高価だった。

もう一枚、フリーマンの撮影と推測される写真が存在する。それは出島松造が「米国人ソーヨ」に雇われてアメリカに密出国する直前の万延元年末に撮影された。「米国人ソーヨ」とはショイヤーの次男フランクのことだと思われる。出島は明治元（一八六八）年に帰国し、北海道開拓使で働いたのち、晩年には横浜植木株式会社の役員を務めた。

フリーマンの写真館はもちろん初期の居留外国人には記憶されていた。ロジャースの回顧談（参考130）によると、「フリーマンが初めて貿易品としてカメラとその付属品をもたらし、数か月間写真家として開業した。残念ながら、撮影したのは肖像写真だけで、しばらくのちに作品のすべてをある日本人に売却し、その日本人に仕事を教えた。こうして斯業の第一歩が踏み出された。」

「ある日本人」が「フレイーマン」あるいは「冨麗瑞」から写真術を習ったとされる鵜飼玉川《ぎょくせん》であることは間違いない。鵜飼は文久元（一八六一）年中、江戸の両国薬研《やげん》堀に影真堂という写真館を開き、日本人の営業写真師第一号となった。同年八月十九日には、江戸の福井藩邸で、前藩主松平春嶽《しゅんがく》の政治顧問だった横井小楠を撮影しているので、その頃にはすでに一部では知られた存在になっていた（参考165）。

フリーマンはその後も雑貨商として横浜に滞在した。ハンサードの『長崎シッピング・リスト&アドヴァタイザー』の販売代理店を務め、ハンサードが横浜に移って『ジャパン・ヘラルド』を刊行すると、さっそく創刊号に広告を掲載している。それによると営業種目は、船舶供給業と雑貨商であった。事業は順調だったが、一八六六年、三十六歳の若さで急死した。

プライアー

Pryer, Henry James Stovin, 1850.6.10-1888.2.17

イギリス　8区4

イギリスのアジア進出にともなって研究体制も整えられていく。一七八四年には「アジア協会の母」と呼ばれるベンガル・アジア協会が設立され、以後インド、中国の各地に類似の研究団体が設立された。日本でも御雇外国人や外交官、宣教師によって、一八七二年に日本アジア協会が横浜で設立された（参考15）。

初期の日本アジア協会の会員には横浜の商人が多かった。ジャーディン・マセソン商会のJ・J・ケズィックやウォルシュ・ホール商会のトーマス・ウォルシュなど、その大半は経営者クラスであり、役員として協会の運営に貢献した人もいる。しかし、研究面でも貢献した商人というと、プライアーくらいであろう。

プライアーは弁護士の父トーマスの末子としてロンドンに生まれた。姉のソーン夫人は医学者、兄も自然研究者であった。そうした家庭環境のためか、幼い頃から生物に興味を持ち、一八六七年には弱冠十七歳でロンドン昆虫学会の会員になっている。姉の夫らが経営する上海のソーン兄弟商会の社員だった兄の伝手で上海に渡り、一八七一年、横浜に移った。最初はアダムソン・ベル商会に勤務、翌年日本アジア協会が結成されると、さっそく会員になった（参考226）。

協会に図書館を設けることは発足時から予定されていたが、当初図書館員は空席であった。一八七三年一月の例会でプライアーが任命され、設置されるべき博物館の研究員を兼ねた。翌年十二月、居留地二八番地に部屋を借りて、図書館がスタートする。

協会は当初、横浜の商人に支えられていたが、しだいに東京在住の御雇外国人の数が増え、研究面でも運営面でも中心となった。それにともない、図書館も一八七六年一月、東京の開成学校（のち東京大学）の構内に移転した。移転直後の七月から翌年五月にかけて、プライアーも開成学校に雇用され、動植物見本採集人として教育博物館の設立のために働いている。協会の会員であった開成学校の内外人教授たちにスカウトされたのかもしれない。一八七七年中に横浜に戻り、二年後にはかつて協会の図書館があった二八番地に設立されたビセット商会の社員、のち共同経営者となった。

プライアーは来日以来一貫して動物標本の収集と研究に努め、一八七八年には最初の成果として、函館在住の同好者ブラキストンと共同で「日本鳥類目録」を世に問うた。この年イギリス動物学会通信会員に推挙されている。その後、「日本鱗翅《りんし》類目録」などの論文を日本アジア協会の紀要に発表したほか、ロンドン昆虫学会の紀要にも投稿している。

一八八六年、沖縄に調査に出かけ、新種のキツツキを発見した。この鳥はプライアーの提案によりノグチゲラと命名された。一九七〇年に県鳥、一九七七年には国の特別天然記念物となったが、絶滅危惧種にも指定されている。通訳として協力した野口源之助に由来する命名と考えられている（参考227）。

翌一八八七年、大作『日本蝶類図譜』の自費出版に着手する。しかし、第一分冊を世に送ったのちの一八八八年二月十七日、三十九歳の若さで急逝した。第二・第三分冊は、同僚にして植物研究家であり、日本アジア協会の評議員を務めたジェームズ・ビセット、友人のルーミスやマンレーの手で死後刊行された。日本文は東京博物館員河野邦之助らの翻訳。図版は画家にして石版師の金子政次郎の製版により築地活版製造所で印刷され、第三回内国勧業博覧会で三等賞を受賞した。用紙は鳥の子紙、文字の印刷はジャパン・メイル社が担当し、ケリー商会が販売した。印刷の見事さを含め、今日も名著とされている。

同書の中でプライアーは、昆虫の収集家だった宣教師ルーミスが千葉県鹿野山で採集した蝶を「ルーミスシジミ」と命名して紹介している。プライアーが収集した蝶のコレクションはルーミスに遺贈されたが、惜しくも関東大震災で失われた。生前本国へ送った標本は現在も大英博物館に保存されている。

アメリカ人マンレー（Emile Henri Roussel Manley, 1876-1913.9）は太平洋郵船に勤務するかたわら蝶類を採集していた。そのコレクションも関東大震災で失われてしまった。夫人のマリア（Maria B., 1847-1923）は秋田金太郎を雇って、山手の自邸で冠婚葬祭用の花籠や花束を作っていた。秋田はのちに戸越農園の園丁になった（参考228）。マンレー夫妻は五区で永眠している。（参考229、230）

ポーンスフォト

Paunceforte, George, 1819-1898.9.12

イギリス　2区43

一八七〇年、ノールトフーク＝ヘフトがアマチュア劇団の要請を

受けて、本町通りゲーテ座を開設したことについてはすでに述べた。その後、アマチュア劇団は離合集散を繰り返すが、活動が衰えることはなかった。他方、プロの俳優の来演は少なかった。ましてや、そのまま定住した人はポーンスフォトだけであった。

ポーンスフォトはイングランドのオックスフォードシャー州の出身。一八五〇年代にはイギリス各地の劇場に出演し、六〇年代にはアメリカで巡業、七〇年代初頭に東洋巡業を試み、一八七三年十月、長崎で朗読会を開催、年末に横浜へやってきた。おもにシェークスピア、ディケンズ、マーク・トウェインの作品の朗読を行った。

ポーンスフォトの追悼記事には、最初は戸塚、ついで根岸に住んだと記されている（参考231）。バーナードの回想録（参考232）によると、戸塚の谷合にポーンスフォトの経営するシェークスピア・インという旅館があり、のちに根岸の競馬場近くに移転した。戸塚時代の旅館案内では「ここにみなぎるは、心とらえる天の息吹き（The Heavens' Breath Smells Wooingly Here）」を謳い文句にしていた。文学作品の朗読を仕事にしていた人にふさわしい。しかし、そこでおいしいハムやベーコンを食べることができたという一文がひっかかる。元俳優がおいしいハムやベーコンを作れたとは思えないからだ。

『ジャパン・ディレクトリー』によると、ポーンスフォトが根岸で競馬場の近くにふさわしいホース&ジョッキー（Horse & Jockey）という名前のホテルを経営するのは一八八〇年から。他方、横浜居留地でホテルや食肉店を経営していたウイリアム・カーティスの住所が戸塚になるのは一八八一年から。伝承によれば、カーティスは戸塚町に近い鎌倉郡下柏尾村（現在横浜市戸塚区柏尾町）で白馬亭というホテルを経営しており、そこに養豚場を設けてハムやベーコンを製造していた。やがて近隣の斎藤満平や益田直蔵が製法を学び、鎌倉ハムの元祖になった（参考233）。

ポーンスフォトのホテルをカーティスが継承したとも考えられるが、前者ですでにハムやベーコンが提供されていたとすると、鳥居民氏が『横浜山手』（参考36）で推測しているように、両者はホテルとハムやベーコンの製造工場の共同経営者だったのかもしれない。そうだとすれば、ポーンスフォトが根岸に移転したのち、カーティスの単独経営になったのだろう。

ポーンスフォトの根岸のホテルの名称は、一八八八年、戸塚時代と同じシェークスピア・インに戻る。場所は競馬場に沿う道が不動坂に向かって分岐する辺りにあった。ポーンスフォトはホテルを経営するようになってからも、ゲーテ座の舞台に立つことがあった。また、アマチュア劇団を指導し、横浜居留地の演劇界にとってなくてはならない存在であった。フリーメーソンの有力なメンバーでもあった。

一八九八年に死去したが、ホテルはシェークスピア・ホテルと名称を変えて、未亡人や娘によって関東大震災まで経営が続けられた。（参考174）

ワーグナー

Wagner, Christian, 1819ca.-1891.1.10
ドイツ　3区42

一八七六年八月十三日、ドイツのバイロイト祝祭劇場の柿落《こけら》としと

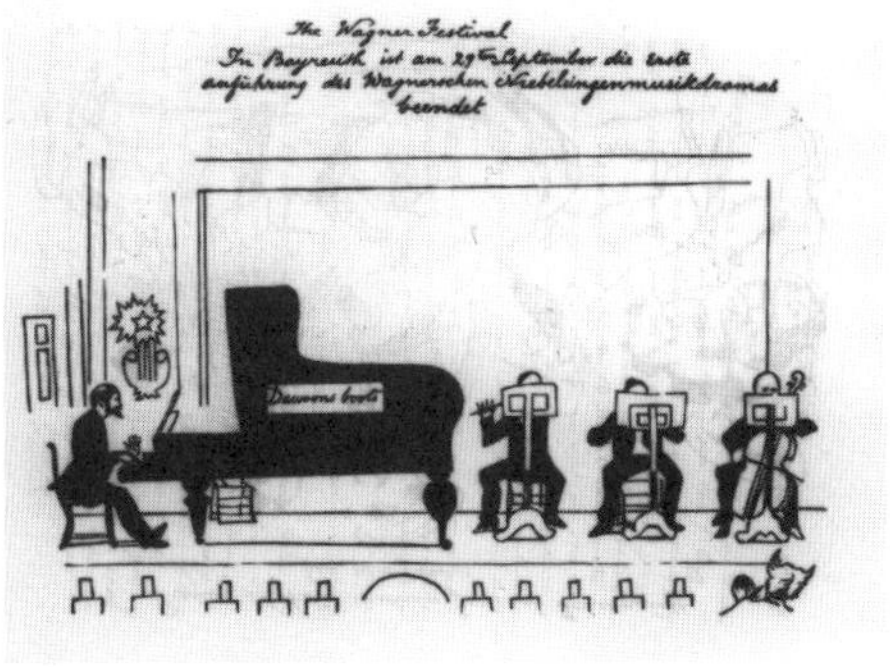

横浜のワーグナー祭

して、リヒャルト・ワーグナー作曲の「ニーベルングの指輪」が上演された。その一月半後の九月二十九日、横浜の本町通りゲーテ座では、ワーグマンが『ジャパン・パンチ』で「ワーグナー祭」と名付けた演奏会が開かれた。プロのワーグナーとアマチュアのグリフィンらが開催したものであった。

ワーグナーはドイツ中部ヘッセン地方の中心都市カッセルの出身。一八七二年四月、香港から来日し、音楽教師をしていた。管楽器も弦楽器も扱い、楽器の調律や修理も行う「何でも屋」だった。フルートの演奏を得意としていた。一八七六年にアマチュア・バンドを結成、一八七八年から二年間、オーケストラ協会を指導した。活動の舞台は主としてゲーテ座だったが、東京のレストラン精養軒や寄席の西戯亭に出向いて演奏会を開いたこともあった。

一八九一年一月十日、根岸の自宅で死去し、三区に埋葬された。一九八九年の命日に、横浜音楽文化協会の手で第一回ヨコハマ・ワーグナー祭が開催され、現在に引き継がれている（参考234）。

カイル

Keil, Oscar Otto, 1840.10.2-1899.1.31

アメリカ　1区27

プロとアマの中間のような音楽家にクレーンとカイルがいた。

イギリス人クレーン（William Almeida Crane）はシンガポールでクレーン商会を経営していたトーマス（Thomas Owen）の一四人の子どもの長男、西インド中央銀行の社員として来日し、一八六五年にパーカー（Charles Parker）と組んで写真スタジオを経営した。ジャパン・ヘラルド社や函館のブラキストンのもとで働いたのち、一八七二年に横浜でピアノ調律師として開業し、一八七八年にカイルと組んでクレーン&カイルを設立、ピアノの調律と販売を行った。一八八〇年四月六日にゲーテ座で行われた音楽会に出演している。その後、アメリカや中国の芝罘《チーフー》へ渡り、横浜に戻ってバウデン商会に勤務した。シンガポール在住時からフリーメーソンに加入しており、横浜ロッジ創立時のメンバーの一人だった。一時はイングランド系の「お天道様ロッジ」や日本地方本部ロッジ、アメリカ南部系の大日本十全会と大日本薔薇十字団の役員を掛け持ちしていた。一九〇三年十月二十二日に神戸で死去した（参考235）。

カイルはドイツ人だが、現在はポーランド領のブレスラウ近郊トラッヘンベルクの出身。アメリカに渡って帰化し、南カリフォルニアで金の採掘を試みるが失敗、サンフランシスコを経て来日し、一八七四年から三年間、名古屋で愛知外国語学校（のち愛知英語学校）の教師を務めた。一八七八年横浜に移り、居留地一四九番地でクレーン&カイルを設立した。一八八〇年には一〇九番地に移って名称がカイル商会となり、ドイツ人ドーリング（J.G.Doering）が入社している。広告によると、輸入したピアノやオルガンの販売、ピアノの調律と修理の他に、製造も行っていた。居留地一〇九番地は「日本におけるピアノ製造発祥の地」の可能性がある（参考236）。

日本人として初めてオルガンやピアノを製造した西川虎吉は、クレーンとカイルから製法を学び、一八八四年頃からオルガンを、一八八六年頃からピアノを作り始めた。その意味でクレーンとカイルは「日本における西洋楽器製造の父」とされている（参考236）。

カイルは一八八二年に楽器店をドーリングに譲ってイリス商会に勤務、一八八六年に外国人商業会議所に移り、長らく書記を務めた。一八八七年にはクルプ・ゲルマニアの会長も務めている。そのかたわら音楽活動に打ち込んだ。一八八五年四月十八日、山手に完成した新しいパブリック・ホール（いわゆる山手ゲーテ座）の柿落としは、カイルの指揮する横浜アマチュア管弦楽団の演奏会であった。ロッシーニの「セビリアの理髪師」序曲や、ブラームスの「ハンガリー舞曲」第二番など、五曲を演奏している。横浜合唱協会ではグリフィン会長のもと副会長兼指揮者を務めた。横浜パブリック・ホール・アソシエーションの理事やアマチュア・ドラマチック・クラブの音楽係も勤めている。夫人も山手のレディズ・セミナリーで音楽を教えた。

カイルはフリーメーソンの重鎮であって、横浜のほとんどすべてのロッジの役員を兼ねていた。アメリカ南部系の高位者のロッジである日本帝国法院会議では九年間にわたって最高位のグランド・マスターに就任しており、イングランド系の日本地方本部ロッジの役員やアメリカ南部系ロッジの代表も務めていた。外国人商業会議所は山下居留地六一番地の新メソニック・ホール（フリーメーソンの集会所）に事務所をもっていたが、カイルは両方の中心人物だったので、この建物はカイル・ビルと呼ばれた。

一八九一年十月二十八日、濃尾大地震が勃発した。カイルは救援活動に獅子奮迅の働きをする。外国人商業会議所内に救援事務所を設置し、フリーメーソンの組織を活用して世界中から義捐《ぎえん》金を集めた。また、横浜居留外国人の代表団の団長として被災地に赴いた。

カイルには精神の疾患があり、激務の中でそれが進行していたらしい。一八九九年一月三十一日の朝、ピストル自殺を図った。主治医のエルドリッジが駆けつけて治療に当たったが、その甲斐もなく、十一時四十五分頃死去した（参考237）。

グリフィン父子

Griffin, John Thomas, 1849.7.30-1916.11.26
Griffin, Clarence, 1873.2.23-1951.5.18
イギリス　8区64

アマチュア音楽家として活躍した人にブラックとグリフィンがいる。もっともブラックがジャーナリストとして成功する前には、れっきとしたプロの歌手だったことはすでに述べた。

グリフィンはロンドンの生まれ、一八七五年に来日し、コーンズ商会で生糸検査技師を務めた。

一八八三年に独立してグリフィン商会を興し、生糸貿易に従事した。

グリフィンが力を入れたことの一つは山手に新しい劇場を作ることであった。一八八二年十二月十五日、そのために横浜パブリック・ホール・アソシエーションが組織されると理事に選任され、その後二代目理事長に就任した。

もう一つは音楽活動であった。来日直後の一八七六年九月二十九日、本町通りゲーテ座で開催されたコンサートでは、グリフィンがピアノ、ワーグナーがフルートを演奏した。ワーグマンがこのコンサートを「ワーグナー祭」と名付けて『ジャパン・パンチ』に漫画を掲載したことについてはすでに述べた。一八七七年十一月二十八日のコンサートでは、グリフィンがピアノ、ワーグナーがフルートとヴァイオリンを演奏している（参考223）。

グリフィンはカイルとともに横浜合唱協会の運営に携わった。一八八九年、会員の減少で一旦解散したが、翌年十二月、グリフィンの尽力で再建された。一八九四年に結成された横浜フィルハーモニック協会の指揮者も務めており、この二団体は一八九六年にかけて六回の合同演奏会を開いた（参考174）。

グリフィンは横浜文芸協会や横浜チェス・クラブの会長を長年務めた。アマチュア・ドラマチック・クラブの音楽監督も務めている。一八九二年から十数年の間、常に三つか四つのクラブの会長を務めていた。同じ時期にフリーメーソンのスコットランド系東の星ロッジとアメリカ南部系大日本十全会の最高位にも就任している。一九一四年にはついにアメリカ南部系を含むスコットランド系ロッジの最高位である第三三階級まで昇進している（参考162）。おそらく日本では唯一ではないだろうか。

子息のクラレンスはロンドンの大学で学んだのち、一八九二年から父とともにグリフィン商会で働いた。グリフィン商会閉店後の一八九四年以降はセール商会、サムエル・サムエル商会などで働き、一九一五年にグリフィン商会を再興した。父同様趣味人でもあって、横浜文芸音楽協会の副会長や横浜フィルハーモニック協会の役員を務めた。スポーツではヨットマンとして知られ、横浜ヨット・クラブの副会長に就任している。

クラレンスは横浜在住外国人の子弟を集めてボーイ・スカウト横浜第一隊を結成し、一九一一年十月十二日、山手ゲーテ座で結団式を行った。これが日本におけるボーイ・スカウトの第一号である。翌年四月にボーイ・スカウトの創始者、イギリス人パウエル将軍が横浜に立ち寄った際には、クラレンスの率いる横浜のボーイ・スカウト隊が出迎えた。

関東大震災で被災したクラレンスは神戸に逃れ、台湾に渡って台北高等商業学校で英語教師を務めたのち、上海のジャーディン・マセソン商会に勤務した。戦後日本に戻り、東京の大学で英語を教えていたが、一九五一年、東京の聖母病院で死去、遺言により、ボーイ・スカウトの手で、父母の眠る横浜外国人墓地八区に埋葬された（参考238）。

パットン

Patton, Emily Sophia, 1831.5.2-1912.1.7

イギリス　3区56

一八八七年、唯一の官立音楽専門学校として東京音楽学校が設立された。当初教えたのは西洋音楽だけであり、そのために何人かの外国人教師が雇用された。その中には横浜での活動が注目されて雇用された人もいる。パットンもその一人であった。

パットンはロンドンの生まれ。十二歳の時、両親とともにニュージーランドへ、二年後にオーストラリアへ移住した。一八七九年頃からメルボルンでトニック・ソルファを学んだ。五線譜ではなく、文字や手の形（ハンドサイン）で音を表す方法である。簡単なので音楽教育に有効とされていた。

一八八六年から三年の間に、パットンは子息と父と夫を次々と失う不幸に見舞われるが、一八八九年八月、心機一転、娘のグェンドリン（Gwendoline）とともに来日し、神戸を経て横浜に落ち着くと、音楽とダンスの教室を開いた。時に五十八歳であった。翌年六月十八日には早くも山手ゲーテ座でダンス教室の発表会を開催している。

パットンからトニック・ソルファを学んだ人には、フェリス和英女学校の音楽教師ジュリア・モールトン、ヴィクトリア・パブリック・スクールの校長夫人で音楽を担当することになるヒントン（Mary Ellen Hinton）、東京の高等師範学校附属学校の教師になる鈴木米次郎らがいた。

活動の成果が実り、一八九一年十月十七日、横浜児童トニック・ソルファ合唱団（Juvenile Tonic Sol-fa Choral Society of Yokohama）を結成、翌年一月二十三日、山手ゲーテ座で第一回演奏会を開催した。しかし、合唱団結成の半月後の十月二十九日、一人娘のグェンドリンがコレラに罹り、二十三歳で急死している。

パットンを助けたのはオーストラリア時代の教え子のブロックサム（Ada Beatrice Bloxham）であっ

た。ロンドンの王立音楽学校で学んだのち来日し、一八九四年、二人で音楽と舞踊の学校（Yokohama School of Music and Academy of Dancing）を設立した。同年四月十一日、山手ゲーテ座で行われた横浜児童トニック・ソルファ合唱団の演奏会に東京音楽学校の教師が出席し、子どもたちの音楽能力に感心して、トニック・ソルファの採用を検討することとし、二人の雇用を決定した。かくして同年十月二日から、パットンは翌年四月まで唱歌とピアノ、ブロックサムは七月まで唱歌と和声を教えた。一八九五年四月六日には東京音楽学校の奏楽堂で横浜児童トニック・ソルファ合唱団のコンサートが開かれている。パットンとブロックサムによって初めて東京音楽学校で本格的な声楽教育が行われるようになった。滝廉太郎も授業を受けた一人と伝えられている。

しかし、トニック・ソルファは東京音楽学校で採用されず、普及しなかった。パットンの学校にも生徒が集まらず、横浜児童トニック・ソルファ合唱団も団員が減少し、一九〇〇年三月には解散に追い込まれた。パットンは新天地を求めて上海に渡る。一九〇一年六月二十一日、山手ゲーテ座で送別のための舞踊と音楽の集いが開催された。

上海に渡ってからも夏季には来日して軽井沢で過ごしていたパットンだが、一〇年後の一九一一年六月、余命の長くないことを悟って横浜に戻り、翌年一月七日、死去した（参考239）。享年八十一歳。三区の娘の墓に葬られた。

パットンは文筆家でもあって、音楽やダンスに関する著作や論文を発表している。高齢になっても北海道から樺太、シベリア、カナダを旅行して見聞記を著した。一八九八年十月二十八日には山手ゲーテ座でシベリアと石狩川についての講演を行い、一九〇五年に見聞記をジャパン・ガゼット社から出版した。
　また、長谷川武次郎が、絵と文章を印刷した和紙を揉んだり伸ばしたりして、縮緬《ちりめん》に似た感触をもたせ、外国人向けに出版した「ちりめん本」シリーズの一冊として、一八九六年、*Japanese Topsyturvydom*（「日本あべこべ物語」とでも訳すべきか。西洋との違いに着目して日本人の生活と文化を紹介）を著した。一九〇五年には横浜の書店ケリー&ウォルシュから、教え子のミニー・シュワーベの絵とパットンの文章により、*Japanese types : sketched with brush and pen*（「さまざまな日本人」といった意味。老若男女、さまざまな職業の日本人を絵と文章で紹介）を出版した。（参考174、240）

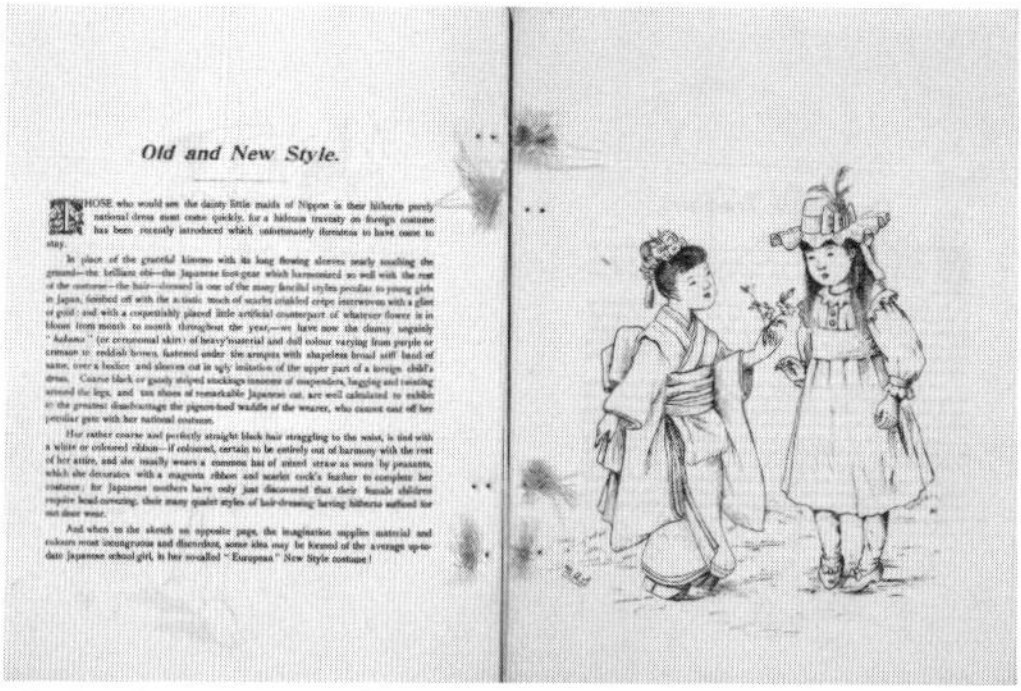

パットンとシュワーベの著作 "Japanese Types"
日本の少女の新旧二つのタイプを紹介した部分。

　ミニー(Minnie Agnes, 1877.4.16-1918.7.14)の父シュワーベ（Robert Stephan Schwabe, 1842.8.5-1904.1.8）はマンチェスターの出身、一八五九年、上海のバウワー・ハンベリー商会に入社したが、折から勃発したアロー号戦争に従軍し、戦後の一八六八年に来日した。翌年キングドンとキングドン・シュワーベ商会を設立、共同経営解消後はジャーディン・マセソン商会に勤務した。一九〇一年、キン夫人（旧姓宮寺、1849.6.5-1925.12.13）と病弱の長女ミニーを横浜に残し、おそらくネリー（Nellie Edith）とクララ（Clara Ethel）の二人の娘に会うためにロンドンに渡った。再来日途上、マルタ島で病気になり、一旦ロンドンに戻ったのち、三年後に再来日を果たした。しかし、健康は回復せず、再来日直後に死去、一三区に埋葬された（参考241）。ミニーは「天才的な画家（an artist of very high gifts)」と評されたが健康には恵まれず、一九一八年に死去し、父の墓に埋葬された。墓石には二人の姉妹の記念銘も刻まれている。

Ⅷ　不慮の死を遂げた人々

外国人墓地には、殺人事件や戦争、海難事故の犠牲となった人々も埋葬されている。幕末に攘夷派に殺害された人々についてはすでに述べたので、ここではそれ以外の人々を取り上げる。

幼児の死亡は、死因の如何にかかわらず、両親にとっては不慮の死であろう。過去には外国人社会も日本人社会と同様、幼児の死亡率がきわめて高かった。外国人墓地の受付簿は一冊を除き関東大震災で焼失してしまったが、たまたまアメリカ大使館に貸出中で焼失を免れた二冊目には、一八八三年一月から一八九〇年二月までの被葬者が記録されている。年齢の判明する二三三名中、五歳以下（ゼロ歳児を含む）は二〇・二パーセントに当たる四七名、ゼロ歳児は一四・二パーセントに当たる三三名を占めている。（参考242）

『ジャパン・ウィークリー・メイル』に掲載されている墓地管理委員会の年次報告には、一八八五年から一八九六年にかけて、寄港船舶の船員や一時的滞在者を除く横浜居住者の埋葬者数が記されている。年によって記載がまちまちなので、判明する年に限って集計すると、五歳以下（ゼロ歳児を含む）の比率は一九三名中六四名で三三・二パーセント、ゼロ歳児は一七一名中二八名で一六・四パーセントと、さらに比率が高くなる。

明治新政府は海難事故防止のため、イギリス人技師ブラントンを雇用して灯台など航路標識の整備を進めた。それにもかかわらず一八七〇年には東京湾の入口でアメリカ軍艦オネイダ号がイギリスの貨客船ボンベイ号と衝突して沈没する大事故が発生した。

横浜港内にもブラントンによって浅瀬にブイが設置され、港の入口に当たる本牧の浅瀬には灯台船が配置された。また、神奈川県は一八七〇年六月二十二日、イギリス人パーヴィス（George Purvis）を港長として雇用し、港則の作成を委嘱した。港則とは港内の安全を保つために、船種による碇泊場の指定など港内の秩序を保つ制度、船舶火災・伝染病などの危険に対する防止策、港長の権限などを定めるものである。

パーヴィスはさっそく「横浜港内規則案」をまとめたが、時あたかもアメリカの南北戦争の後であり、南軍を支援したイギリスとアメリカとの対立が激しい時期だったため、事前協議なしにイギリス人の港長を雇用したことがアメリカ公使の反感を買ってしまった。他の国の公使や領事も、港内の安全より既得権益の保持を優先させ、自国民や自国船に対する権限の縮小、同じ事だが日本政府の権限の拡大を恐れて港則案を葬り去ってしまった。折しも一八七二年八月二十四日、港内でアメリカ号炎上事件が発生した。この事故によって港内の安全確保が急務となったのちも、港則制定の協議は進展しなかった。一八九八年に「開港港則」が制定されるまで、開港から四〇年に及ぶ港則不在の期間に、大惨事としてはアメリカ号炎上事件くらいしか起こらなかったのは奇跡に近い。水先案内人の技量と幸運だけによって安全が保たれていたのかもしれない。（参考16）

下関戦争戦没者記念碑

Shimonoseki War Memorial

イギリス　6区15

開港直後から外国人殺傷事件は絶えなかったが、一八六二年九月の生麦事件後、事態は急展開し、藩単位での外国軍との衝突が発生する。一八六三年三月、生麦事件に対する代償として、イギリス本国から幕府と事件の当事者である薩摩藩に賠償金を、薩摩藩には加害者の処罰をも要求すべき訓令が届き、イギリス軍は横浜に軍艦を集結し始めた。幕府は賠償金の支払いに応じたので、横浜での軍事衝突は回避されたが、薩摩藩は要求に応じなかった。

折も折、六月から七月にかけて、長州藩が攘夷実行のために外国船を砲撃し、外国側が報復する事件が発生した。横浜ではイギリス、フランス両国が居留地防衛のために軍隊を山手に駐屯させ始めた。八月六日にはイギリス艦隊が横浜を出航して鹿児島へ向かい、十五日から十六日にかけて砲撃戦が行われた。イギリス側の被害も大きく、旗艦ユーリアラス号のジョスリング艦長やウィルモット副長ら一三名が戦死し、水葬に付された。横浜のイギリス人居留民は戦死者の名前と年齢を刻んだ銘板を作成して領事館に寄贈した。この銘板は現在、横浜開港資料館旧館（旧イギリス領事館）の廊下壁面に掲示されている。

コンケラー号戦没者の慰霊碑

一八六四年八月にはイギリス、フランス、オランダ、アメリカ四か国連合艦隊が下関に遠征し、九月五日と六日、長州藩の砲台を攻撃した。戦闘は外国側の勝利に終ったが、イギリス軍には二日間で死者八名、フランス軍には死者二名の被害が出た。七日、両軍は対岸の小倉藩領田野浦に死者を埋葬した。負傷者のうちにはのちに船上で死亡した人もいた。横浜外国人墓地六区のイギリス軍人の墓域に下関戦争戦没者記念碑が建立されている。

一八九五年、田野浦のフランス軍兵士の埋葬地にフランス人のヴィリオン神父が慰霊碑を建立した。二度の移設を経て、現在は和布刈《めかり》公園（北九州市門司区）に保存されている。

下関戦争が終わり、居留地襲撃の噂も鎮静すると、外国軍隊の横浜駐屯の目的には変化が現われる。軍隊に傷病はつきものであるし、病兵の健康回復も駐屯目的の一つだった。イギリス軍は高温多湿の香港を避けて、高燥な横浜の山手地区に、保養のために病兵を駐屯させていたふしもある。病死する兵士も多かった。

イギリス軍キャンプの北陣営は現在の港の見える丘公園一帯に、南陣営は外国人墓地の斜面に接する丘の上にあった。一八六四年の夏頃、南陣営に接する土地（現在の外国人墓地四区の辺り）が墓域に編入されたが、ここには病死した兵士が多数埋葬され、「軍人墓地」と呼ばれるようになる。

関東大震災で軍人墓地の墓石が散乱したため、下関戦争戦没者記念碑のある小さな舌状台地の周りに集められた。現在、台地の三方の壁面は、陸軍第一〇連隊所属を示す「X」や第二〇連隊所属を示す「XX」の文字が刻まれた夥しい数の墓碑で埋め尽くされている。

一九二七年にはイギリスの陸軍省と海軍省が、一八六一年から一八九六年にかけて横浜で亡くなった約四〇〇名のイギリス軍将兵を慰霊するため、台地上に「イギリス招魂記念碑」を建立した。

フルベッキの子女

Verbeck, Mary Anne, 1875.12.12 -1876.6.17
Verbeck, Bernard, 1880.2.7-1880.7.13
アメリカ　18区35

フルベッキ（Guido Herman Friedorin Verbeck, 1830.1.23-1898.3.10）はオランダのユトレヒト州ツァイストの出身。工学を学び、アメリカに渡って技師として働いていたが、健康を害して療養中、海外伝道の使命を自覚し、一八五六年、ニューヨーク州のオーバーン神学校に入学した。オーバーンから二マイルばかり離れたオワスコ・アウトレットには、S・R・ブラウンが牧師を務めるサンド・ビーチ教会があり、フルベッキは勉学の傍ら、この教会で働いた。この教会の信徒にはフェリス女学院の創立者となるメアリー・キダーやフルベッキ夫人となるマリア・マニヨン（Maria Manion）がいた。

一八五九年、オランダ改革派教会の日本伝道団に志願し、四月十八日、マリアと結婚、五月七日にS・R・ブラウン、宣教医シモンズとともにニューヨークを出帆した。十月十七日に上海到着、ブラウンとシモンズは神奈川へ向かい、フルベッキは十一月七日、長崎に着いた。その時、すでにマリアは身ごもっ

致遠館の教師と学生たち　中央がフルベッキと次女エマ。1868 年、上野彦馬撮影。これを明治維新の「志士集合写真」とする荒唐無稽な説が今でも一部で流布している。フルベッキが知ったらびっくりするだろう。

ており、翌年一月二十六日、長女エマ・ジャポニカが生まれたが、わずか二週間後の二月九日に死去し、稲佐国際墓地に埋葬された。一八六三年二月七日には次女が生まれ、夭逝した長女と同じエマ・ジャポニカと名付けられた。

フルベッキは長崎奉行所の語学所（のち済美館）で英語を、大隈重信や副島種臣が長崎に設立した佐賀藩の英学塾致遠館《ちえんかん》では英語のみならず法学や数学を教えた。何礼之《がのりゆき》の私塾でも陸奥宗光や前島密がフルベッキから学んでいる。済美館で学んだ福井藩の日下部太郎や熊本藩の横井左平太・大平兄弟（横井小楠の甥）、致遠館で学んだ岩倉具定・具経兄弟（岩倉具視の子息）のほか、勝海舟の長男小鹿らは、フルベッキの紹介でアメリカに留学し、オランダ改革派教会海外伝道局総主事フェリスの世話で、ニュージャージー州ニューブランズウィックのラトガース大学に学んだ。

一八六九（明治二）年、フルベッキは副島種臣らの招きで上京し、開成学校（のち大学南校）で教えるとともに、立法機関である公議所の諮問に答えた。また、大隈重信に宛てて、国際親善や条約改正の準備、制度や施設の視察のため、各国に代表団を送るべきだという意見書を提出したが、この提案はのちに岩倉具視の率いる使節団の派遣として実を結んだ。一八七四年からは左院、翌年には元老院で法典の調査・翻訳に従事した。一八七三年、長崎の隠れキリシタンの弾圧に対する諸外国からの抗議や岩倉使節団からの報告を受け、政府は国際関係に不利なことを覚ってキリシタン禁制の高札を撤去し、実質上、信教の自由を認めた。その結果、宣教事業が本格化する。一八七七年、フルベッキは政府の職を辞して築地に設立された東京一致神学校の教授兼理事に就任した。一八八二年からは聖書翻訳委員、一八八七年には東京一致神学校の後身、明治学院の教授兼理事に就任した。その傍ら、各地で伝道事業に従事した。

来日以来、フルベッキ夫妻は七男四女を儲けたが、長女エマを含めて四人に先立たれた。四女メアリーと六男バーナードはいずれも生後約半年で死去し、横浜外国人墓地一八区で永眠している。四男ギドー(Guido, 1868.7.15-1884.12)はアメリカで死去した。フルベッキは一八九八年に死去し、東京の青山墓地に埋葬された。夫人のマリアはアメリカに帰国して一九一一年四月二日に死去したが、青山墓地の夫の傍らに葬られた。(参考243、244、235)

青山墓地には日本伝道団の同僚だったシモンズ(Duane B.Simmons, 1834-1889.2.19)も永眠している。シモンズは神奈川到着後しばらくして宣教師を辞任し、横浜で医院を開業した。一旦帰国して一八六九年末頃再来日、フルベッキの推薦で大学東校(現東京大学医学部)の教師を務めたのち、横浜の十全医院で医療に従事した。一八七〇年、腸チフスに罹った福沢諭吉の命を救ったことから両者の親交が始まる。一八八〇年に十全医院を退職、二年後に帰国したが、一八八六年、余生を日本に捧げるつもりで三度び来日した。福沢は三田の慶応義塾構内に家を建てて提供した。シモンズは鹿鳴館に象徴されるような欧化主義を批判し、日本の伝統文化を称揚する論説を執筆したが、それらは翻訳されて慶応関係者が刊行していた『時事新報』に掲載された。

一八八九年二月十九日、三田で死去、横浜外国人墓地に葬られたが、その後、東京青山墓地に改葬された。墓には福沢の筆になる立派な碑が添えられている。（参考246）

オネイダ号事故遭難者記念碑

U.S.S. Oneida Memorial
アメリカ　19区33

一八七〇年一月二十四日午後六時半頃、東京湾の入口でアメリカの軍艦オネイダ号とイギリスのＰＯ汽船の貨客船ボンベイ号が衝突し、オネイダ号が沈没して多数の死者が出る大惨事が発生した。

オネイダ号は一八六一年二月、ニューヨークの海軍基地で建造が始められ、十一月二十日に進水した。蒸気力でも風力でも航行できる汽帆船であった。折から南北戦争が勃発したため、北軍の軍艦として各地で南軍と戦った。その後、一八六七年五月にアジア艦隊に配属された。同年末には神戸開港に備えて大阪湾に出動し、戊辰戦争の勃発に遭遇した。
事故は休暇のために帰国する兵士を乗せてアメリカへ向かう矢先に起きた。『ヤング・ジャパン』（参

考14）によると、船員のなかには人気者もいて、港には別れを惜しむ人々が集まっていた。夕暮れ近くになって、人々に見送られながら出航したが、それが最後になった。事故により船長秘書のクラウニンシールド（William W.Crowninshield）ら三人を除く全員が溺死した。

南北戦争でイギリスが南軍を支援したために、当時米英間に対立感情が高まっており、ボンベイ号のエーア（Arthur Wellesley Eyre）船長に危害が加えられる恐れもあったという（参考247）。そうしたこともあって、海難審判の行方に注目が集まった。審判は横浜駐在領事ラウダーを裁判長として、イギリス領事法廷で行われた。審理の結果、エーア船長に大きな過失はなく、衝突回避の努力も払われたが、オネイダ号に対する救助の努力が不十分だったとして、船長の免許状を六か月停止するという判決が下された（参考248）。

オネイダ号からの漂流物は一八七二年十月九日、競売にかけられ、日本の商人が落札した。一八七六年に重砲が潜水請負業者増田万吉らにより、一八八〇年には船体が松本島吉によって引き揚げられている（参考106、249）。

オネイダ号の乗組員の遺体の一部は一九区に埋葬され、慰霊碑が建立された。日本人によって収容された遺体の一部は東京の池上本門寺に埋葬され、やはり慰霊碑が建立されている。また、二〇〇七年には横須賀の米海軍基地内に「米国船オネイダ号　国際平和記念碑」が建立された。碑文には犠牲者の数が一一五名と記されている。ブラントンは「百十人」と記している（参考247）。『ヤング・ジャパン』（参考14）に「約六十名」と記されているのは過少であろう。

コーンズ一家

Cornes, Edward, 1842ca.-1870.8.1
Cornes, Alida, 1846ca.-1870.8.1
Cornes, Edward D., 1869ca.-1870.8.1
アメリカ　20区48

幕府は宿場を保護するため船による旅客輸送を禁止していたが、一八六九年一月一日（明治元年十一月十九日）から、外国人に江戸での商取引を認める「開市」を実施することになったため、それに備えて、一八六七年十一月二十六日、「江戸と横浜の間引船荷物運送船並に外国人乗合船を設くる規則」を制定して禁止を解いた。これを受けて蒸気船による京浜間の旅客輸送が始まる。もっとも早い稲川丸は一八六八年三月二日、江戸の伊藤次兵衛と松坂屋弥兵衛が就航させた。さらにホイト兄弟商会のカナガワ号やシティ・オブ・エド号、横浜の鈴木保兵衛らの弘明丸などがあいついで就航した。（参考250）

事故は一八七〇年八月一日の午後三時四七分に起きた。横浜へ戻るため、東京築地の波止場を出航しようとしたシティ・オブ・エド号の汽缶が破裂して多数の死傷者が出たのである。乗員・乗客の総数は記録によって一定しないが、もっとも多い数字は『東京市史稿』に記されている一七三人（参考251）、収容人員一五〇人程度の船だったから超満員の状態だった。

遺体や負傷者は築地ホテルに運ばれた。たまたまホテルにいた医師松本順やイギリス公使館から駆けつけた医師ウィーラーらが治療に当たった。負傷者の数が多く、医師たちは徹夜で働かなければならなかった。前掲『東京市史稿』によると、日本人の即死者は一一人、負傷者のうち重傷の六二人がのちに死亡した。死者のうちには鎌倉郡名瀬村（現横浜市戸塚区名瀬町）出身の門倉玄春もいた。門倉は長崎で西洋医学を学び、東京で開業していた。事故で全身に火傷を負って翌日死去、享年三十七歳だった（参考252）。

外国人の乗員・乗客一二名のうち即死者は五名、一名は機関士のキャッシディ（Cassidy）、四名がコーンズ牧師の家族であった。

コーンズは一八六八年、長老派教会から宣教師として派遣され、一八七〇年二月、フルベッキの推薦で大学南校の英語教師に就任していた。夏季休暇のため、夫妻は長男エドワード（一歳半くらい）、次男ハリー（生後三か月）、イギリス人の子守メアリー・シモンズ（Mary Esther Simmons）、日本人の子守とともに六人で横浜へ向かうところだった。コーンズは二十八歳、アリダ夫人は二十四歳くらい、シモンズはイギリス陸軍第一〇連隊の兵士の娘で十五歳だった。そのうち日本人の子守とハリーを除く四人が犠牲になった。（参考253）

事故の翌日、東京のアメリカ領事法廷で、シェパード領事を検屍官とするコーンズ夫妻と長男の検屍裁判が行われた。これにはフルベッキが立ち会っている。翌々日にはイギリス領事法廷でロバートソン副領事を検屍官とするキャッシディとシモンズの検屍裁判が行われた（参考254）。これら検屍裁判での証人の証言や『ジャパン・ウィークリー・メイル』（八月六日）及び『ファー・イースト』（八月十六日）の記事によると、事故は次のようなものであった。

この船はアメリカ国籍のホイト兄弟商会が所有するものであり、末弟のジョージ（George Washington Hoyt）が法定代理人として管理していた。船長のクラウニンシールドはオネイダ号沈没事件の四人の生存者の一人であり、この時も海に投げ出されて無事だった。機関士はガーガン（John Gargan）だったが、事情によりカナガワ号の機関士のキャッシディが代行していた。

船のボイラーは上海製、ロバートソン（Thomas Robertson）とハウルズ（William Howles）が、横浜のルーシー商会が経営するバルカン鉄工所（Vulcan Foundry）で船に設置した。その後、ハウルズ&ブラック経営のノヴェルティ鉄工所（Novelty Iron Works）が保守点検を行っていた。その経営者の一人、ブラック（M.M.Black）が乗り合わせていて負傷したが、その意見では、ボイラー内の水量が不足していたために空焚き状態になって破裂したという。他の証人の意見も同様だった。そうだとすれば、キャッシディの初歩的なミスが事故の原因だったことになる。

乗客の一人、トミオマルの元機関長スキナー（Alexander D.Skinner）の証言によると、コーンズ夫妻はボイラーから五フィートばかりのところにいて事故に遭った。スキナーは自らも負傷しながら、赤子の泣き声を聞きつけ、船が沈没する前に夫妻の次男ハリーを救出した。ハリーは日本人の子守に抱かれていて無事だったが、子守は大火傷を負った。

政府は葬礼料として九五〇ドルを提供した。そのうち八〇〇ドルはハリーに、一〇〇ドルはシモンズの遺族に、五〇ドルは負傷した日本人の子守に与えられた。ハリーは横浜のヘボン夫妻に預けられた。ヘボンは自分の子として育てたいとまで考えたが、のちにアイオワ州に住むコーンズの父に引き取られた。

アメリカ号炎上事件の犠牲者

ライマート　Leimert,Joseph, 1846ca.-1872.8.24
ブライアン　Bryan,Thomas, 1816ca.-1872.8.24
バーカー　Barker,John H., 1835ca.-1872.8.24
アメリカ　19区9、10、11

左からライマート、１基おいてバーカー、ブライアン

オネイダ号の沈没やシティ・オブ・エド号の汽缶爆発は横浜港の外で起きた事故だが、一八七二年八月二十四日には港内で大事故が発生した。アメリカ号炎上事件である。

アメリカ号は当時世界最大の木造蒸気船であった。一八六九年、一六〇万ドルで建造され、登録トン数は四、五五四トン、太平洋郵船会社の誇りと言われた。すでに太平洋を一一回往復しており、一二回目の航海の途中だった。一八七一年十二月二十三日に横浜を出航した九回目の航海では岩倉具視の率いる使節団をサンフランシスコへ運んでいる。

アメリカ号は八月一日、サンフランシスコを出航、乗客総数は約三〇〇名、そのうち約二〇〇名が中国人であった。二十四日に横浜到着、積荷を降ろすとともに香港向けの貨物を積込んだ。その際大量の石炭が積み込まれたことが事故を大きくした。その夜の一一時頃、船員が積荷の干草から出火しているのを発見した。ただちに消防ポンプで消火に当たったが、水圧も水量も不足していて消火できないうちに燃え広がり、手に負えなくなった。船員は消火を諦め、ボートを下ろして乗客の救出を図ったが、ボートに乗れなかった乗客は海に飛び込んだ。中国人のなかには、アメリカで働いて得たのであろう、故郷へ持ち帰るために多額の銀貨を身につけていて、その重みで溺死した人もいた。

沈没させるために軍艦から喫水線めがけて大砲が放たれたが、三フィートも厚みのある船腹はへこんだだけだった。アメリカ号は終夜燃え続け、付近の船にも損害を与えながら神奈川方面に吹き流された。積んでいた爆薬が湿って爆発しなかったのが不幸中の幸いだった。『ヤング・ジャパン』（参考14）によると、犠牲者の数は六〇名に上った。（参考255）

一九区には、この事故の犠牲となった三人の船員、操舵室監視員のライマート、コック長のブライアン、機関室倉庫係のバーカーが埋葬されている。

シモンズ

Simons, Maud E., 1865.1.13-1898.7.29

アメリカ　4区35

アメリカ号炎上事件ほどの大事故ではないが、一八九八年にも港内で死者の出る事故が起きている。カナダ太平洋鉄道会社（Canadian Pacific Railway Company）所有の小蒸気船と帆走中の日本の小貨物船の衝突によって、メソジスト・エピスコパル教会の女性宣教師シモ

ンズが死去したのである。

シモンズはオハイオ州のフレデリックタウンに生まれ、オハイオ・ウェスレリアン大学を卒業後、婦人一致外国伝道協会から派遣され、一八八九年四月十七日に来日した。長崎の活水《かっすい》女学校で美術などを教えたのち、一八九三年に横浜に移り、伝道者養成のための美会神学校や日曜学校で教えた。その頃、山手二二一番地に聖経女学校の建設が進められていたが、シモンズは校舎や寄宿舎の設計・装飾に関わった。

一八九八年夏、他の宣教師とともに休暇で帰国することになったが、仕事が残っていたので遅らせることにして、カナダ太平洋鉄道会社のエンプレス・オブ・ジャパン号で先に帰国する宣教師を見送った帰りに事故に遭った。小蒸気船のパイロットはマーチン商会で長年働いたのちカナダ太平洋鉄道会社に雇用されたヴェテランだったが、碇泊中のヴィクトリア号に近づきすぎて操船を誤ったらしい。（参考256）

カリュー

Carew, Walter Raymond Hallowell , 1853-1896.10.22

イギリス　1区5

ロンドンの西方、オックスフォードからさらに西に向かって、緑の丘

が連なる美しい田園地帯が広がっている。その南西の一画に、アーサー王やキリストの聖杯の伝説で彩られた古い町、グラストンベリーがある。

一八八九年五月二日、グラストンベリーの町は祝祭に沸いていた。町長の娘の結婚式が行われたのだ。新婦のイーデス・メイ・ポーチは二十一歳、父のジョン・アルバートは町長のほか、地元の銀行の頭取を務め、郊外のエドガリーに大邸宅を構えていた。祖父のトーマスは町の中に三五エーカーの庭付きの邸宅をもち、やはり地元銀行の頭取を務めていた。個人に対する形容ではなく、社会階層の呼称としての「ジェントルマン」とは、資産家の階級のことをいう。ポーチ家がジェントルマンの階級に属していたことはいうまでもない。

新郎のウォルター・カリューは三十六歳。祖父のベンジャミン・ハロウェルはイギリスの英雄ネルソン提督の盟友で海軍提督を務め、ロンドン南部ペディントンを領地とするカリュー家を相続した。カリュー家もれっきとしたジェントルマンだったが、直系の子孫が競馬にのめりこみ、財産をすべて失ってしまった。ウォルターは植民地省の役人になり、海峡植民地(マレー半島南部のマラッカやシンガポール島、ペナン島などからなる植民地)で働いていた。

十五歳の年齢差といい、社会的な地位といい、ポーチ家にとってけっして良縁ではなかった。しかし、当時のイギリスの法律では二十一歳に達すると自分で配偶者を選べることになっていた。結婚式が行われたのはイーデスの二十一歳の誕生日の翌日だった。祖父がイーデスに毎年四〇〇ポンド、父が一〇〇ポンド送ることを決めたのは、結婚を祝福したというよりも、将来を案じたからではなかったか。

新郎新婦は新婚旅行ののち、任地のマレー半島に赴任した。しかし幸福な結婚生活は長くは続かなかった。ウォルターは飲酒癖があるうえに病気がちだった。健康を害したウォルターは植民地省を退職し、転地療養のため日本にやってきた。一八九二年、外国人の社交施設、横浜ユナイテッド・クラブの支配人の職を得て、横浜に住みつくことになった。

来日直後の一八九一年に長女マージョリー、翌年長男ベンジャミンが誕生し、一八九五年には山手一六九番地に屋敷を構えた。子どものためにイギリス人のメアリー・ジェイコブを家庭教師として雇い、ほかに日本人や中国人の使用人が七人いた。ウォルターは日本レース・クラブの書記やモスキート・ヨット・クラブの初代理事を務めた。イーデスは女友だちとテニス、男友だちと乗馬を楽しみ、アマチュア演劇のスターでもあった。傍目には羨ましいような居留地の上流社会の夫人の生活を送っていた。

事件は一八九六年十月に起きた。体調を崩したウォルターがイギリス海軍病院に入院した直後の二十二日に死去したのだ。遺体は解剖のうえ、東京帝国大学理学部のダイヴァース教授による理化学検査に付された。その結果、すべての臓器、とくに肝臓から砒素が検出された。

二十四日からJ・C・ホール領事を検屍官とする検屍裁判が行われた。裁判は十一月六日に結審、砒素中毒による死亡と判定された。死の一週間前からイーデスが丸善やノーマル薬局から砒素を含むファウラー溶液を大量に購入していたこと、ウォルターに毒を飲ませるチャンスがあったのはイーデスだけだったことから、イーデスに嫌疑がかけられた。

翌一八九七年一月五日から裁判が始まった。故人も被告も、裁判官や検察官に相当する訴追人から弁護人・証人に至るまで、みんな顔見知りという、小さな外国人社会で起きた重罪事件だったため、陪審員の辞退者があいつぎ、たった五人の陪審員による異例の裁判となった。

裁判が進むにつれ、ウォルターが止痛剤として砒素を自ら服用していた事実や、イーデスと若い銀行員との間で交わされた恋文の存在、アニー・リュークという存在の不確かな謎の女性の名前が浮上するなど、事件はミステリアスかつスキャンダラスなものになっていった。イーデスの犯行をにおわせる密告をしたジェイコブが逆に被告として訴追される出来事もあり、事件の様相はますます複雑なものとなった。傍聴席を埋め尽くした聴衆は固唾を呑んで裁判の行方を見守り、日本の新聞も刻々と経過を伝えた。

二一回にわたった公判は二月一日、ついに結審した。陪審員は全員一致で絞首刑の判決を下した。判決は刑の執行権限をもつ駐日公使E・サトウに送られたが、時あたかも英照皇太后（孝明天皇妃、明治天皇の嫡母＝名義上の母）の逝去にともなう大赦令が公布されていたことを理由に、終身重労働に減刑したので、イーデスは香港植民地刑務所に送られることになった。

かくしてこの事件は日本では一件落着したが、イギリス本国ではイーデスの両親はもちろん、町長夫妻の悲運に同情したグラストンベリーの市民も、ウォルターの家族ですら、イーデスの無実を信じた。両親は枢密院に再審を請求したが却下された。翌一八九八年四月には、ヴィクトリア女王に釈放の陳情を行った。その陳情も受け入れられなかったが、本国への移送が決定され、イーデスはロンドンのホロウェー刑務所に移された。

一九一〇年十月二十六日、ジョージ五世の即位にともなう大赦によって釈放されるまで、イーデスは二十八歳から四十二歳までの十四年間を獄中で過ごした。その間、一九〇六年には、イングランド南部のワイト島の海軍幼年学校に入学していた長男ベンジャミンがわずか十三歳で病死している。ウォルターの兄ロバート・ジョージ・カリューが死亡の届出をしていることからすると、カリュー家に引き取られていたらしい。

釈放されたイーデスはグラストンベリーに帰った。しかし、再審請求や釈放運動には莫大な費用がかかったらしい。一九一四年、父ジョン・アルバートの死去後、一家は屋敷と広大な領地を売り払って町を出た。

一九三八年、イーデスは娘のマージョリーと姪の通称パンジーと三人で、ウェールズの海辺の小さな村、ディナス・クロスに現れる。運転手付で、孤児院から引き取った少年をハウス・ボーイとして雇い、丘の中腹にはサマー・ハウスを持っていたというから、生活には困っていなかった。おそらく屋敷や領地の処分によって得られたポーチ家の財産の一部を相続したのだろう。

ウェールズ語の話される村に現れた、イングリッシュ（イングランド語）を話す女ばかりの一家を、村人たちは奇異の目で見たにちがいない。しかし、威厳がありながら、明るく親切な老婦人としてイーデスに敬意を払っていたという。もとより四十年以上前に日本で起きた事件のことなど知る由もない。

一九五八年六月二十七日、イーデスはマージョリーに看取られながら九十年の生涯を閉じた。マージョリーも一九七八年、生涯独身のまま、パンジーに看取られながら八十二年の生涯を終えた。ウェールズの海を見ながら、少女時代の横浜の海を思い出すこともあっただろう。事件によって断ち切られてしまった親子の絆を取り戻すための日々だったのだろうか。

ウォルター・カリューの墓は外国人墓地の南東の角の近く、山手本通りに面する一区にある。検屍官を務めたJ・C・ホールも、ウォルターの主治医だったウィーラーも、イーデスの弁護のために熱弁を振ったラウダーも、ジェイコブの弁護人を務めたG・H・シッドモアも、医師として証言台に立ったエルドリッジも、筆跡鑑定人として出廷したメーソンも、みんな同じ墓地に眠っている。

墓標には「我が夫へ、愛の思い出をこめて」として、当時のイギリスを代表する詩人テニソンの辞世の詩の一節が刻まれている。この墓を前にして、これまで何千、何万の人々が、「これは妻に毒殺された男の墓で云々」「この墓碑も無罪を主張するための偽装の一つで云々」などと語ったことだろう。しかしイーデスは本当に犯人だったのか。冤罪ではなかったのか。自ら判断されたい方は、裁判の一部始終からイーデスの生涯まで詳細に跡付けた徳岡孝夫氏の労作『横浜・山手の出来事』（参考257）をお読みください。

第一次世界大戦戦没者記念碑

1st World War Memorial

4区

一九一四年に起きた第一次世界大戦には、横浜や東京に住んでいた連合国の居留民も兵士として出征し、多くの戦死者が出た。戦後の一九二二年、その慰霊のため、外国人墓地の山手本通りに面する一画に記念門が建設された。敗戦国となったドイツの居留民からは異論も出たが、戦勝碑ではな

く戦没者に対する慰霊碑だということで建設が進められ、四月二十二日、来日中のイギリス皇太子ウェールズ公を招いて除幕式が行われた。

記念門の左右には戦没者の氏名を刻んだ銘板が設置されていて、左側はイギリスの国旗、右側はアメリカとフランスの国旗で覆われていた。日本政府や外国公館の関係者、居留民らが多数参列するなか、式は午前一〇時に始まり、墓地管理委員会委員長モリソンと皇太子が式辞を述べたのち、皇太子が記念門中央の綱を引くと、国旗が取り外されて銘板が現れた。（参考258）

皇太子はジョージ五世の長男で、のちのエドワード八世。第一次世界大戦には兵士として出征することを希望したという。それは実現しなかったが、戦争中は最前線を視察し、戦後は各国を精力的に訪問して親善に努めたので、連合国の間で人気が高かった。日本の皇太子（のちの昭和天皇）のイギリス訪問に対する返礼として来日中だった。一九三六年に即位したが、シンプソン夫人との「王冠を賭けた恋」のため、一年に満たない三二五日で退位した。

記念門は翌年に起きた関東大震災によって、わずか一年半で倒壊してしまった。跡地にはモーガンの設計による正門が再建され、被災をまぬがれた銘板

（上）モーガンの設計による正門
（下）関東大震災慰霊碑

は正門を入って左手に移設された。右手には関東大震災慰霊碑が建てられた。第二次世界大戦中、正門の門扉は金属供出で取り外され、終戦時に見つかった時にはバラバラに解体されていたため、現在の門扉に交換された。

IX 外国人墓地の管理運営に携わった人々

一八七〇年七月以来、横浜外国人墓地は居留民から選ばれる管理委員会の手で運営されてきた。一〇年以上役員を務め、自らも外国人墓地に埋葬されている人を挙げると下の表のようになる。

このうち、モリソンについては210ページ、デンティチについては176ページですでに紹介した。レッツは一八七五年頃に創業し、時計・宝石の輸入、絹物の輸出に従事した。ゼーリッヒは一八九九年、ウィンクレル商会に入社し、のちに共同経営者となった。

以下、外国人墓地の管理運営に携わったジャーメイン、ジレット、グラウェルト父子、葬祭業を営んでいたスチボルトを紹介する。

名前	原綴	国籍	在任期間	在任年数	没年	墓域
ジャーメイン	Jarmain, John Joshua	イギリス	1871, 1876-1892	18	1892	8
ジレット	Gillett, Barzillai	イギリス	1881-1917	37	1918	19
グラウェルト	Grauert, Hermann Ludwig	ドイツ	1871, 1878-1901	25	1901	11
レッツ	Retz, Friedrich Wilhelm	ドイツ	1902-1918	17	1923	15
モリソン	Mollison, James Pender	イギリス	1917-1931	15	1931	16
ゼーリッヒ	Selig, Gustav	ドイツ	1926, 1929-1938	11	1938	6
ウィルスム	Wiersum, Menno Simon	オランダ	1929-1941, 1953-1955	16	1960	6
デンティチ	Dentici, Dante Michel	フランス	1956-1981	26	1981	9
グラウェルト	Grauert, Hermann Clemens	ドイツ	1965-1980	16	1980	11

（注）1923年までは『ジャパン・ディレクトリー』、1924年以降は管理委員会の総会議事録による。ただし、1942年から1952年の間は議事録が欠けているため不明。

ジャーメイン

Jarmain, John Joshua, 1840.2.21-1892.3.15
イギリス　8区39

鈴木一郎『日本ユリ根貿易の歴史』（参考259）によると、ジャーメインはロンドン郊外の園芸地帯クロイトンの生まれ、父親は植物学者として、またバラの栽培家として園芸界に知られる人物だったという。若くして軍隊に入り、一八六四年、海軍曹長として下関戦争支援のため横浜に派遣された。そのまま駐屯軍の一員として滞在、その後、現地除隊した。

モスは「種々雑多な面白い思い出」（参考196）という回顧談のなかで、「西洋の野菜と果物の大部分は、スミスとベイリーによって紹介された」と述べている。スミスはジャーメイン同様、現地除隊した元海兵隊員、ベイリーはイギリス聖公会の牧師である。除隊したジャーメインは最初ベイリーの農園で働いたようだが、一八六六年二月に退職、スミスが支配人を務める横浜ユナイテッド・クラブの職員になった。一八七〇年、外国人墓地の管理委員会が発足すると初代の管理人になった。

一八六七年、イギリスの代表的な園芸業者ヴィーチ商会（John Veitch & Son）がクラマー（Carl Kramer）をプラント・ハンター（植物採集人）として日本に派遣した。クラマーは一八六九年頃からクラマー商会の名で百合根や苗木、種子を輸出した。翌年、スミスが中心になって開設された山手公園を運営するパブリック・ガーデン委員会の委員長に、一八七一年にはスミスの農園の管理人になっている。前掲『日本ユリ根貿易の歴史』は、ジャーメインがクラマー商会の社員として、一八六八年に輸出したのが「ユリ根貿易のそもそもの濫觴《らんしょう》」だという。しかし、クラマーが輸出した時には、すでにそれ以前に夥しい数の球根が輸出されており、横浜近辺では入手困難になっていたというし、ジャーメインとクラマー商会との関係もはっきりしないので、残念ながらジャーメインを「ユリ根貿易商の開祖」と断定するのは無理なようだ。(参考260)

一八七二年六月、クラマーが東京に移ると、ジャーメインは墓地の管理人を辞めてスミスの農園の管理人になり、合わせて山手公園の維持費捻出のためにスミスが始めたフラワー・ショーの責任者になった。

一八七六年、ジャーメインは再び墓地の管理人となった。その頃スミスが横浜を去ったことと関係があるかもしれない。以後、一八九二年に死去するまでその職にあった。一八八三年頃から、墓地の管理人を務める傍ら、花の種子や球根・苗木の輸出入、花や果樹の販売に乗り出した。葬儀用の花輪や花十字の製作も手がけていた。

ジャーメインの先妻ハンナ(Hannah Linsley, 1838ca.-1869.6.9)は一八六九年、三十一歳の若さで死去し、二二区に埋葬されている。その後、日本人のサダ(Mary Sada, 1852.5.21-1931.5.26)と再婚した。ジャーメインが死去した時、子どもたちはまだ若かったので、未亡人と子どもたちは管理委員会の計らいで引き続き管理棟に住み、墓地台帳を管理することになった。したがって管理人は長らく任命されなかった。

ジャーメイン一家は一九〇八年頃、藤沢惣吉や甥の浅次郎と組んで、外国人墓地に近い元町の箕輪坂（現代官坂）にジャーメイン商会という洋花店を開いた。近郊の本牧に農園があって「ジャーメン園」とも藤沢花園とも呼ばれていた。（参考261）

関東大震災ののち、一家は神戸に移住してジャーメイン・デーヴィス商会を設立し、貿易に従事した。子息のヘンリーは横浜で大谷ハナ子と結婚しており、一九三九年、日本に帰化して大谷茂となった。夫妻は神戸の長峰山に三二〇坪の土地を得て、一九三六年、洋風の家と和風の庭を造った。長男の俊雄がその様子を撮影した8ミリ・フィルムが残されていて、それを元に編集した「神戸の花屋敷―ある家族の肖像」という番組が放映されたことがある（テレビ朝日、二〇〇一年三月十三日）。俊雄は結婚して一女を得たが、その直後、日本軍の兵士として出征し、一九四二年に戦死した。

ジャーメインの夫人サダは一九三一年に死去、末娘のアニー（Annie Sada）は一九六四年、神戸で死去したが、横浜外国人墓地八区でジャーメインとともに永眠している。

ジレット

Gillett, Barzillai, 1836.1.12-1918.10.27

イギリス　19区32

外国人墓地の管理運営資金の大半は埋葬料収入だから、埋葬数が多ければ運営資金は豊かになる。しかし、死亡率は低く、運営は円滑に、と

いうのが居留民の願いであり、その願いに応えるのが管理委員会の役割であった。そのうえ、将来埋葬の余地がなくなり、埋葬料収入が絶えたのちも墓地を維持していくための基金を、毎年積み立てなければならなかった。したがって、会計係は特に重要な役割を担っていた。ジレットはその会計係を三七期にわたって務め、総会に提出される年次報告をまとめた。

ジレットは一八七七年頃来日してウィルキン・ロビソン商会に勤務、一八八一年に独立し、船具やペンキを扱う個人経営の小規模な輸入商を営んでいた。

管理委員会の総会では、議長に対して儀礼的に感謝の決議がなされるが、ジレットに対してはいつも特別に感謝の意が表明された。一九〇三年三月三十日に開かれた総会での返礼の言葉に、ジレットの墓地に寄せる思いがよく表れている。

「この墓地には私たちの友人がたくさん眠っています。それに若くして世を去り、ここをついのすみかと定めた人たちのなんと多いことでしょう。彼らの父や母が、この総会の報告を読んで、海をへだてた遠い国に眠る子どもたちに遥かな思いをよせ、そのお墓がりっぱに守られていることを知ったならば、きっと大きな慰めとなることでしょう。」（参考262）

グラウェルト父子

Grauert, Hermann Ludwig, 1837.6.17-1901.11.1
Grauert, Hermann Clemens, 1895.6.22-1980.8.29
ドイツ　11区96

ヘルマン（左）、クレメンス（右）

ヘルマンとクレメンスの父子は、二人で合計四一年にわたって管理委員会の委員を務めた。

一一区には、ヘルマンとともに、いずれもハノーヴァー王国リンゲン出身のヴィルヘルム・グラウェルト（Wilhelm Heinrich Ludwig Clemens, 1829.12.1-1870.11.29）、ハインリッヒ・グラウェルト（Heinrich Anton, 1845.1.30-1890.8.16）の三人の兄弟が埋葬されている。ハノーヴァー王国は一八六六年の普墺戦争後、プロイセンに併合されるまで独立の国だった。

まず長兄のヴィルヘルムが来日し、一八六二年七月一日、横浜にグラウェルト商会を設立した（参考263）。来日前は香港の商社で働いており、来日時の国籍はイギリスだった。香港版の商工名鑑（*The Chronicle & Directory for China,Japan, & the Philippines*）一八六八年版の横浜の部にN・グラウェルトが現れるが、NはHの誤りだと思われる。翌年版からはHになる。Hだけではヘルマンなのかハインリッヒなのかわからないが、ヘルマンの伝記（後述）によれば、ハインリッヒの来日は一八七二年とされているので、このHはヘルマンであろう。ヴィルヘルムは一八七〇年に死去し、以後ヘルマンの個人経営となった。

グラウェルト商会はとくに目立った商社ではなかったが、変わった事業として船具用の縄を製造していた。そのため明治三（一八七〇）年四月から十一年四月まで「中村地内字中井」に土地を借りていた（現中区唐沢地内）。日本の記録には「独逸人カラウルト」の「縄捻場地」、あるいは「独乙人ガラウルト」の「船縄製造場所」と記されている。明治十四年の「横浜実測図」にその痕跡が細長い土地としてはっきり残っている。計測すると二五〇メートル程の長さがある。（参考264）

子息のクレメンスはミュンヘン大学で医学を学び、医師となった。戦後は横浜で医院を開業していた。ヘルマンと妻のヘレーネ（Helene, 1862.10.6-1926.2.1）、クレメンスと妻のウメコ（1915ca.-1970.7.31）はいずれも一一区で永眠している。

いつの頃からか、ヘルマンが横浜天主堂の創建に尽力したという伝説が生まれた。横浜開港七〇年を記念して、有吉忠一市長がクレメンスにヘルマンを表彰する文書を手渡した一九二八年には、この伝説ははっきり姿を現していた。開港百年祭が行われた一九五八年、ヘルマンの功績を称えるグラウェルト百年祭なるものが開催され、時の外務大臣以下、横浜市長、商工会議所会頭、各国大使が招待された。一九六二年には彫刻家の井上信道の制作したヘルマンの胸像が墓地に設置され、四月三十日に除幕式が行われた。胸像の下にヘルマンの事績が刻まれるとともに伝記（*Herman Ludwig Grauert, 1837-1901*）が編集され、伝説が歴史の領分に侵入してきた。

結論から言うと、伝記には疑わしい部分が多い。例えば、横浜天主堂創建の主体であるパリ外国宣教会の記録にヘルマンの名はまったく現れない（参考265）。そもそも天主堂が創建された一八六二年一月十二日にはヘルマンはまだ横浜にいなかったと思われる。伝記には一八六一年、プロイセンの初代名誉領事に就任したとか、その年の十一月二十日、サムライに殺害されそうになったという記述もあるが、いずれも裏付けがとれない。

一八六三年、ヴィルヘルムがクルプ・ゲルマニアの初代会長に就任したとも記されているが、「ジャーマン・クラブとその関連事項」（参考266）によると、初代会長はオール（Ohl）だという。クラブの創立七五周年に刊行された記念誌（*Klub Germania, Yokohama,1863-1938*）は初代会長をヴィルヘルム、二代目をオールとしているが、記念誌が作成された時にはすでにグラウェルト伝説が広まっていたので、裏づけと言えるかどうかは疑問である。

一八六五年に居留地参事会の議長に選出されたとも記されている。しかしこの時期にはまだヘルマンが来日していた形跡はないので、これは兄のヴィルヘルムであろう。ただし、議長に選出されたのはショイヤーであって、グラウェルトは財務委員に就任している（参考267）。

調べればわかることなのに、多くの人が事実と合わない伝説を信じてしまったのはなんとも不思議だ。

スチボルト

Stibold, Nicolai , 1830ca.-1877.3.1

デンマーク　21区22

一八六七年、オランダ人フライが造船業の傍ら霊柩馬車を備えて葬祭業を始めた。これが居留地最初の葬祭業であろう。明治時代には、スチボルト、ボーム（P. Bohm）、ロブソン（John Robson）らが葬祭業を営んだ。

スチボルトは一八六三年、上海で兄弟のクリスチャンと建築業のスチボルト兄弟商会を始めた。一八六七年、ニコルソン&ボイド造船所の社員となり、翌年長崎に派遣された。一八六九年、長崎に建築業のスチボルト商会を設立、一八七三年、横浜に移った。一八七五年頃から葬祭業を兼ねるようになり、やがてそれが本業になった。霊柩馬車を備え、墓石の設計・製作にもあたった。一八七七年に死去したが、未亡人のジョハンナ（Johanna, ?-1886.9.15）が経営を続け、その死後も後継者の手で一九〇六年まで経営が続けられた。スチボルト夫妻は二一区で永眠している。（参考67）

X　根岸の丘に眠る人々

一八七七年から数年にわたってコレラが大流行した。一八七九年、神奈川県地方衛生会が設立され、九月十日の第一四回会議で外国人墓地の問題が討議された。山手の墓地は人口密集地の元町に隣接しているため、伝染病による死者を埋葬した場合、病原菌が井戸水に入り込んで、元町の住民の健康に有害だというのである。墓地の閉鎖や移転も議論されたが、墓地調査委員会を作って検討することになった。委員会が出した結論は、山手の墓地に伝染病による死者を埋葬するのは危険であること、すでに手狭になっているが拡張の余地がないので新しい墓地を用意すべきこと、根岸の射撃場の先端（現在JR山手駅付近）近くの丘に適当な土地があること、などであった。（参考268）

これを受けて一八八〇年中にはすでに根岸村中尾（現在中区仲尾台）に新しい墓地の用地が確保された。ところが管理方法が定まらず、時間が経つうちに上下水道の整備など衛生状態が改善され、山手の墓地でも土地利用を工夫したり、火葬が普及するなどしたため、根岸の墓地用地は宙に浮いたままだった。一八九九年に改正新条約が実施され、居留地制度が廃止される際に作成された「改正条約ニ基キ横浜外国人居留地整理ニ関スル意見書」（参考269）でも「明地」

に含まれている。

この意見書では、一八八四年に公布された墓地及埋葬取締規則によって、共葬墓地は市町村が管理すべきものと定められたので、この墓地の使用に当たっては横浜市が管理すべきだとされており、その方針が採用された。使用開始の時期は史料が失われていてよくわからない。通説では一九〇二年だが、確認しうるもっとも古い被葬者の没年は一八九二年に遡る。（参考270）

墓地は一～四区とポイント一～七に区分されており、ポイント地区には第二次世界大戦後、アメリカ兵と日本人女性との間に生まれながら幼くして死んだ子どもたち約九〇〇人が埋葬されている（参考271）。

被葬者には根岸や隣の中村に住んでいた人が多い。三区には震災の犠牲となった外国人の墓が集中している。アメリカ総領事代理キルジャソフ夫妻（Max David & Alice Ballantine Kirjassoff）、O・M・プール氏の友人で、同氏の著作『古き横浜の壊滅』（参考90）に登場するワトソン（Louis Watson）、同じく親友でベリック兄弟商会の社員モリス・メンデルソン（Morris Mendelson）の結婚したばかりの妻マデリン（Madeline）など。一九二七年には、ここに横浜市が「外国人震災慰霊碑」を建立した。

根岸の墓地にはドイツ軍艦ウッカーマルク号爆発事件の犠牲者の墓もある。第二次世界大戦中の一九四二年十一月三十日、横浜港新港埠頭に碇泊中のウッカーマルク号で爆発が起き、近

根岸外国人墓地

くのトール号やロイテン号にも飛び火して、ドイツ軍将兵六一人、船内で作業に従事していた中国人捕虜三六人、日本人五人、合計一〇二人の死者が出た事件である。

事件は極秘扱いにされたため詳しいことはわからないが、身元の判明しなかった一六人が根岸の墓地に葬られた。身元の判明した死者は久保山墓地（西区）で火葬に付され、戦後遺骨の一部は故郷に帰り、一部は第二次世界大戦中に日本で死去した他のドイツ軍将兵の遺骨とともに山手の外国人墓地一二区に埋葬され、慰霊碑が建立された。中国人の死者も久保山墓地で火葬に付され、遺骨は故郷に送られた。根岸にあった墓碑は失われていたが、一九九四年、横浜山手ライオンズクラブとドイツ大使館の手で再建された（参考272）。

ドンケル＝クルチウス兄弟

Donker Curtius, Boudewijn, 1845.9.15-1911.9.24
Donker Curtius, Jan Hendrik, 1848.12.8-1912.2.23
オランダ　根岸2区8、67

ドンケル＝クルチウス家は、一七四三年に結婚したヘンドリック・ドンケルとボードウィナ・クルチウスの子息、ボードウィン・

ヤン・ヘンドリック

ボードウィン

ドンケル＝クルチウスに始まる。それから三代目のヤン・ヘンドリックは、一八一三年、アルンヘムに生まれ、法律家としてオランダの植民地だったインドネシア、スラマンの高等法院、次いでバタヴィアの高等軍事法院に赴任した。スラマンで三男ボードウィン、バタヴィアで四男ヤン・ヘンドリック二世が生まれている。

一八五二年、ヤン・ヘンドリックは日本に開国を促すべく、アメリカのペリー艦隊に関する情報やシーボルトが起草した条約草案を携え、最後の商館長として長崎の出島に赴任した。日本の開国は一八五四年にペリーが幕府と結んだ日米和親条約によって先を越されてしまったが、一八五六年、それに準ずる日蘭和親条約を結び、翌年には役所を仲立ちとする方法ではあるけれども、通商貿易を認める内容を含む追加条約を結んだ。

他方、一八五六年、下田に来航したアメリカ総領事ハリスは、あくまでも役所を仲立ちとしない「自由貿易」を求めて江戸で交渉を重ね、翌年末ほぼ成案を得ていた。ヤン・ヘンドリックも江戸に赴いて同様の内容の条約締結を求めた。条約締結に反対する大名もいたので、幕府は朝廷の承認を取り付けて国論の統一を図るため、老中堀田正睦を京都に派遣した。しかし、これが裏目に出て、朝廷の承認を取り付けることができず、調印は宙に浮いてしまった。しかたがないのでハリスは下田へ、ヤン・ヘンドリックは長崎へ戻ることにした。

一八五八年七月二十三日、アメリカ軍艦ポーハタン号が下田に入港し、中国と交戦中のイギリス軍とフランス軍が広州を攻撃して戦況を有利に進めているという情報を伝えた。ハリスはポーハタン号に乗り、柴村（現横浜市金沢区）沖へやってきて条約調印を迫った。戦勝に乗じて英仏連合軍が来航し、軍事的圧力をバックに日本に不利な条約を押し付けるだろうから、その前にアメリカと条約を結び、イギリスやフランスとも同様の条約を結んだほうが日本にとって有利だと言うのである。幕府はハリスに説得され、七月二十九日、朝廷の承認を得ないまま条約に調印した。その時、ヤン・ヘンドリックは長崎へ戻る途上にあった。かくしてオランダは通商条約の締結でもアメリカに先を越されてしまった。日米条約が調印されれば日蘭条約にも調印するという約束があったのであろう。岩瀬忠震《ただなり》ら日本側全権委員は日蘭条約に署名して長崎に送付した。ヤン・ヘンドリックは八月十八日、長崎でそれを受け取って署名し、この日が日蘭条約調印の日となった。

ヤン・ヘンドリックは一八六〇年に帰国した。在任中の大きな仕事に、オランダの技術援助による長崎海軍伝習所の設立がある。オランダ政府はそのために軍艦スームビング号（日本名観光丸）を寄贈し、伝習所長カッテンディーケ（のち海軍大臣）らを派遣した。ここで勝海舟らの海軍軍人が育った。ヤン・ヘンドリックは一八七九年、故郷のアルンヘムで死去した。

ヤン・ヘンドリックの七人の子どものうち、三男ボードウィンと四男ヤン・ヘンドリック二世が来日した。ヤン・ヘンドリックは明治三（一八七〇）年十月から六年十月まで、ボードウィンは四年九月から五年八月まで、徳島藩（廃藩置県後は名東県）の外国語学伝習所の教師として英語・フランス語・ドイツ語を教えるとともに、藩主蜂須賀茂韶《もちあき》の家庭教師を務めた。蜂須賀茂韶は語学力を活かしてイギリスのオックスフォード大学に留学し、帰国後、東京府知事や貴族院議長、文部大臣を務めた（参考273）。

その後、兄弟はオランダ公使館勤務を経て横浜に定住し、ボードウィンはメンデルソン兄弟商会などで働いた。『横浜成功名誉鑑』によると、日本人女性と結婚したが子どもに恵まれず、晩年は花を育てながら「淡然」と暮らしていたという（参考274）。

ヤン・ヘンドリックはオランダ貿易会社を経て、一八八六年から一八九二年まで日本郵船に勤務した。日本郵船の初代横浜支店支配人近藤廉平は、ヤン・ヘンドリックが教師を務めた徳島の外国語学伝習所の生徒だった。一八九五年、三代目社長に就任している。ヤン・ヘンドリックは横浜商業学校の教師も務めた。

ヤン・ヘンドリックは小山キン（1850.10.28-1927.6.22）と結婚して六人の子に恵まれた。一八九九年、改正新条約の実施によって居留地制度が廃止され、外国人の居住が自由化されたが、おそらくそれを機に、一家はボードウィンとともに、根岸町に隣接する中村町に住んだ。兄弟とキン、その五人の子が根岸の外国人墓地で永眠しているのはそのためであろう。（参考275、276）

ハートレー

Hartley, John, 1841.3.7-1911.12.4

イギリス　根岸2区81

一八六三（文久三）年末、新旧二人のイギリス公使館付医師、ウィリスとジェンキンスが薬局の開設を計画した。横浜居留地最初の薬局になるはずだったが、薬剤師コラドの到着が遅れ、翌年三月頃、ハリスが開いた横浜メディカル・ホールに先を越されてしまった。ウィリ

スとジェンキンスの薬局は五月二十八日に横浜ディスペンサリーという名前で開業した。しかし、コラドが香港へ帰ってしまったので、じきに休業してしまう。その穴を埋めたのがハートレーであった。ウィリスによると、ハートレーはたいへんな「張り切り屋」だったという（参考277）。

来日以前、ハートレーは上海で薬剤師をしていた。一八六四年十月一日に来日したが、翌年初頭、ウィリスの兄ジョージがイギリスで雇用したドウが到着したので独立し、ハートレー商会を起こした。

「十五年間の興味深い思い出―ジョン・ハートレー氏への特別インタビュー」という回顧談が『ジャパン・ガゼット横浜五〇年史』（参考278）に掲載されている。それによると、ハートレーは加賀藩のサムライに英語を教える換わりに日本語を習った。商用に差し支えないくらいの日本語を覚えたハートレーは、薬品の輸入のみならず、茶・生糸・銅貨・ボロ布の輸出などに業務を拡張した。

一八六八（明治元）年大阪に進出、汽船をチャーターして諸藩の兵士を輸送したり、造幣局との取引を行い、一八七〇年に横浜へ戻った。洋書の輸入も行っており、「外国本屋・薬種屋・道具屋、横浜本町通八十四番ハルトリー、并ニ江戸・大坂商売仕候」という印を押した書物の存在が知られている（参考279）。

通商の規定を含む最初の条約である一八五七（安政四）年の日蘭追加条約ではアヘンの輸入を禁止していた。日米修好通商条約や日英修好通商条約付属貿易章程では、三斤以上のアヘンを輸入した場合、超過分は没収すること、密輸した場合には罰金を課すことが定められている（参考280）。しかし、麻薬である吸烟アヘンと鎮痛剤である薬用アヘンの区別がなかったので、外国商社のなかには品名を偽って薬用アヘンを密輸するものがあった。ハートレーもその一人だった。

一八七七年十二月十四日に入港したザンビア号で、ハートレーが輸入したアヘン二〇ポンドが発見され、税関顧問ラウダーと税関長本野盛亨《もりみち》は条約違反としてイギリス領事裁判所に提訴した。翌年二月二十日、ウィルキンソン裁判長の下した判決は意外なものだった。条約が禁止しているのは吸烟アヘンだけだとして、無罪を宣告したのである。そのため、この事件は日英間の外交問題に発展した（参考281）。

判決が出る前の一月八日、ハートレーの輸入品の中から再び一七ポンドのアヘンが発見され、税関では吸烟用であることを示す分析表を添えて提訴した結果、これについては罰金が課された。

先の回顧談によると、オランダ人にはアヘンの輸入が認められているのに、他の国民には認められておらず、「条約に基づく権利の侵害」だというのがハートレーの言い分だった。そのために「張り切り屋」のハートレーが意地になって輸入したもののようだ。しかし、張り切りすぎが仇になって、内外の新聞で非難され、店はボイコットされ、健康も害したため、翌年商館を閉鎖して帰国した。

回顧談によると、ハートレーは一八九九年横浜に戻って四年滞在、一旦帰国後上海に渡ったが、商用でたびたび横浜を訪れ、知人と旧交を温めているという。香港版の商工名鑑（参考282）を見ると、一九〇三年版から一九〇六年版と、一九一〇年版と一九一一年版の上海の部にハートレーの名が見える。

ハートレーが横浜で死去したならば、新聞に死亡記事が出たことだろう。上海で死去したと思われるが、上海発行の新聞『ノース・チャイナ・ヘラルド』にも死亡記事は出ていない。そのハートレーの墓がどうして根岸にあるのか。ほんとうにあの「アヘン密輸事件」のハートレーなのだろうか。一抹の疑問は残るが、本人の遺志か、周囲の人たちの配慮で、彼がもっとも充実した日々を送った横浜に埋葬されたのだと考えたい。

キルドイル

Kildoyle,Edward Edmund, 1846-1928

アメリカ　根岸2区21

意外なことに、一八九七年に横浜船渠会社の第二号ドック（現西区みなとみらい）が完成するまで、横浜には本格的な修船や造船の施設がなかった。それまでの間、居留地の造船所や鉄工所が船舶修理に従事していた。それらは故障した船の部品を修理したり、同じものを作ってまるごと交換することによって、港湾機能の重要な部分を担っていた。その多くは堀川を挟んで山手と元町に面する堀川通りに並んでいた。堀川通りで最大手の鉄工所を築いたのがキルドイルである。

キルドイルは一八七八年頃来日し、一八八〇年、小さな鍛冶工場を始めた。翌年、堀川通り沿いの居留地一六一番地に移り、一八八三年から工場名をクリークサイド・エンジン・ワークスとした。居留地の角地に位置するので、日本人からは「角屋敷」と呼ばれていた。やがて工場を隣接の一五八・一五九番地に拡張し、一八八七年には、やはり堀川通り沿いにあったウィットフィールド経営の横浜鉄工所（Yokohama Iron Works）を合併、工場名を横浜エンジン＆アイアン・ワークス（Yokohama Engine & Iron Works, 日本名横浜機械鉄工所）に改称するとともに、株式会社組織とした。一六一番地に移った当時三〇名だった日本人職工数は、その時点で三八四名に増えていた。キルドイルは引き続き支配人として経営に当たったが、一八九三年頃、退職した。

会社はその後も成長を続け、一九〇六年、やはり堀川沿いの一一三〜一一五番地にあったピーターソンの工場（ピーターソン・エンジニアリング・カンパニー）をも合併し、日本人職工五〇〇人を擁するまでになった。一九一六年、進経太《しんつねた》の手を経て経営権が委譲され、内田造船所の所有となったが、関東大震災直前に閉鎖された。（参考283）

キルドイルは一九〇二年以降、横浜ユナイテッド・クラブの技師長を務めた。一九一六年以降は、堀割川に架かる天神橋際にあったセール・フレーザー商会の製材所（堀内町《ほりのうち》新川所在、現在は南区中村町の一部）の経営に当たった。

一九〇八年、滝頭（現在磯子区）に禅馬鉄工所が設立された際、イギリス人技師ブリトンが日本人職工とともに横浜エンジン&アイアン・ワークスから移って創業に加わったが、キルドイルは工場内に東洋紙袋株式会社を設立、子息のデニス（Denis, 1893.5.10-1973.1.31）が経営に当たり、アメリカの製袋会社（American Paper Bag Co.）と提携して、セメント用の袋や牛乳パックを製造した。

キルドイルは一九二八年に死去し、スペイン系フィリピン人の妻フィロメーヌ（Philomene, 1870ca.-1925.10.12）とともに、根岸外国人墓地で永眠している。デニスは終戦直後、日米開戦の回避や終戦工作に尽力しながら、外務大臣の職にあったことから戦争責任を問われ、極東国際軍事裁判の被告となった東郷茂徳の通訳を務めた。一九七三年に死去し、山手の外国人墓地五A区で永眠している。

オーストン

Owston, Alan, 1853.8.7-1915.11.30

イギリス　根岸2区22

オーストンはロンドンの西南方、サリー州パーブライトの出身。一八七一年頃、レーン・クロフォード商会の社員として来日し、一八八一年、輸入商のオーストン・スノー商会を設立した。

共同経営者のスノー（Henry James Snow, 1848-1915）は北の海で毛皮の材料となるラッコやアザラシなどの海獣を追い求める「シーラー（Sealer）」の代表格と目される人物。探検家でもあり、博物学者でもあって、プライアーとブラキストンが出版した「日本鳥類目録」の協力者だった。陸に上がったスノーは長年横浜ユナイテッド・クラブの幹事を務め、求められるとクラブの来客に若い頃の冒険談を語っていたが、一九一〇年に名著の誉れ高い『千島列島黎明記』を著した（参考284）。「ジャングル・ブック」の作者として知られるイギリスのノーベル文学賞作家ラドヤード・キプリングに、シーラーを主人公とする物語詩「三人のシーラー」がある（参考285）。W・B・メーソンはスノーの伝記のなかで、キプリングに着想を与えたのはスノーではないかと述べている（参考286）。スノーは横浜で死去したが、山手にも根岸にも外国人墓地に墓はない。日本人墓地に埋葬されたと伝えられる。

他方、オーストンは一八八五年にスノーとの共同経営を解消し、個人で営業を続けた。一八九三年の

『横浜貿易捷径』（参考121）によると、輸入品は蒸気機械・船具・鉄管類・ゴム、輸出品は博物品（動植物標本のことか）・ハンカチーフ類となっている。

オーストンはラフィンと並び称されるヨットマンだった。一八八六年、横浜セーリング・クラブが組織されると初代の評議員に就任した。一八九六年に横浜ヨット・クラブと改称されるが、一九〇二年には副会長になった。

一八九八年七月四日に行われたレースは、オーストンのゴールデン・ハインド号とラフィンのメアリー号が台風のなかでデッドヒートを展開する名勝負となった。結果はゴールデン・ハインド号の勝利に終った。しかし、ゴールデン・ハインド号はその後、ある暴風雨の夜、富津《ふっつ》岬付近で行方不明になってしまった。この暴風雨では日本の漁船も被害を受け、多くの漁師が犠牲となった。この事件をきっかけとして、オーストンは発動機漁船の輸入と普及に努めた（参考146）。

オーストンは海洋生物を中心とする動物の研究家でもあった（参考287）。一八九五年には、盟友のラフィンと共同で、自社に横浜動物商会（Yokohama Menagerie Co.）を併設している。晩年、根岸外国人墓地に近い竹之丸に住んでいた。

XI　横浜外国人墓地小史

1　埋葬の初め

外国人墓地の山手本通り側の正門から見ると一番奥に元町側通用門がある。昔はこちらが正門だった。通用門を入って右手に行くと生麦事件の犠牲者リチャードソンの平たい墓石があり、通路を挟んで斜め向かいに大きな四角錐のオランダ人船長の墓標がある。この通路がかつてはそのまま丘を越えて本牧方面に通じており、本牧道と呼ばれていた。横浜村時代、この道を境にして、リチャードソンの墓石がある平地は宮之脇と呼ばれ、名主の石川徳右衛門ら二名が所有する畑があった（墓地の外周に沿う宮脇坂にその名が残っていたが、現在は見尻《みしり》坂と呼ばれている）。丘の斜面は増徳院という寺院の境内だった。

「癸丑甲寅《きちゆうこういん》の年」といえば、鎖国のもとで太平を謳歌していた時代から、激動の幕末・維新への転換の端緒として記憶され続けた。癸丑の年、すなわち一八五三（嘉永六）年、アメリカの日本遠征艦隊を率いるペリー提督が来航し、開国を求める大統領の親書を幕府に提出した。翌甲寅の年、すなわち一八五四（安政元）年、国書への返答を求めて再度渡来したペリーは、交渉の末、横浜村を会談場所とすることに合意した。当時世界最大級の蒸気軍艦を擁するペリーの艦隊にとって、水深の深い横浜村地

ウイリアムズの葬儀　増徳院の門前を棺が運ばれていく。右奥に「墓穴」が描かれている。警備に当たっていた松代藩の絵師樋畑翁輔がスケッチしたもの。

先は良好な碇泊場所だった。

艦隊が横浜沖に碇泊中の三月六日、ロバート・ウイリアムズという二等水兵が死亡した。ミシシッピー号乗り組みの海兵隊員で、二十四歳だった。死因について「帆柱から甲板に転落して死亡」という伝えもあるが、当時の記録では病死とされている（参考288）。

二日後の八日、最初の日米会談が行われるが、議題の一つとなったのは、ウイリアムズの埋葬のことだった。話し合いの結果、増徳院の境内に土地が提供されることになり、翌日埋葬された。

埋葬の様子は、次のように記録されている。

九日の午後五時、艦隊の艦船が半旗を掲げるなか、遺体を乗せたボートが船を離れ、上陸ののち、従軍牧師ジョーンズや海兵隊員による葬列が増徳院へ向かった。『ペリー艦隊日本遠征記』（参考289）には、「群衆も集まってきて、好奇心にあふれる目で、しかし礼儀正しく敬意を払いながら、葬列が物悲しい太鼓の音に合わせて静々と行進するのを眺めていた」と記されている。

埋葬はジョーンズ牧師の司式によりキリスト教式で行われたが、その後、増徳院の住職圭厳《けいげん》阿《あ》闍梨《じゃり》による仏式の供養も行われた。期せずして史上初の日米合同葬となったのである。その死によって日米親善の架け橋となったウイリアムズは、天国と極楽への二枚の切符を手にして、この世を旅立った。

開港後、この地に外国人墓地が設けられたことを考えると、この埋葬はその端緒となったといえる。埋葬地は本牧道から見てオランダ人船長の墓碑の右手奥の辺りであろう。現在では想像もできないが、丘の麓のとても美しい場所で、海がよく見えたという。

会談の結果締結された日米和親条約によって下田の開港が決まったのち、下田郊外柿崎村の玉泉寺に外国人用の墓地が設けられることになり、ウイリアムズの遺体は、六月十三日、横浜から下田に運ばれ、玉泉寺に改葬された。

2　最初の被葬者

開港直後の一八五九年八月二十五日、来日中のロシア使節、東シベリア総督ムラヴィヨフの随員、モフェトとソコロフが横浜市中で殺害され、二日後、仮に埋葬された。幕府の公文書を編集した『続通信全覧』の「類輯之部・慶弔門・埋葬」（参考3）によると、その場所は「増徳院持地之内」「山裾突出之地所」であり、「左右に日本人・亜米利加人之墓所」があったという。やはり増徳院境内の山脚部であり、「亜米利加人之墓所」とはウイリアムズが埋葬された場所のことであろう。したがって、これもオランダ人船長の墓碑の近くだと思われる。

『続通信全覧』によると、その後の経過は次のようなものであった。

ロシア使節は、幕府が高さ七間半（約一三、六メートル）・廻り三間（約五、五メートル）四方の石塔を建て、柵矢来（木製の囲い）を造って丁重に埋葬し、永久に保護することを要求した。しかし、増徳院境内の山脚部のわ

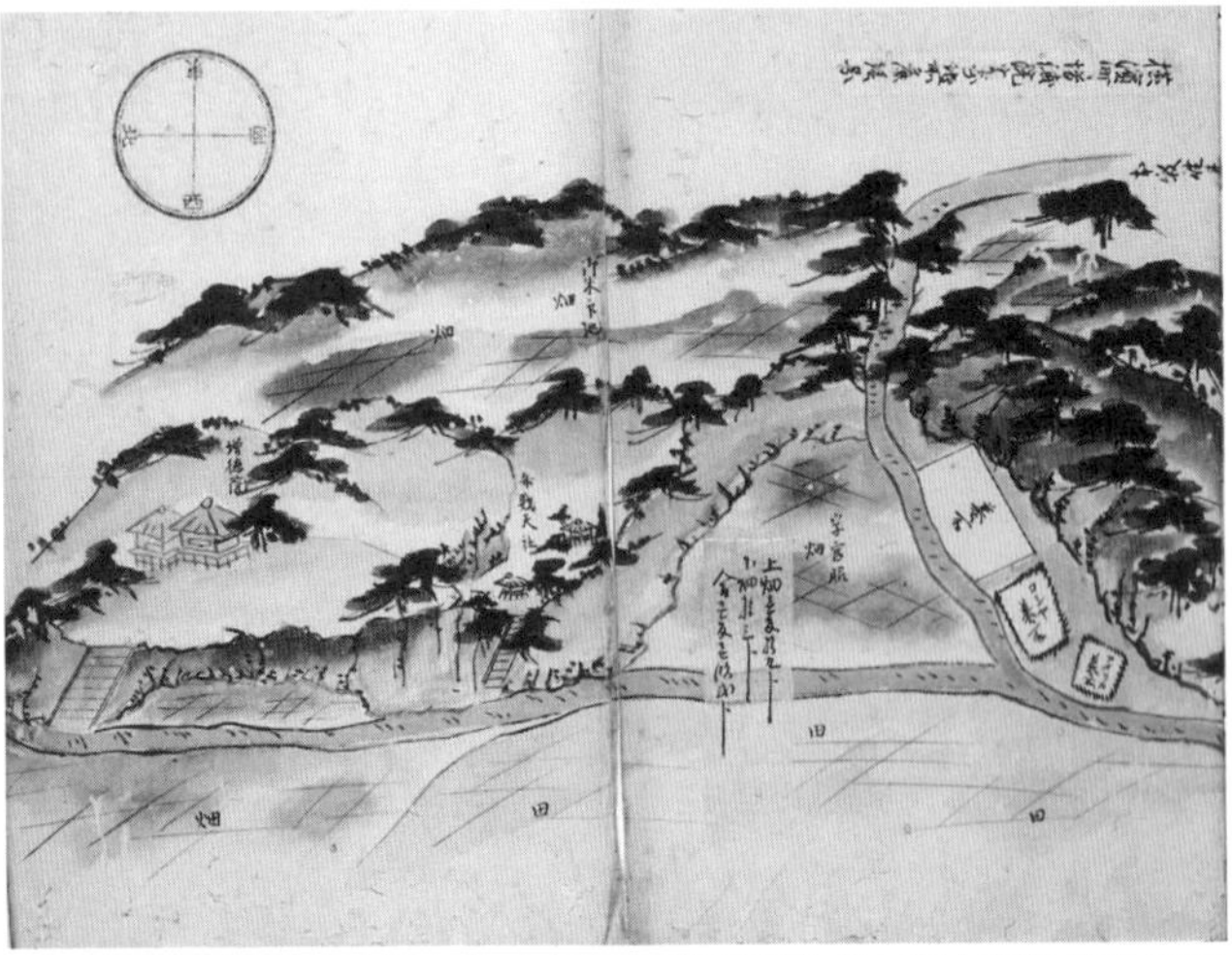

ロシア将兵の埋葬地を示す絵図　「ロシア墓所」が仮埋葬地。「アメリカ墓所」はウイリアムズ水兵が埋葬された場所であろう。墓所の前の「本牧往来」を挟んで「字宮脇」の畑地が描かれている。この地域を描いた最古の絵図。

最初の墓域を示す絵図　増徳院の右手の柵で囲われているのが外国人専用の墓域。中にロシア将兵（左）とオランダ人船長（右）の墓が描かれている。右端の「御国人墓所」は現在カトリック山手教会墓地（外国人墓地の南隣）となっているあたり。そこにも孛漏生（プロイセン）人墓所が存在していたことがわかる。

ずかな平地には、これだけの規模の施設を造る場所がない。そこで外国奉行は二つの案を考えた。一つは増徳院境内の山上に建てる案である。しかし、山上に七間半もの高さの塔を建てると、海上からもよく見えてしまい、体裁が悪い。

もう一つは増徳院境内に隣接する宮之脇の「徳右衛門外壱人持畑」を買収する案であった。山脚部に孕まれる山陰の痩せ地なので、所有者から異論も出ないだろうというのである。これに対して勘定奉行からは、高大な塔は不相応であり地震にも弱い、そのために年貢収入がある耕耘の地を潰すのは不適当だという意見が出されたが、石塔を縮小し、墓地として貸与したのちは地代を徴収するという条件で、外国奉行の案が裁可されたようである。実際には石塔は縮小されたが、地代は徴収されなかった。

3　墓域の形成

宮之脇の買収により、増徳院境内の山脚部と合わせて、外国人のための墓域が確保された。現在の二二区に相当するもっとも古い墓域である。しかし、増徳院境内には日本人の墓があり、外国人専用というわけではなかった。

『続通信全覧』によって先を続ける。

開港の翌年、万延元（一八六〇）年二月五日、二人のオランダ人船長が殺害され、増徳院境内の「外国人埋葬所地続之場所」に四角錐の大きな墓標が建てられた。九月にはアメリカ商船「マテンシス」とイギリス商船「オウセンシス」の水夫が死去し、いずれも「増徳院持地内」に埋葬された。オランダ人船長の墓標は現存するが、水夫の墓標は埋もれてしまったらしい。

文久元（一八六一）年三月、神奈川奉行は日本人と外国人の「雑葬」は好ましくないとして、増徳院境内の丘の斜面の雑木林と宮之脇を合わせた千六百坪余の土地を外国人専用の墓域とし、周囲を柵矢来で囲うことを提案した。そのためには墓域内の日本人の墓の移転が必要になるが、それは不適切だとして老中に却下されてしまう。

事態は意外なかたちで進展する。翌四月、イギリス軍艦乗り組みの水夫が病死したので、日本側はロシア人墓地の側に葬穴を用意したのに、イギリス領事ヴァイスはそれを無視して、丘の上の麦畑に勝手に埋葬してしまったのである。ヴァイスは自分の行為を正当化するため、提灯屋平兵衛なるものに依頼して偽の図面まで用意したという。日本側は談判を重ね、ようやく日本側が用意した墓域内に改葬させた。

異人石塚図　最初期の外国人墓地を描いた瓦版。左からロシア人、イギリス人、オランダ人の墓。

この事件を受けて、神奈川奉行は外国人専用の墓域を確定することが必要であるとし、改めて幾つかの選択肢を挙げている。一つは田畑を囲い込むことだが、それは好ましくない。もうひとつは増徳院境内を離れて別な場所を探すことだが、そうすると外国側が独自に拝堂や番小屋を建てるかもしれず、やはり好ましくない。あくまでも仏教寺院である増徳院の管理下に置くのが望ましいという考えであった。

そうすると、消去法で日本人の墓を移転する他ないことになり、七月になってその方針が裁可された。増徳院の境内は丘の斜面で平地に乏しいが、必要に応じて階段状に切り開くこととされた。

外国人墓地を外国人専用の墓地とするならば、この時点をもって成立の画期とすることができよう。そのエリアはのちの山手九六番地、現墓域の一六、一七、二一、二二区の辺りである。

4　墓域の拡張

墓域の拡張の経緯については、墓地の管理が領事団から居留民の代表に委譲されるに際して、一八七〇年五月二十八日、『ジャパン・ウィークリー・メイル』が掲載した'The Cemetery'と題する長文の論説記事によって知ることができる。

一八六三年七月、居留地防衛のためイギリスとフランスの軍隊が山手に駐屯を始めた。イギリス軍のなかには高温多湿の香港を避けて、保養のためにやってきた病兵もいた。ところが彼らを待っていたのは天然痘とコレラと赤痢の三重苦だった。そのために病死する将兵も多かった。そこで領事団のなかで墓地を担当していたプロイセン領事フォン・ブラントの要請により、一八六四年初夏、病死した将兵のための墓域が急遽用意された。

『ファー・イースト』(一八七一年八月十六日)に「軍人墓地(The Military Cemetery)」と題する写真が貼付されている。現在の正門の辺りから「イギリス招魂記念碑」にかけての写真である。ここはかつてイギリス駐屯軍の南陣営(South Camp)に接していたので、病死した将兵のために急遽用意さ

軍人墓地　横浜駐屯中に死去したイギリス軍将兵の墓が集中していた地区。左手遠方に下関戦争戦没者記念碑が見える。

イギリス陸軍第 10 連隊と第 20 連隊兵士の墓碑

れた墓域とはおそらくこの辺りであろう。現在、「イギリス招魂記念碑」のある小さな舌状台地の三方の壁面は、イギリス陸軍第一〇連隊所属を示す「X」や第二〇連隊所属を示す「XX」の文字が刻まれた夥しい数の墓碑で埋め尽くされている。関東大震災で散乱した軍人墓地の墓石が集められたものと思われる。

一八六四年十月にはイギリス領事館付牧師ベイリーから領事ウィンチェスターに墓域拡張の要請がなされ、領事から報告を受けた公使オールコックが幕府と交渉したところ、幕府は「気前よく（generously）」拡張に応じ、額《ひたい》坂上の疱瘡病院（Small Pox Hospital、のちの山手居留地七六番地）までの高台と斜面を提供することを約束した。この約束は同年十二月十九日に調印された横浜居留地覚書第三条に、次のように明記された。

「外国人の墓地に極められたる地を、既に是が為に許されたる地と接して、既に取極たる境の内を、コンシュル一同より中立なは、そを広めん事を許さる丶事」

明治初期の外国人墓地全景　斜面左端が最初の墓域の一部、その右の窪地（白い洗濯物が見える辺り）は後に編入される日本人墓所、右下の谷間にジェラールの西洋瓦・煉瓦工場の建物群が見えている。丘の上の左手の建物はアメリカ海軍病院、その右手前は外国人墓地６区の山脚、その右は階段状に整地された４・５・７区、未使用の斜面は１～３区。

「既に是が為に許されたる地」とは文久元年に設定された墓域と、それに追加された軍人墓地、「既に取極たる境」とはオールコックに約束した拡張用地を指している。

幕府が「気前よく」拡張に応じた背景には、下関砲撃のためにイギリス、フランス、オランダ、アメリカ四か国連合艦隊が横浜に集結していたことや、幕府と長州藩との間の長州戦争の勃発といった政治情勢があった。幕府にとっては、外国を敵に廻すよりは、歓心を買う方が得策だと思われたのであろう。

墓域の拡張に際して、オールコックは十二月八日付でウィンチェスターに次のような訓令を与えている。

「この墓地は、死者が適切に扱われていることを証明するとともに、国籍や宗教の違いによって絶ち切られることのない居留民の間の絆を記念するものとならねばならない。彼らは生前、極東のこのコスモポリタンな居留地で、お互いに良き隣人として、同じ一つの共同体に属して生活していたのだから。」

横浜外国人墓地の運営の原則を示す重要な文書だと思う。

横浜居留地覚書第三条の「既に取極たる境」というのは大雑把なものだったらしく、一八六六年十二月二十九日に締結された横浜居留地改造及競馬場墓地等約書の第八条で、「右約書（横浜居留地覚書のこと）第三箇条に載する各国民墳墓地所を広むるの境界は此約書に添ゆる絵図面（ろ）号にて今取極たり」として明確化された。その範囲は現在の外国人墓地のうち、最初の墓域の九六番地、九二〜九五番地、現在は墓域に属さない、カトリック山手教会墓地と貝殻坂を隔てた向かいの九一番地（元町公園の一部）だったと思われる。九二〜九五番地は増徳院境内ではなく、畠や「百姓山林」であった。

5　中国人墓地の分離

一八七一年に日清修好条規が締結される前から、中国人は欧米人の「召使」の名目で来日し、死者は外国人墓地に埋葬されていた。しかし、中国人の場合、墓地は遺体の仮安置所であり、機会があれば故郷へ送り返すべきものであった。欧米人との風習の違いから、慶応二（一八六六）年九月、中国人はアメリカ領事フィッシャーを通じて、中国人用の墓地を要求した。その要求は「山手埋葬地ノ坪数ヲ増減スルコトナク其模様ヲ替へ給ワン事」となっている。これは横浜居留地覚書で約束された拡張用地から中国人用の墓地の面積を差し引いても良いという意味であろう。

この要求に対して「字大境おゐて一区之地所」が貸与されることになった。のちの山手居留地一七七番地（現在の麦田トンネルの上辺り）、横浜村と石川中村の村境に位置するので大境山と呼ばれていた土地であり、これが「清国人旧墓地」である（参考3、143、290）。

その後、この土地では手狭になったため、中国人代表の要請により、一八七三年三月、新たに久良岐郡根岸村大尻（現在中区大芝台）に千坪、翌年さらに二五五坪の土地を貸与した。これが「清国人新墓地」であり、現在の中華義荘の起源である。旧墓地はその後も葬儀用具置場として利用されていたが、一八九九年、居留地廃止を機に返還された（参考291）。

6　墓域の確定

明治四（一八七一）年中に記された「金川港規則」（東京大学史料編纂所所蔵「外務省引継書類」のうち）の中の「外国人埋葬地之部」によると、その時点での墓地の内訳は次のようになっていた。

九一番地	一、〇九七坪
九二番地	二九〇坪
九三番地	七三五坪
九四番地	一、〇八七坪
九五番地	二三六坪
九六番地	一、六〇〇坪
一七七番地	五〇〇坪（清国人旧墓地）
合計	五、五四五坪

その後も小幅な拡張や模様替えが行われている。

最初の墓域に接する山上には「御朱印地」（幕府によって増徳院に使用権が委ねられた土地）があった。現在の墓域の一九区の辺りである。ここは墓域の外なのに埋葬に使用されたらしく、明治四年九月、神奈川県が各国領事に抗議している（参考143）。経緯は不明だが、結局ここも墓域に含まれることになった。ちなみに、この地区にある最も古い墓標は明治三年のものである。

現在の正門から入って右手の八区の辺りにはイギリス軍南陣営付属の火薬蔵があった。駐屯軍の規模縮小にともない、明治五年に南陣営が返還されたが、その頃、火薬蔵の敷地も墓域に編入された。

墓地に隣接する土地にフランス人ジェラールの経営する煉瓦・瓦製造所があった。明治八年、ジェラールは借地の一部を道路の敷地として無償で提供する代わりに、まだ墓地として使用されていなかった九一番地の借地を要求してきた。そこで神奈川県は九一番地をジェラールに貸与する代わりに、最初の墓域南隣の谷合にあった仏堂と日本人墓地、それに中山沖右衛門所有の宅地と畑を買収して墓域に含めることを提案した。買収費用や墓地の移転料などの捻出に手間取り、決着をみたのは明治十一年のことであった（参考292）。この谷合は山手居留地一七三、一七四番地、現在の墓域の一二〜一五区の辺りに相当する。この変更を最後として現在の墓域が確定した。

7 「無税」の起源

横浜外国人墓地はその端緒から現在に至るまで無償で提供されている。しかし、それは最初からの方針ではなかった。先に述べたように、殺害された二人のロシア人のために石塔を建てた時、「相当之地代」

を徴収することが検討されたが、結局見送られた。慶応二年に中国人墓地を分離するために「模様替」が問題となった時、再び地代の徴収が検討された。この際神奈川奉行は、これまで「無税地」としてきたのは「全く御交際御懇篤之御趣意」であると答申している（参考3）。国際親善のためだというのである。この方針が明治政府に継承され、現在も引き継がれている。

幕末期に「買収」というのは、現在と違って、代金を一括して払うのではなく、所有者に毎年作徳金という補償金（所有者が耕作していれば収入となったはずの金額）を支給することを意味した。先の「金川港規則」にその計算方法が記されている。一反当たりの地代（関内地区では金八三両三分と銭一七〇文、山手地区はその半額）のうち金一九両三分と銭八四文六歩が作徳金として支払われる。また、金四両三分と銭一〇三文八歩は年貢相当分とされていた（参考177）。年貢と作徳金は借地人が支払う地代に含まれているのだが、外国人墓地は無償だから、政府の一方的な損失となる。明治四年の時点で墓地の総面積は五、五四五坪＝一町八反四畝二五歩だったので、年貢相当分と作徳金合わせて金四五六両一分と銭七三文九歩が毎年の政府の失費となっていた。

居留地においては、地租改正の一環として、日本人市街より少し遅れ、明治八年、作徳金七・五年分を一括支給することによって、旧所有者の権利が抹消され、文字通りの国有地となった。

明治四年、領事団から神奈川県に対して、「墓所地総体ノ証書」を請求してきた。これに対する神奈川県知事の回答によると、横浜居留地改造及競馬場墓地等約書（以下「慶応約書」と略）を締結した際、付属の絵図面（ろ）号（英語では plan（B））の黄色く塗られた部分を墓域と定め、そこには「黄色ニテ記シタル分ハ無税ニテ外国人へ貸渡スベシ」という文言が記されており、この図面にイギリス公使パー

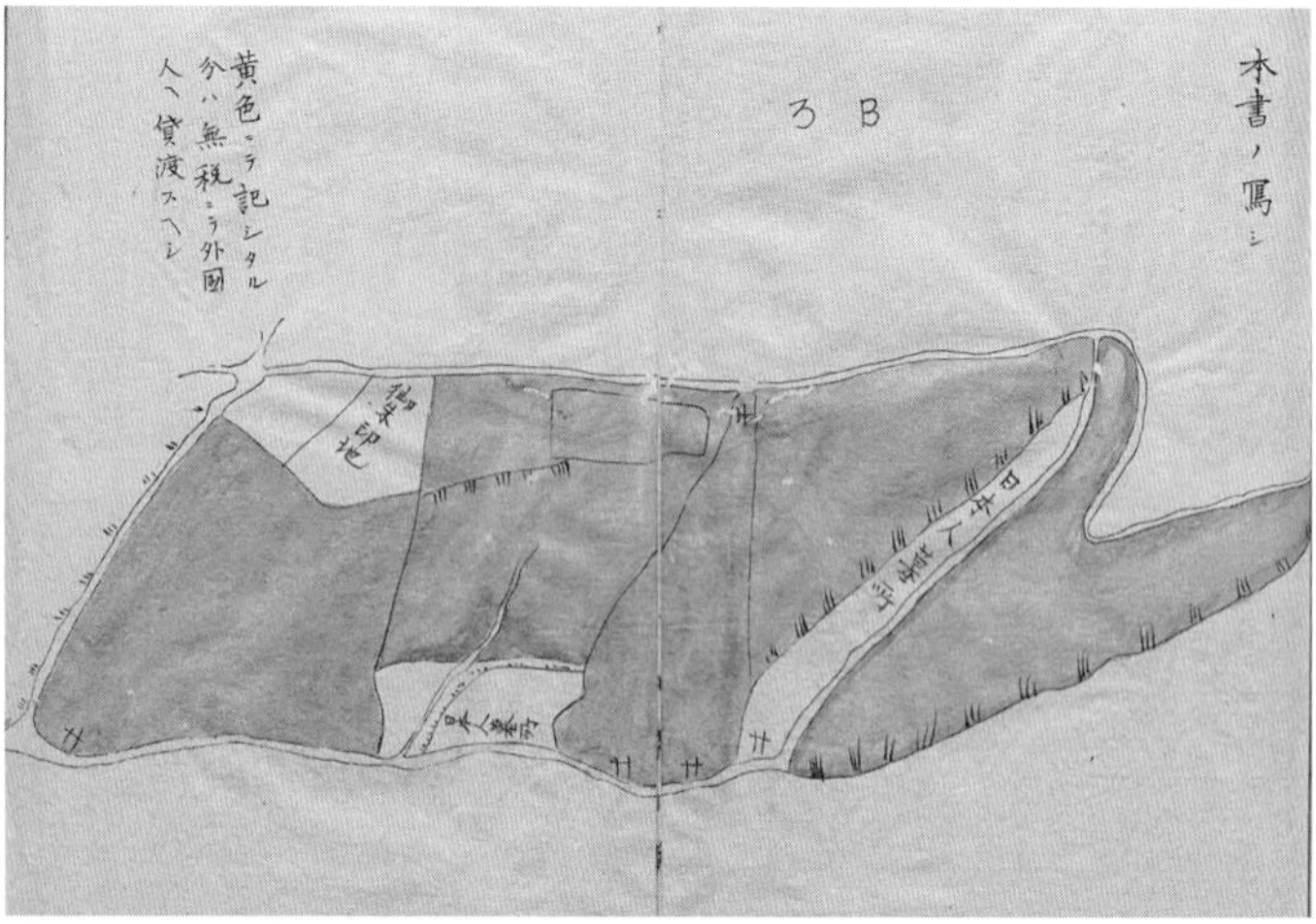

横浜居留地改造及競馬場墓地等約書・付属絵図面（ろ）号の写し　着色されている部分が墓域。

クスが署名をしたという（参考143）。

この回答の中で、日本側は黄色く塗られていない「御朱印地」が埋葬に使用されていることを問題にし、抗議したのであった。そのためかどうか不明だが、「墓所地総体ノ証書」が発給された形跡はない。改正新条約の実施に備えて作成された「改正条約ニ基キ横浜外国人居留地整理ニ関スル意見書」（参考269）にも、外国人墓地に関して「貸渡券証ナシ」と記されている。そのうえ絵図面（ろ）号の原本も失われてしまったので、無償貸与の根拠となる文書は不備のまま今日に至っている。

文書は不備だが、無償貸与の根拠が慶応約書付属の絵図面（ろ）号にあることは明らかである。そうであるならば、これを根拠としないで貸与された清国人新墓地は有償にすべきだということになり、山手病院の例に準じて、百坪につき年一〇ドルの地代が課された。

伝染病による死者のために、一八八〇年、根岸村中尾（現在中区仲尾台）に用意された墓地（現在の根岸外国人墓地）も慶応約書に基づくものではないので、日本側は地代を徴収する予定だった。ところが領事団の中で墓地を担当していたイギリス領事ロバートソンが一時帰国したうえ、再来日後急死してしまったために交渉が捗らず、一八九一年に交渉が打ち切られた（参考2）。結局、一八八四年に公布された墓地及埋葬取締規則によって、共葬墓地は市町村が管理すべきものと定められていたので、外国側に貸与することなく、横浜市の管理によって利用されることになった。

墓地が無償で貸与されているのが異例であることは、外国人もよく理解していた。先の‘The Cemetery’と題する論説記事には次のような一文が見られる。

「日本人たちは、彼らの所有するすばらしい丘の斜面の美しい土地を、無償で我々の使用に委ねたのである。異邦人に対してこのような待遇を与えている国民が他にあるだろうか？　上海では数千テール（中国の貨幣単位に対する外国人の呼称）の対価をもって、墓地のための土地が購入されねばならなかった。」

8　墓地の管理

外国人墓地は幕府が土地の造成や柵矢来の設置まで責任を持ち、領事団に貸与するかたちでスタートした。‘The Cemetery’によると、領事団は担当領事を決め、居留民からの寄付金を保管していたらしい。一八六三・四年頃にはプロイセン領事フォン・ブラントがその任に当たり、その後ポルトガル領事エドワード・クラーク、一八六八年末に後任のエドゥアルド・ロウレイロが引き継いだ。『神奈川県史料』に「各国逓《たが》ヒニ守墓人ヲ置キ」とあるが、この守墓人は担当領事のことであろう。

明治二（一八六九）年九月、明治新政府は、無税のうえ維持費まで支出するのは経費がかかりすぎるとして、塀の修理や整地など「諸般ノ費用」は外国側の負担とすることを領事団に申し入れた。領事団もそれまでの慣例は「寛裕ニ過クル」（気前が良すぎる）と思っていたらしく、この申し入れを受諾した（参考143）。これを受けて、領事団は居留民の代表で構成される管理委員会に管理権を委譲することとし、一八七〇年七月から新体制がスタートした。

翌一八七一年一月に墓地規則（Rules and Regulations of the Yokohama General Cemetery）が制定され、埋葬料や墓碑・墓石建設免許料が定められた。その第五条に「管理委員会と管理人はいかなる宗派の聖職者による葬儀にも関与しない」という規定がある。宗派に対する中立性を示すことで、宗派によって差別することはしないという原則を示したものと考えられる。名称に含まれる'General'の言葉にも「国籍や宗教を問わない」という意味が込められている。

明治中期の外国人墓地　8区、9区付近。

'The Cemetery'に書かれているように、早い時期から、カトリック教徒やユダヤ人など、同じ宗教や民族に属する人たちが「便宜的（as a matter of convenience）」に一か所に集まることはあった。現在も一〇区の辺りにカトリック墓地と呼ばれる墓域があり、一二区の辺りにはロシア人、一七区にはユダヤ人が集まっている。しかし、柵を廻らして他を排除したり、あるいは隔離されているわけではない。とくに誤解されやすいのはユダヤ人の墓域であって、「ユダヤ民族の悲劇」などと記した文献もあるが、これも隔離されているわけではなく、便宜的に集まっているだけである。

明治三十二年、改正新条約の実施にともなって居留地制度が廃止されることになったが、外国人墓地には、最初の新条約である日英通商航海条約第一八条に記された「外国人居留地公共ノ目的ノ為メニ無借料ニテ既ニ貸与シタル各地所ハ永代ニ保存セラルヘシ」という規定が適用された。

運営方法について先の「改正条約ニ基キ横浜外国人居留地整理ニ関スル意見書」は現状のままが良いとしている。明治十七年に公布された墓地及埋葬取締規則によって、共葬墓地は市町村が管理すべきものとされたが、横浜外国人墓地はそれ以前から存在していたし、横浜市が管理しても財政上の負担になるだけであり、居留外国人の希望でもあるので、現状のままとするのが「一挙両得」だと述べている。この意見が採用されることになった。

しかし、外国人墓地の組織や運営資金は日本の法律に基づいたものではなかったので、管理委員会は墓地を日本の法律に基づく財団法人とすることを決めた。『横浜貿易新聞』（明治三十二年十二月五日）に「当市外国人墓地を財団法人と為すの申請」と題する次のような記事が出ている。

「当市山下町七番地英人ゼームスドッス（James Dodds）、山手町二百六十三番地独人ハーグラウエルト（H.Grauert）外三名は、従来各国領事が借主たりし山手町の外人墓地を財団法人たる自分等の名義に改め、墓地使用者の寄附金並びに使用料を以て之を保護したしとして、事務所を山手町乙二十四番地に設け、昨日市役所を歴《へ》て認可申請書を西郷内務大臣に提出せり。」
この申請が認可され、墓地は翌三十三年四月に法人化されて今日に至っている。

9　苦難を乗り越えて

一九二三年に起きた関東大震災によって、外国人墓地も大きな被害を蒙った。墓地の管理に深く関わっていた委員の一人ラッセルは焼死、墓地台帳（受付簿）も焼失した。委員長のモリソンも子息夫妻を失った。委員たちは自らの事業や生活の建て直しを迫られながらも、すぐに墓地復旧委員会を組織し、年末には外国人共同墓地復興協議会を組織して復旧・復興に着手した（参考293）。翌年から管理人に就任した安藤寅三がそれを支えた。

一九四一年に太平洋戦争が始まると、外国人墓地はさらなる危機に見舞われる。委員の多くが敵国民になってしまったのである。交戦国民ではなかった委員の一人アプカーも、フリーメーソンのメンバーだったので、それが治安警察法に違反するとして逮捕されてしまった。管理委員会は壊滅状態となり、この年以降議事録も残されていない。それでも同盟国側の国籍の外国人と安藤の努力でなんとか維持された。

一九四五年五月二十九日の米軍による横浜大空襲の際には、外国人墓地にも焼夷弾が容赦なく投下され、墓石にも墓地に避難した人々にも大きな被害をもたらした。終戦の数日前、墓地の正門が金属供出

で取り外され、終戦後に安藤が引き取りに行った時には、もう鉄くずになっていたという。（参考294）

終戦後、墓地は米軍の管理下に置かれたが、一九五〇年、再建された管理委員会の手に戻った。平和が回復し、経済が復興するとともに、外国人墓地は史跡として、また観光名所として注目されるようになったが、その一方で老朽化や資金難に苦しめられた。一九七八年には青年会議所を中心に「横浜外人墓地を愛する会」が設立されて、募金活動が始まった。

一九八三年、管理委員会は墓地の部分開放に踏み切ることと、その前に斜面の補強や通路の補修などを行うことを決定し、資金集めに取り掛かった。一九八五年、神奈川県と横浜市からそれぞれ三千万円ずつ助成金が寄せられた。それに外人墓地を愛する会からの寄付金を合わせて補修工事が行われ、日曜・祭日には募金を兼ねて墓地の部分的な公開も行われるようになった。

関東大震災で倒壊した墓碑

外国人墓地資料館

さらに、戦前の一九三六年に建てられた木造平屋の管理棟の老朽化が問題となり、再び資金集めが行われた。鉄筋コンクリート造三階建の新しい管理棟は、沢辺保美設計事務所の設計と大成建設の施工により一九九四年に竣工、二階は横浜開港資料館の協力によって横浜外国人墓地資料館という展示施設に整備され、常時公開されている。

現在、横浜外国人墓地には四十数か国、約四、八七〇人の人々が永眠している。

それは一九九二（平成四）年五月八日のことだった。当時横浜外国人墓地管理委員会副会長だったジョン・コモルさんとコンサルタントのような立場にあった建築家の沢辺保美さんの訪問を受けた。墓地の管理棟を建て替えるに当たって、そのフロアの一つを展示施設にしたいので、横浜開港資料館の協力を得たいという話しだった。それから管理棟が完成する一九九四年十月二十日までの二年半ばかりの間、沢辺さんと展示の英文解説を担当することになったナンシー・ウィルソンさん（スポーツ・タレントのチャック・ウィルソン氏の夫人）と、開港資料館の窓口担当となった私と三人の共同作業が続いた。

私が窓口担当となったことには前提があった。開港資料館の調査研究活動を支援するために、館員と館外の研究者が共同で組織する研究会の一つに横浜居留地研究会があり、私は一九八四年からその事務局を務めていた。外国人墓地の歴史はその研究テーマの一つだった。そのために「横浜外人墓地を愛する会」の事務局長だった大藤啓矩さん（当時横浜ＹＭＣＡ主事）に研究会のメンバーになっていただいた。そうしたことがコモルさんや沢辺さんの耳に入っていたのだった。

外国人墓地の研究が可能となったのは、長年管理人を務めた安藤寅三さんの功績だと思う。埋葬受付簿の大半は関東大震災で失われたが、安藤さんは残された記録や墓碑から「埋葬者原簿」を復元した。一九七八年十二月、『市民グラフ　ヨコハマ』（二七号）が特集「山手百科」のなかで「埋葬者原簿」を「山手外人墓地埋葬者リスト」として掲載した。二年後の一九八〇年六月、『市民グラフ　ヨコハマ』（三三号）の特集「山手外人墓地―社会・文化『人名事典』」に「改訂『埋葬者リスト』」と「人名事典」が掲載された。一九八四年に生出《おいづる》恵哉《よしや》氏の『横浜山手外人墓地』（暁印書館）、翌年武内博氏の『横浜外人墓地―山手の丘に眠る人々』（山桃舎）が刊行された。

横浜居留地研究会では、これらの文献を参照しつつも、英字新聞に掲載された追悼記事や『ジャパン・ディレクトリー』によって、被葬者に関する基礎的なデータの収集に努めた。墓碑の収集は時間が取れなくて捗らなかったが、一九九四年に墓碑を収録した *Yokohama: Gaijin Bochi - The Foreigner's Cemetery, Yokohama, Japan.* (Patricia McCabe, British Association for Cemeteries in South Asia) が刊行されたので、助けられた。研究の成果は横浜外国人墓地資料館の展示に活用されるとともに、一九九四年に開催された横浜開港資料館の企画展示「横浜居留地の遺産―山手外国人墓地に眠る人びと」でも公表された。

有隣堂出版部から横浜外国人墓地に関する本を書くよう勧められたのは二〇〇八年のことだった。執筆に当たって生出氏や武内氏の著作から多くのことを学んだのはいうまでもない。しかし、両氏の著作が刊行されてからもう二〇年以上経っており、そのなかにはすでに古くなってしまった記述も多い。また、両氏の著作の基となった文献のなかには不確かな伝聞を記したものもある。だから本書では裏づけを取らずに両氏の著作から孫引きすることはしなかった。

批判するのはたやすいが、既存の文献の信憑性を吟味しつつ、原史料に基づいて正確に記述するのは容易なことではなかった。生没年月日や事件の起きた日付など、文献によって食い違う例がたくさんあった。それらについて、納得のいく結論を得るために多くの時間がかかった。

それだけではない。取り上げた人物にはそれぞれ独自の人生があり、一纏めに括って記述するわけにはいかなかった。文字数は少なくても、一人一人について独立した原稿を書かなければならなかった。

そうした作業を可能にしてくれたのは、横浜居留地研究会の一員としての研究活動であり、会員や開港資料館の同僚との意見交換を通じて蓄積された情報だった。ダンボール箱に詰まっていた史料や文献のコピーから必要な情報を引き出すことができた。あるいはそれを手がかりに開港資料館や横浜市中央図書館へ通って、必要な情報を補うことができた。改めて会員の皆さんと同僚に感謝します。

今年の二月にほぼ原稿が完成し、三月七日から有隣堂出版部の椎野佳宏さん、山本友子さんと三人で、墓石の撮影を兼ねて墓碑の調査を始めた。調査してみると、墓碑と史料や文献が食い違う場合もあった。摩滅していて読み取るのが困難な墓碑も多かった。今年は例年になく寒い日が多く、小雨の降る日も風の強い日も、カラスの群れに威嚇されながら、丘の斜面に広がる墓地の中を行ったり来たり、調査と撮影を完了した四月十日には桜が満開になっていた。調査と撮影を許可してくださった財団法人横浜外国人墓地会長のジョン・コモルさん、墓石の所在確認や埋葬者原簿の閲覧でお手を煩わせた墓地マネージャーの樋口詩生さんに感謝します。

能力の範囲内でできるだけのことをしたという自負はある。既存の文献と本書とで食い違った記述がある場合には、本書の方が正しいか、あるいは少なくとも新しいと思ってください。しかし、限られた能力の範囲内のことだから不十分な点がいくつもあるだろう。ご批判を得て、機会があればより正確なものにしていきたいと願っています。

平成二十四（二〇一二）年四月

斎藤多喜夫

斎藤多喜夫（さいとう　たきお）

1947年横浜市生まれ。東京都立大学大学院修士課程修了。
横浜開港資料館・横浜都市発展記念館元調査研究員。
著書に『幕末明治 横浜写真館物語』吉川弘文館、共著に『横浜もののはじめ考』横浜開港資料館、『横浜居留地と異文化交流』山川出版社、『図説横浜外国人居留地』有隣堂、『文明開化期の横浜・東京―古写真でみる風景』有隣堂、などがある。

横浜外国人墓地に眠る人々
―開港から関東大震災まで―

平成24年7月20日　第1刷発行

〔著　者〕
斎藤多喜夫

〔発行者〕
松信　裕

〔発行所〕
株式会社 有隣堂
本　社　〒231-8623 横浜市中区伊勢佐木町1-4-1
出版部　〒244-8585 横浜市戸塚区品濃町881-16
電話 045-825-5563　振替 00230-3-203

〔装　幀〕
小林しおり

〔印刷所〕
図書印刷株式会社

ISBN978-4-89660-211-1 C0021

◆索　引

外国人墓地に埋葬されている人物は、ゴチックで表示した。

【ア　行】
アイダ・D・ロジャース号　56, 96
青山学院　78, 79
アスピノール、ウイリアムス　21, 111-113
アスピノール・コーンズ商会　111-113
アスピノール・マッケンジー商会　21, 111
アダムソン・ベル商会　112, 246
アプカー　145-148, 322
アベイ　89-90
アマチュア・ドラマチック・クラブ　121, 219, 242, 253, 255
アメリカ号　65, 262
アメリカ号炎上事件の犠牲者　273-274
アメリカ婦人一致外国伝道協会　72, 73, 77, 275
アメリカン・ミッション・ホーム（亜米利加婦人教授所）　73
アーレンス、ヒンリッヒ　140-141
アーレンス、ヘルマン　140, 142
アングリン　229-230
イギリス海軍病院　49, 173, 277
石橋六之助　203, 204
一致神学校　59, 267
イートン　181, 198, 200
イリス　108, 142, 253
岩倉具視　65, 266, 273
イングランド　92, 94
ヴァイス　130, 310
ヴァンリード　21
ヴィクトリア女王　33, 113, 119, 143, 278
ヴィクトリア・パブリック・スクール　119, 129, 216, 228, 257
ウィットフィールド　215, 301
ウィーラー　209, 213, 215-216, 218, 271, 279
ウイリアムズ、ロバート　306-308
ウィルフレッド　81
ウィンクレル　142, 283
ウィンスタンレー　166, 179-180
ウィンチェスター　186, 312, 313
ヴェイユ　179
ウォートルス　96, 170
ウォーホップ　87, 89
ウォルシュ、ジョン　114-116
ウォルシュ、トーマス　114-116, 246
ウォルシュ、リチャード　115
ウォルシュ、ロバート　114, 115
ウォルシュ・ホール商会　114-116, 125, 191, 246
ウォルター　112, 127-129, 204
ウッドラフ　165-166, 180
永代借地権　36, 37, 47
エマール　133-135
エルドリッジ　214, 215, 217-220, 254, 280
オーストン　303-304
お天道様ロッジ　189, 227, 230, 252
オドワイエ商会　177
オネイダ号　262, 272, 273
オネイダ号事故遭難者　13, 268-269

オーバーン　60, 63, 75, 76, 265
オランダ改革派教会　29, 52–56, 59–61, 75, 265, 266
オリエンタル銀行　92, 148, 149
オールコック（英公使）　15, 30, 34, 237, 312, 313
オールコック（生糸検査人）　131
オレゴニアン号　60, 93

【カ　行】
外国人商業会議所　110, 114, 116, 128, 187, 207, 209, 211, 228, 253, 254
外国人遊歩新道　33, 209
開成学校　91, 247, 266
カイパー　62–63
カイル　252–255
カーナウ　166, 172
神奈川県地方衛生会　104, 293
カナダ太平洋鉄道会社　274, 275
カービー　143, 168–170
カブ商会　158, 159, 161, 162
鎌倉事件　25, 26
カミユ　23–25
カリュー　31, 36, 38, 91, 275–279
ガワー　185, 193
カンヴァース、クララ　69, 113
関東学院　53, 70, 102
関東大震災　3, 6, 7, 13, 47, 49, 58, 63, 74, 76, 77, 79, 81, 91, 94, 101, 102, 119, 120, 127, 135, 146, 156, 168, 171, 173, 176, 177, 210, 212, 213, 220, 228, 230, 242, 250, 256, 261, 264, 281, 282, 286, 302, 312, 322, 325
キダー　52, 60–62, 265
キャメロン　154, 162
キャンベル　120
共立女学校　69, 73, 74, 77, 113
極東ロッジ　171, 189, 242
居留地消防隊　88, 129, 187, 199, 201–206, 228
居留地取締局　187, 194, 195, 203
キルドイル　154, 301–302
ギルバート　86, 89
キルビー　228
キングストン　94
キングドン　5, 109, 205–209, 259
キングドン・シュワーベ商会　206, 259
クイントン　234, 235
クック　152–155, 162
グッドマン　174, 175
クニフラー　108, 140, 142, 201
クライスト・チャーチ　129, 209, 216, 228
クライトナー　44–45
グラウェルト、クレメンス　283, 289
グラウェルト、ヘルマン　283, 288–290
クラウニンシールド　269, 272
クラーク、ウイリアム　164
クラーク、ウッドソープ・チャールズ　20, 21, 23
クラーク、エドワード　112, 319
クラーク、ロバート　174–175
グランド・ホテル　3, 97, 100, 232
グリフィン、クラレンス　254–256
グリフィン、ジョン・トーマス　251, 253–255
クリフ・ハウス牧場　123, 161, 180
クリフ牧場　180, 204
クルプ・ゲルマニア　43, 141, 199, 253, 290
クレーン　159, 189, 252, 253
クロスビー　72–74
クーン　143, 169
ゲイ　113, 116
ケズィック　107, 246
ゲーテ座（本町通り）　116, 141, 187, 199, 227, 249, 251, 252, 255
ゲーテ座（山手）　100, 116, 121, 173, 201, 209, 210, 242, 253, 256–258
玄海丸　195, 196
港則　28, 35, 43, 46, 262
国際婦人図書室　31, 39, 210, 219

コープランド　181-184, 200
ゴーブル、エリザ　63-67
ゴーブル、ジョナサン　53, 57, 58, 63-68, 70, 77
ゴーブル、ドリンダ　63-66
コモル、ジョージ　143-144
コリアー　166, 167
ゴールデン・ゲート・リヴァリー・ステーブル　157-160
コレル　53, 68, 78, 79
コロン　133
コロンボ　137
ゴンザガ　45-47
コーンズ一家　270-272
コーンズ、エイミー　69, 113
コーンズ、フレデリック　112, 113

【サ　行】

サザランド　159, 161
ザッペ　35, 42-43
サトウ、アーネスト　25, 34, 107, 109, 110, 111, 113, 212, 234, 278
サムエル・サムエル商会　228, 256
サルダ　76, 100, 116
参事会　116, 130, 186, 193, 194, 198, 203, 207, 290
サンズ、クララ　69, 70
サン・モール修道会　80-83
ジェイコブ　38, 277, 278, 280
ジェームズ&ウィルソン　122, 166, 180, 182
ジェームズ商会　182
ジェラール　313, 316
ジェンキンス　214, 298, 299
地所規則　28, 185
シッドモア、エリザ　38-41
シッドモア、ジョージ　38-39, 280
シティ・オブ・エド号　161, 215, 270, 273
シーベル&ブレンワルト　125, 127, 128, 130, 138
シーベル・ブレンワルト商会　112, 127, 129, 133, 134
下岡蓮杖　159, 192
下関戦争　284
下関戦争戦没者　263-264, 312
シモンズ（宣教師・医師）　53, 56, 57, 114, 213, 265, 267
シモンズ（女性宣教師）　274-275
ジャクモ（生糸検査人）　129-132, 139
ジャクモ、ジェームズ　129-130, 193
ジャーディン・マセソン商会　107, 109, 110, 140, 154, 186, 193, 206, 246, 256, 259
ジャパン・ウィークリー・メイル　6, 93, 159, 160, 206, 261, 271, 311
ジャパン・ガゼット　31, 48, 91, 127, 168, 172, 212, 216, 225, 226, 229, 230, 233-235, 242, 258
ジャパン・ガゼット横浜五〇年史　91, 165, 181, 190, 299
ジャパン・タイムズ　229
ジャパン・ディレクトリー　175, 189, 249, 283, 326
ジャパン・パンチ　234, 237-241, 251, 255
ジャパン・ブルワリー　95, 121, 184, 201
ジャパン・ヘラルド　96, 169, 174, 191, 223-226, 229-231, 233, 235, 245, 252
ジャパン・メイル　91, 225, 226, 231, 233-235, 248
ジャフレー　160-161, 180
ジャーメイン　283-286
シャン　94
シャンボン　83
十全医院　215, 218, 267
シュワーベ　259
ショイヤー、アーネスト　96, 117, 190
ショイヤー、アンナ　96, 97, 190

ショイヤー、ラファエル　96, 97, 117, 130, 186, 190–194, 244, 290
成仏寺　29, 30, 53, 54, 64, 114
条約改正　5, 6, 28, 31, 35, 36, 43, 105, 115, 189, 230, 231, 266
ジョージ　157, 160
ショーネ　137–139
ジラール神父　51, 81
ジレット　283, 286–287
指路教会　76, 100
新メソニック・ホール　95, 254
スイス・ライフル・クラブ　126
スチボルト　283, 290–291
ストラチャン　112, 209
ストラーラー　139
ストルネブリンク　170–172
スネル、エドワルド　132, 209
スノー　303
スプリング・ヴァレー・ブルワリー　181–183, 200
スミス、ウイリアム　206, 231, 232, 284, 285
スミス・ベーカー商会　117
スワガー　122, 123
聖経女学校　78, 79, 275
聖公会　29–31, 51, 52, 54, 79, 102, 124, 129, 175, 209, 227, 284
ゼーバッハ　105–106
捜真女学校　53, 69, 71, 113
増徳院　17, 305–311, 314, 316
ソコロフ　15, 17, 307
ソルター　155, 156, 177
ソーン、エドガー　240–242
ソーン、チャールズ　240–241, 242

【タ　行】

ダイアック　92, 94–95, 149
第一次世界大戦　48, 101, 144, 147, 233
第一次世界大戦戦没者　13, 280–281
第二次世界大戦　3, 6, 135, 144, 156, 282, 294, 295
大日本十全会　189, 252, 255
大日本薔薇十字団　95, 252
太平洋郵船会社　120, 150, 273
タムソン　52, 58, 59, 75
ダーム・ド・サン・モール学校　81, 83
ダリストン　214, 218
タルボット　184, 229
ダローザ　225, 229
チャイナ・メイル　221, 235
駐屯軍　23, 24, 163, 173, 181, 199, 207, 211, 284, 311, 316
長老派教会　52, 54, 61, 68, 75, 219, 271
築地ホテル　96, 270
デーヴィス　88, 203
デッケル　18–19
テレーズ　80, 82–84
デローロ　134, 136–137
天安堂　66, 77–79
デンティチ　176–177, 283
デント商会　15, 109, 112, 206
東禅寺　20, 30, 237
動物虐待防止協会　48, 119
屠牛場　163, 165, 168, 186
ドッドウェル商会　119, 120
トーマス　112, 208–210
ドーメン　44, 187, 194, 203
ドーリル　135
ドンケル＝クルチウス、ボードウィン　295–297
ドンケル＝クルチウス、ヤン・ヘンドリック　296, 297
ドンケル＝クルチウス、ヤン・ヘンドリック2世　295–298

【ナ　行】

中川嘉兵衛　164, 165, 170, 171
ナッソウ号　18, 198
生麦事件　21, 23, 30, 57, 110, 163, 185, 263, 305
西インド中央銀行　148, 252

日英通商航海条約　36, 321
日米修好通商条約　15, 35, 299
日新真事誌　161, 225, 226
日本アジア協会　34, 37, 43, 87, 104, 111, 200, 208, 212, 216, 219, 227, 229, 233, 234, 246–248
日本基督公会　55, 59
日本帝国法院会議　189, 253
日本郵船　40, 90, 95, 102, 148, 155, 156, 298
日本レース・クラブ　31, 187, 209, 212, 216, 277
ニール　22
根岸外国人墓地　104, 135, 298, 304, 318
根岸競馬場　102, 134, 139, 204, 209, 249, 250
ネンブリニ＝ゴンザガ　45–46
ノース・チャイナ・ヘラルド　18, 221, 243, 300
ノールトフーク＝ヘフト　14, 81, 181–182, 197, 225, 248
ノルベル　80–83

【ハ　行】

バヴィエル　125, 134, 137–139, 177
バーカー　273, 274
パークス　34, 36, 87, 92, 131, 196
バージェス　162–166
バージェス＆バーディック　163–165, 170
バスチャン　98–100
パットン　256–259
ハートレー　31, 298–300
バード　25–26, 237
ハード商会　20, 23, 108, 116
バーナード、エドワード　3, 122–124
バーナード、チャールズ　121–122, 249
バーナード、リリアン　3, 6, 122–124
バーバー　107
バプテスト自由伝道協会　64, 66, 68
バプテスト宣教師同盟　66–68
バプテスト派　52, 54, 68, 70, 77
パブリック・ホール　100, 173, 187, 200, 253
バラ、ジェームズ　52, 56–59, 66, 72, 73, 190–192, 232
バラ、マーガレット　56–59
原富太郎　48–50
パリ外国宣教会　51, 83, 289
ハリス（米公使）　15, 296
ハンサード　222–225, 245
ピアソン　72–74
ＰＯ汽船　112, 150, 151, 221, 237, 268
東の星ロッジ　95, 189, 219, 255
ヒギンズ　78, 79
ピーターソン・エンジニアリング・カンパニー　154, 302
ヒュースケン　20
ファーイースタン・パブリック・ホール株式会社　242
ファー・イースト　169, 170, 225, 226, 271, 311
ファヴル＝ブラント　109, 124–127, 131, 132, 134
ファーマー　161
フィッシャー　191–193, 314
フェリス、アイザック　60, 266
フェリス女学院（和英女学校）　52, 61–63, 257, 265
フェルディナン　80, 81
フォス　18–19
フォン・ブラント　42, 43, 311, 319
福沢諭吉　227, 267
ブース　62, 63
フフナーゲル　18, 198
フライ　153, 154, 291
フライ＆クック　153
ブライアン　273–274
プライアー　76, 246–248, 303
プライン（米公使）　72, 191, 192
プライン、メアリー　72–74

ブラウン、アルバート　89, 151
ブラウン、サムエル　29, 30, 52–55, 57–61, 64, 74, 76, 114, 189, 191, 265
ブラウン、シャーロッテ　69, 70, 113
ブラウン、ネーサン　53, 64, 66–71
ブラキストン　247, 252, 303
ブラック、ジョン・レディ　32, 33, 179, 189, 199, 222–227, 229, 254
ブラック、ヘンリー　222, 223, 227–229
フランス郵船　150, 218
ブラントン　85–89, 262, 269
ブリジェンス、ジェニー　95–98, 190
ブリジェンス、リチャード　95–98, 190, 191
ブリトン　155–156, 302
フリーマン　243–245
フリーメーソン　31, 95, 146, 147, 171, 187–189, 215, 219, 223, 227, 229, 230, 235, 250, 252–255, 322
プール、エリノア　118
プール、オーティス・オーガスタス　117–118
プール、オーティス・マンチェスター　3, 6, 118–120, 173, 294
ブルック　5, 230–233
フルベッキ　265–267, 271
ブレメルマン　195–196
ブレンワルト　125, 127, 130, 239
ベアト　26, 189, 236–238
ヘイ　234, 235
ベイリー　30, 54, 209, 284, 312
ペィル　178–179
ペキノ　162
ベッテルハイム　51, 64, 65
ヘフト　197–201
ヘフト・リリエンタル商会　99
ヘボン、クララ　57, 58, 114
ヘボン、ジェームズ　20, 52, 57, 58, 61, 64, 68, 75, 76, 110, 114, 191, 194, 218, 219, 272
ヘボン塾　57, 58, 61, 75
ペリー　15, 27, 64, 78, 243, 296, 305, 306
ベリック　102, 119, 294
ベルクール　24, 51
ペルゴ　129, 131
ヘールツ　103–105
ベルナール　82
ヘルム、カール　122–123
ヘルム、ユリウス　122, 123, 180
ヘルム・ブラザース　123, 124, 142, 143, 213
ベンソン　14, 187, 194–195, 202, 207, 232
ベンネット、アルバート　53, 70–71
ベンネット、メーラ　68, 70, 71
ヘンリー・エリス号　153, 162
ボアクソ　135
ホイト　158, 161, 270, 272
ホートン　94
ボラデイル　20, 21, 23, 110, 112
ホール（英領事）　35–37, 277, 279
ホール（競売業）　90
ポルスブルック　19, 32
ボールドウィン　25, 26, 237
ホール、フランシス　114, 191
香港上海銀行　95, 102, 149
ポーンスフォト　248–250
ホーンベック　160

【マ　行】

マクドナルド　32–33
マクファーソン　109–111
マクファーソン&マーシャル　20, 109, 110, 149
マクルスフィールド　112, 128, 209
マクレイ、ヘンリエッタ　77, 79
マクレイ、ロバート　53, 66, 77–79
マーシャル、ウイリアム　20, 21, 23, 109–111, 113
マーシャル、クレメンチナ　110, 111

増田万吉　198, 203, 204, 269
町会所　97, 98, 126, 203
マチルド　80–84
マーチン　47–50, 230, 234, 275
マッセ　214, 218
マルグリット　82
マンレー　248
美会神学校　78, 79, 275
ミークルジョン　233–235, 238
ミッション・プレス　68, 69
ミラー　61, 62
ミンガード　132, 133
ムニク神父　51
メアリー号　167, 304
メイエル　214
明治学院　59, 267
メクル　218
メソジスト・エピスコパル（美以）教会　53, 66, 68, 77–79, 274
メソジスト派　53
メソジスト・プロテスタント（美普）教会　53
メーソン　89–91, 280, 303
モーガン　101–103, 168, 281
モスキート・ヨット・クラブ　120, 277
モフェト　15, 17, 307
モリス　148
モリソン　5, 210–212, 238, 281, 283, 322
モールトン、ジュリア　62, 257
モルギン　201, 203–205
モレル　92–94

【ヤ　行】

山田千代　69, 113
山手公園　195, 200, 232, 284, 285
山手病院　129, 173, 187, 200, 214, 215, 218, 228, 318
郵便汽船三菱会社　100, 123, 150, 151, 171, 196
横浜アマチュア・オーケストラ　242
横浜アマチュア管弦楽団　253
横浜アマチュア・ロウイング・クラブ　39, 48, 91, 120, 146
横浜一般病院　129, 187, 214
横浜運送会社　122, 123
横浜エンジン＆アイアン・ワークス　154, 156, 301, 302
横浜王女会　31
横浜オーケストラ協会　242, 251
横浜海岸教会　55
横浜合唱協会　118, 216, 227, 253, 255
横浜カントリー＆アスレチック・クラブ　212
横浜居留地覚書　186, 312, 314
横浜居留地改造及競馬場墓地等約書　85, 195, 201, 211, 232, 314, 317, 318
横浜クリケット＆アスレチック・クラブ（ＹＣＡＣ）　91, 187, 212, 215, 228
横浜公会　55, 59, 75
横浜紅蘭女学校　82, 83
横浜児童トニック・ソルファ合唱団　257, 258
横浜税関　28, 29, 31, 97, 300
横浜セーリング・クラブ　304
横浜第一浸礼教会　66, 69, 70
横浜第一長老公会　75
横浜第一バプテスト教会　66
横浜チェス・クラブ　91, 255
横浜天主堂　20, 23, 24, 51, 289
横浜パブリック・ホール・アソシエーション　116, 209, 253, 255
横浜ファイア・ブリゲード（ＹＦＢ）　201–203
横浜フィルハーモニック協会　242, 255, 256
横浜婦人慈善協会　31, 37, 210, 219, 233

横浜文芸音楽協会　118, 212, 216, 242, 256
横浜文芸協会　76, 118, 187, 255
横浜貿易新報　98, 129, 134, 171, 204, 205
横浜ホテル　18, 19, 152, 162, 198
横浜ユナイテッド・クラブ　3, 31, 91, 121, 128, 187, 206, 232, 277, 284, 302, 303
横浜ユニオン教会　54, 55, 57, 58, 71, 76
横浜ヨット・クラブ　39, 120, 146, 155, 167, 256, 304
横浜ライフル協会　200
横浜リヴァリー・ステーブル　157, 162
横浜リーディング・サークル　76, 212
横浜レース・クラブ　111, 209
横浜ロッジ　171, 189, 215, 227, 230, 252
ヨング　214

【ラ　行】

ライス　119, 120
ライマート　273–274
ラウダー、ジュリア　29–32
ラウダー、ジョン　5, 29–32, 230, 269, 280, 300
ラザフォード　158
ラッセル　172–173, 322
ラトガース大学　56, 72, 73, 266
ラフィン　102, 166–168, 304
ラムゼー　150–151
ランガン　157–160
ラングフェルト&メイヤーズ　31
リグビー　108
リズレー　163, 164, 179, 199, 224
リチャードソン　20–22, 110, 112, 305
領事裁判　5, 6, 27, 28, 31, 35, 38, 105, 146, 183, 189, 193, 300
ルーミス、クララ　74–76
ルーミス、ヘンリー　52, 75–76, 248
レッパー　115
レディズ・ローン・テニス&クロッケー・クラブ　31, 187, 210, 212, 216, 219
レーン・クロフォード商会　169, 303
ロイズ保険組合　112
ロウレイロ、エドゥアルド　319
ロウレイロ、ジョゼ　15, 207
ロシエ　236, 237
ロジャース　152, 162, 190, 245
ロス・バーバー商会　108
ロバートソン　34–35, 44, 45, 271, 319

【ワ　行】

ワーグナー　250–251, 255
ワーグマン　26, 234–240, 251, 255

◆掲載図版一覧　（現況写真を除く）

掲載頁	図版名	出典など	所蔵者
29	ラウダー	ジャパン・ガゼット横浜50年史	横浜開港資料館
33	老中を馬車で送るマクドナルド	絵入りロンドン・ニュース、1866年4月7日号	横浜開港資料館
47	マーチン	ジャパン・ガゼット横浜50年史	横浜開港資料館
56	バラ夫人		日本キリスト教文化協会
60	キダー		フェリス女学院
63	ゴーブル夫人		東京神学大学
67	ブラウン		日本キリスト教文化協会
72	ピアソン		横浜共立学園
72	クロスビー		横浜共立学園
75	ルーミス		横浜共立学園
79	美会神学校と天安堂		青山学院資料センター
80	マチルド	ジャパン・ガゼット横浜50年史	横浜開港資料館
87	ウォーホップ	E.M. ウォーホップ氏旧蔵	横浜開港資料館（保管）
89	アベイ	ジャパン・ガゼット横浜50年史	横浜開港資料館
90	メーソン	ジャパン・ガゼット横浜50年史	横浜開港資料館
92	モレル	開港七十年記念横浜史料	
97	町会所		横浜開港資料館
110	マーシャル夫人	ジャパン・ガゼット横浜50年史	横浜開港資料館
121	バーナード		エドワード・B・バーナード
124	ファヴル＝ブラント	ジャパン・ガゼット横浜50年史	横浜開港資料館
127	ウォルター	ジャパン・ガゼット横浜50年史	横浜開港資料館
140	ヒンリッヒ・アーレンス	アーレンス商会関係資料	横浜開港資料館
144	クーン商会	日本絵入商人録	神奈川県立歴史博物館
152	クック	*A Trace of Pride*	
165	ウッドラフ	ジャパン・ガゼット横浜50年史	横浜開港資料館
167	ラフィン所有のメアリー号	ジャパン・ガゼット横浜50年史	横浜開港資料館
170	ストルネブリンク		株式会社キョクレイ
172	ラッセル	ジャパン・ガゼット横浜50年史	横浜開港資料館
177	デンティチ家の人々		ジョン・デンティチ

掲載頁	図版名	出典など	所蔵者
181	コープランド		勝俣　力
188	フリーメーソンの会員たち	アーレンス商会関係資料	横浜開港資料館
205	キングドン	ジャパン・ガゼット横浜50年史	横浜開港資料館
208	トーマス	ジャパン・ガゼット横浜50年史	横浜開港資料館
210	モリソン	ジャパン・ガゼット横浜50年史	横浜開港資料館
216	タイフーン号の手綱を引くウィーラー	ファー・イースト、1872年7月1日号	横浜開港資料館
222	ジョン・ブラック	二一大先覚記者伝	横浜開港資料館
235	ワーグマン	絵入りロンドン・ニュース、1891年3月28日号	横浜開港資料館
251	横浜のワーグナー祭	ジャパン・パンチ、1876年10月号	横浜開港資料館
259	パットンとシュワーベの著作	*Japanese types*	横浜開港資料館
266	致遠館の教師と学生たち		横浜開港資料館
281	モーガンの設計による正門		横浜外国人墓地
303	オーストン	ジャパン・ガゼット横浜50年史	横浜開港資料館
306	ウイリアムズの葬儀	米国使節彼理提督来朝図絵（樋畑雪湖編）	横浜開港資料館
308	ロシア将兵の埋葬地を示す絵図	外務省引継書類「外国人埋葬雑件」付図「横浜町増徳院最寄地所麁絵図」	東京大学史料編纂所
308	最初の墓域を示す絵図	外務省引継書類「在横浜孛国人墓地ニ於テ本邦人暴行一件」付図	東京大学史料編纂所
310	異人石塚図		有隣堂
312	軍人墓地	ファー・イースト、1871年8月16日号	横浜開港資料館
313	明治初期の外国人墓地全景		横浜開港資料館
318	横浜居留地改造及競馬場墓地等約書・付属絵図面（ろ）号の写し	神奈川県史料	国立公文書館・内閣文庫
320	明治中期の外国人墓地		横浜開港資料館
323	関東大震災で倒壊した墓碑		横浜共立学園

◆参考資料

1 斎藤多喜夫「横浜居留地の成立」『横浜と上海』（横浜開港資料館、1995 年）所収

2 「外務省記録」3 門 12 類 3 項 3 号「外国人墓地関係雑件」

3 『続通信全覧』（外務省編、雄松堂出版、1984 年）「類輯之部・慶弔門・埋葬」

4 ヘルマン・ムースハルト編『ポルスブルック日本報告』（生熊文訳、雄松堂出版、2007 年）

5 宮沢真一『「幕末」に殺された男』（新潮選書、1997 年）

6 萩原延寿『遠い崖―アーネスト・サトウ日記抄 1 旅立ち』（朝日新聞社、1998 年）

7 中武香奈美「フランス陸軍士官、カミュの葬儀」『開港のひろば』34 号（横浜開港資料館、1991 年 6 月）所収

8 アーネスト・サトウ『一外交官の見た明治維新』（坂田精一訳、岩波文庫、1960 年）

9 岡田章雄『鎌倉英人殺害一件』（有隣新書、1977 年）

10 『F・ベアト写真集 1 ―幕末日本の風景と人びと―』（横浜開港資料館編・明石書店刊、2006 年）

11 高谷道男編訳『S・R・ブラウン書簡集』（日本基督教団出版局、1965 年）

12 伊藤久子「ラウダー夫妻」『よこはま人物伝』（神奈川新聞社、1995 年）所収

13 斉藤俊彦『くるまたちの社会史』（中公新書、1997 年）

14 J.R. ブラック『ヤング・ジャパン―横浜と江戸』（ねずまさし・小池晴子訳、平凡社東洋文庫、1970 年）

15 斎藤多喜夫「初期の日本アジア協会とその周辺」『横浜の本と文化―横浜市中央図書館開館記念誌』（横浜市中央図書館、1994 年）所収

16 斎藤多喜夫「開港港則の成立過程」『横浜開港資料館紀要』23 号（2005 年）所収

17 'The Late Mr. Russell Brooke Robertson, C.M.G.' *The Japan Weekly Mail*, April 14, 1888

18 *Who's Who in the Orient*. 1915, Tokyo

19 'Death of Mrs. J. C. Hall,' *The Japan Weekly Mail,* July 12, 1913

20 'Yokohama General Cemetery,' *The Japan Weekly Mail*, March 3, 1888

21　エリザ・シッドモア『日本・人力車旅情』（恩地光夫訳、有隣新書、1987 年）。ただし 13 章まで。完訳は外崎（とのさき）克久訳『シドモア日本紀行』（講談社学術文庫、2002 年）

22　邦訳は『日露戦争下の日本―ハーグ条約の命ずるままに―ロシア軍人捕虜の妻の日記』（小木曽竜・小木曽美代子訳、新人物往来社、2005 年）

23　恩地光夫「シッドモアとワシントンの桜」『有隣』221 号（1986 年 4 月）所収

24　外崎克久「エリザ・ルーアマー・シドモア年譜」『エリザ・シドモアの愛した日本』（トツプロ、1996 年）所収

25　「横浜の歴代領事と領事館所在地」『市民グラフ　ヨコハマ』41 号、特集「外国人が見た幕末・明治の横浜―全訳『ジャパン・ガゼット横浜 50 年史』」（横浜市、1982 年 6 月）所収

26　松尾展成「来日したザクセン関係者改訂稿」『岡山大学経済学会雑誌』42―4（2011 年）所収

27　「独逸総領事ザッペー氏の小伝」『毎日新聞』明治 21 年 3 月 28 日

28　「故ザッペー氏の葬儀」『毎日新聞』明治 21 年 3 月 30 日

29　*The Japan Weekly Mail,* March 31, 1888

30　クライトナー『東洋紀行』（小谷裕幸・森田明訳、平凡社東洋文庫、1992 年）

31　ペーター・パンツァー『日本オーストリア関係史』（竹内精一・芹沢ユリア訳、創造社、1984 年）

32　大林太良「セーチェーニとクライトナー」、前掲『東洋紀行』所収

33　'Death of Marquis de Nembrini Gonzaga,' *The Japan Weekly Mail,* April 25, 1903

34　重久（しげひさ）篤太郎「ネンブリニ・ゴンザガ」『お雇い外国人 14 地方文化』（鹿島出版会、1976 年）所収

35　「マーテン氏の錦絵展覧会」『東京日日新聞』大正 7 年 4 月 9 日

36　鳥居民『横浜山手』（草思社、1977 年）

37　井上平三郎『浜のともしび―横浜海岸教会初期史考』（キリスト新聞社、1983 年）

38　横浜プロテスタント史研究会編『図説横浜キリスト教文化史』（有隣堂、1992 年）

39　マーガレット・バラ『古き日本の瞥見』（川久保とくお訳、有隣新書、1992 年）

40　中島耕二「J・H・バラ―日本基督公会の創設者」『横浜開港と宣教師たち』（有隣新書、2008 年）所収

41　小檜山ルイ「M・E・キダー――フェリス女学院を創設」、前掲『横浜開港と宣教師たち』所収

42 フェリス女学院編訳『キダー書簡集―日本最初の女子教育者の記録』（1975年）

43 『フェリス女学院100年史』（フェリス女学院、1970年）

44 川島第二郎『ジョナサン・ゴーブル研究』（新教出版社、1988年）

45 川島第二郎「N・ブラウン―最初に新約聖書を翻訳」、前掲『横浜開港と宣教師たち』所収

46 川島第二郎「よこはま・バイブル・プレス」、前掲『横浜の本と文化』所収

47 小玉敏子「C・A・カンヴァース―捜真女学校の基礎を築く」、前掲『横浜開港と宣教師たち』所収

48 『捜真女学校100年のあゆみ』（捜真女学校、1986年）

49 メーラ・ベンネット『アルバート・アーノルド・ベンネット　その生涯と人物』（多田貞三訳、関東学院大学、1985年）

50 高野進「A・A・ベンネット―横浜バプテスト神学校を創設」、前掲『横浜開港と宣教師たち』所収

51 帆苅猛「奉仕に生きた人ベンネット―横浜バプテスト神学校と関東学院」『港都横浜の文化論』（関東学院大学出版会、2009年）所収

52 安部純子「M・P・プライン、L・H・ピアソン、J・N・クロスビー―横浜共立学園の創立者」、前掲『横浜開港と宣教師たち』所収。ピアソンの命日が29日と記されているが、墓碑及び'Deaths'（*The Japan Weekly Mail*, December 2, 1899）によって28日と判定した。

53 『横浜共立学園六十年史』（横浜共立学園、1933年）

54 『宣教師ルーミスと明治日本―横浜からの手紙』（岡部一興編、有地美子訳、有隣新書、2000年）

55 小河織衣『メール・マティルド―日本宣教とその生涯』（有隣新書、1990年）

56 『R・H・ブラントン―日本の灯台と横浜のまちづくりの父』（横浜開港資料館編／刊、1991年）

57 堀勇良「トーマス・デービス」、前掲『よこはま人物伝』所収

58 'Death of Mr. Jno. W. Hall,' *The Japan Weekly Mail*, June 11,1904

59 高橋善七『お雇い外国人7通信』（鹿島研究所出版会、1969年）

60 『横浜もののはじめ考』（横浜開港資料館、1988年）

61 森田嘉彦「明治鉄道創立の恩人　エドモンド・モレル氏を偲ぶ」『汎交通』97巻2号（1997年）所収

62 林田治男「鉄道技師モレルの経歴と貢献」『大阪産業大学経済論集』7巻3号（2006年）所収

63 『清水建設百五十年』（同編纂委員会編、1995年）

64 堀勇良「謎のアメリカ人建築家」『市民グラフ　ヨコハマ』46号（横浜市、1983年10月）所収

65 石渡道助編『高島嘉右衛門自叙伝』（実業之横浜社、1917年）

66 堀勇良「横浜建築家事典稿」『横浜・都市と建築の100年』（横浜市建築局企画管理課、1989年）所収

67 堀勇良「横浜・上海土木建築技師考」、前掲『横浜と上海』所収

68 堀勇良「外国人建築家の系譜」『日本の美術』447号（至文堂、2003年）

69 中武香奈美「ポール・サルダ」、前掲『よこはま人物伝』所収

70 水沼淑子『ジェイ·H·モーガン―アメリカと日本を生きた建築家』（関東学院大学出版会、2009年）。モーガンの生年月日は墓碑ではなく、この文献にしたがった。

71 向井晃「お雇い外国人、A·J·C·ヘールツの『京都舎密局開業記』」『東海大学紀要（課程資格教育センター）』2号（1992年）所収。本論文で紹介されている「叙勲史料」によれば、ヘールツの原綴はAntonie Yohannesとなっているが、本文では通用の表記に従った。

72 樋口次郎編訳『横浜水道関係資料集』（横浜開港資料館、1987年）

73 『ヘールツ日本年報』（庄司三男訳、雄松堂出版、新異国叢書第2輯第5巻、1983年）

74 「家族の肖像3日本薬学の祖ヘールツと清水藤太郎」『横浜』11号（横浜市・神奈川新聞社共編、2005年）所収

75 斎藤多喜夫「外国人商人の活躍」『横浜港物語　みなとびとの記』（横浜開港150周年記念図書刊行委員会、2009年）所収

76 橘川武郎『イリス150年―黎明期の記憶』（株式会社イリス、2009年）

77 斎藤多喜夫「幕末期横浜居留地の社会構成と居留地像をめぐって」『横浜居留地の諸相』（横浜開港資料館、1989年）所収

78 斎藤多喜夫「幕末の横浜居留地」『たまくす』5号（横浜開港資料館、1987年）所収

79 J・P・モリソン「最初のころの横浜の社交界」、前掲『市民グラフヨコハマ』41号所収

80 鈴木芳徳「コーンズ商会関係文書について（その3）―Macclesfield探訪」『商経論叢』35巻2号（神奈川大学、1999年12月）所収

81 鈴木芳徳「コーンズ商会関係文書について（その2）―W.G.Aspinallの周辺資料」『商経論叢』31巻3号（神奈川大学、1996年3月）所収

82 鈴木芳徳「コーンズ商会関係文書について（その4）―Amy Cornes（山田千代）の周辺」『商経論叢』39巻1号（神奈川大学、2003年6月）所収

83 成田潔英『洋紙業を築いた人々』（財団法人製紙記念館、1952年）

84 手塚竜麿『英学史の周辺』（吾妻書房、1968年）

85 「家族の肖像２開国期のアメリカ貿易商『ウォルシュ兄弟』の系譜」、前掲『横浜』10 号（2005 年）所収

86 'The Late Mr. A. O. Gay,' *The Japan Weekly Mail,* July 27, 1901

88 'Poole Summary Genealogy,' http://www.antonymaitland.com/poole001.htm

89 'Poole Genealogy - Otis Manchester "Chester" Poole,' ibid.

90 O·M·プール『古き横浜の壊滅』（金井円訳、有隣新書、1876 年）

91 伊藤久子「O·M·プールと息子リチャード」、前掲『開港のひろば』88 号（2005 年 4 月）所収

92 伊藤久子「横浜のプール家」『有隣』463 号（2006 年 6 月）所収

93 「家族の肖像６イギリス系茶貿易商バーナード家の人々」、前掲『横浜』14 号（2006 年）所収

94 平野光雄「ゼエームス・フアブルブランド伝」『明治前期東京時計産業の功労者たち』（同刊行会、1957 年）所収

95 『大時計（グランドファーザー）復元のあらまし』（新潟県政記念館、1989 年）

96 ファヴル＝ブラント「日本人との出会い」、前掲『市民グラフ　ヨコハマ』41 号所収

97 平野光雄による翻訳が『文明開化期当初における横浜の風物と事情』（平井時計文化研究所、1956 年）として出版されている。

98 藤本実也『開港と生糸貿易・中巻』（同刊行会、1939 年。復刻版、名著出版、1987 年）

99 『横浜貿易新報』1909 年 7 月 1 日

100 『神奈川県史（資料編 18）近代の流通』（神奈川県、1975 年）

101 斎藤多喜夫「野犬取締条例」（『神奈川新聞』連載「港都の黎明　ブレンワルド日記から 18」2011 年 3 月 3 日）

102 井川克彦「ジャクモの日本蚕糸地方巡行（1875 年）」『日本女子大学紀要・文学部』52 号（2003 年 3 月）所収

103 斎藤多喜夫「外商側からみた明治前期の横浜生糸貿易」『横浜開港資料館紀要』6 号（1988 年 3 月）所収

104 田中正弘「東北戦争に活躍せるスネルの素性」『国学院雑誌』74 巻 5 号（1973 年 5 月）所収

105 高橋義夫『怪商スネル』（大正出版、1983 年）

106 『横浜成功名誉鑑』（横浜商況新報社、1910 年、復刻版、有隣堂、1980 年）

107 『横浜貿易新報』1909 年 7 月 1 日

108 「家族の肖像４フランス系生糸商社エマール家の人々」、前掲『横浜』12 号（2006 年）所収

109 中西道子「関東大震災と『元町公園』に住んでいた人々」『たまくす』5号（横浜開港資料館、1987年）所収

110 「伊国ノイシドル、テロー氏養蚕地方旅行日誌」『農務顛末』（農林省、1955年）所収

111 坂上克弘・伊藤泉美「旧横浜外国人居留地91番地の遺構と遺物」『横浜開港資料館紀要』21号（2003年）所収

112 『横浜開港側面史』（横浜貿易新報社、1909年、復刻版、歴史図書社、1979年）

113 ディルク・ファン・デア・ラーン「幕末・明治期の横浜のドイツ系商社」『横浜居留地と異文化交流』（山川出版社、1996年）所収

114 中根音吉『竿忠の寝言』（つり人社、1994年）

115 青木茂「横浜絵—明治洋画・五姓田派」『郷土神奈川』（神奈川県立文化資料館、1977年12月）所収

116 『株式会社新井清太郎商店九十年史』（1979年）

117 「家族の肖像10 ドイツ系総合商社アーレンス商会の系譜」、前掲『横浜』18号（2007年）所収

118 『日本絵入商人録』（佐々木茂市編、1886年）

119 「家族の肖像1 コモル・ファミリー」、前掲『横浜』9号（2005年）所収

120 'Death of Mr. A. M. Apcar,' *The Japan Weekly Mail*, December 1, 1906

121 『横浜貿易捷径』（横浜貿易新聞社、1893年、復刻版、『郷土よこはま』119—121合併号〈横浜市中央図書館、1992年3月〉）

122 『横浜社会事彙』（横浜通信社、1917年、復刻版、『横浜近代史辞典』〈湘南堂書店、1986年〉）

123 「横浜のダイアナさん」、日本アルメニア友好協会フォト・ニュース、http://homepage3.nifty.com/armenia/photon.htm

124 'Family planted Japan roots over a century ago,' *The Asahi Shimbun*, July 9, 2008。なお、墓碑にはマイケルの生年が1855年、ダイアナの誕生日が17日と記されているが、大山瑞代氏の調査により、それぞれ1854年、12日と訂正した。

125 立脇和夫『在日外国銀行史』（日本経済評論社、1987年）

126 立脇和夫『ＨＳＢＣの挑戦』（蒼天社出版、2006年）

127 'Death of Mr. Edward Morriss,' *The Japan Weekly Mail*, November 8, 1890

128 小風秀雅『帝国主義下の日本海運』（山川出版社、1995年）

129 Tezuka Tatsumaro, 'Ramsay-Benefactor of Nautical Education in Japan,' *Tokyo Municipal News*, 8-1（1958.1）

130 George William Rogers, 'Early Recollections of Yokohama 1859-1864,' *The Japan Weekly Mail*, December 5, 1903

131 斎藤多喜夫「ロジャースの回顧談」、前掲『開港のひろば』23号（1988年5月）所収。なお、ロジャースは1906年12月25日に死去、13区66に埋葬された。

132 'Death of Mr. Henry Cook,' *The Japan Weekly Mail*, September 29, 1906

133 Veronica Hosking, *A Trace of Pride*, Peterborough,1991

134 斎藤多喜夫「悲運のオランダ船大工」『なか区　歴史の散歩道』（神奈川新聞社、2007年）所収

135 伊藤久子「ヘンリー・クック」、前掲『よこはま人物伝』所収

136 'Death of Mr. Henry Cook; an old foreign resident in Japan,' *The Japan Weekly Chronicle*, October 4, 1906

137 「家族の肖像8 禅馬ウォルクス支配人英国人ブリトン家の歴史」、前掲『横浜』16号（2007年）所収

138 Deborah Tranter, *Cobb & Co. in Japan*, Cobb & Co. Museum Toowoomba, 1997

139 篠原宏『明治の郵便・鉄道馬車』（雄松堂、2004年）

140 斎藤多喜夫「リズレー先生」、前掲『よこはま人物伝』所収

141 「大隈文書」（早稲田大学図書館所蔵）A 3063〜4

142 香取国臣編『中川嘉兵衛伝』（1982年）

143 『神奈川県史料』7巻（神奈川県立図書館編、1971年）所収「外務部・居留地」

144 「四十年以上の在住者」、前掲『市民グラフ　ヨコハマ』41号所収

145 渡辺清司「ヨット茶のみ話」『舵』20巻2・3号（舟艇協会、1954年3月、5月）所収

146 アラン・オーストン「横浜におけるヨット遊び」、前掲『市民グラフ　ヨコハマ』41号所収

147 'Edward Charles Kirby,' *The Japan Gazette, a Fortnightly Summary*, December 28, 1883. 西田長寿による日本語訳が『明治文化』9巻8〜10号に掲載されている。

148 堀勇良「ウォートルス考」、前掲『横浜と上海』所収

149 「外国人の胃袋を満たす」、前掲『市民グラフ　ヨコハマ』41号所収

150 内海孝「内海兵吉の横浜開港とパン製造業」『横浜開港と境域文化』（御茶ノ水書房、2007年）所収

151 「百年前の山手の味」、前掲『横浜』7号（2004年）所収

152 「リナ・デンチシさんを迎えて」、前掲『開港のひろば』12号（1885年8月）所収、

153 中武香奈美「資料に刻まれた家の記憶」、前掲『開港のひろば』109号（2010年7月）所収

154 「家族の肖像9ミシェル・デンティチ氏の系譜」、前掲『横浜』17号（2007年）所収

155 クララ・ホイットニー『クララの明治日記』（一又民子訳、講談社、1976年）

156 小林彰「在横浜ペィル兄弟（PEYRE Frères）洋菓子店」『切手研究』422・423号（切手研究会、2004年3月）所収

157 斎藤多喜夫「都市近郊搾乳場の経営—幕末・明治・大正期の横浜の事例から」『横浜開港資料館紀要』18号（2000年3月）所収

158 イートン「思い出と個人的体験」、前掲『市民グラフ　ヨコハマ』41号所収

159 『横浜毎日新聞』明治10年6月22日

160 『ビールと文明開化の横浜』（キリンビール株式会社、1984年）

161 吉村正和『フリーメイソン—西欧神秘主義の変容』（講談社現代新書、1989年）

162 大沢鷺山『日本に現存するフリーメーソンリー』（内外書房、1941年）

163 バラ「新しい日本の建国功労者」、前掲『市民グラフ　ヨコハマ』41号所収

164 *Japan through American eyes : the journal of Francis Hall, Kanagawa and Yokohama, 1859-1866*（edited and annotated by F.G.Notehelfer, Princeton University Press of Virginia, 1992）

165 斎藤多喜夫『幕末明治　横浜写真館物語』（吉川弘文館、2004年）

166 下岡蓮杖『写真事歴』（山口才一郎筆記、写真新報発行所、1894年）。『旧幕府』3巻7号（1899年9月）、『日本近代思想大系17美術』（岩波書店、1989年）にも収録されている。

167 斎藤多喜夫「横浜居留地成立史の一齣—横浜在留米人ショイヤー貸家徴還一件」『横浜開港資料館紀要』13号（1995年3月）所収

168 'The late Mr. E. S. Benson,' *The Japan Daily Herald*, July 3, 1879

169 『横浜市史』3巻下（横浜市、1963年）846ページ

170 'Fatal Affray in Yokohama,' *The Japan Weekly Mail*, October 4, 1884

171 『東京横浜毎日新聞』明治17年10月3日

172 『神奈川県殉職警察官彰功録』（警察協会神奈川支部、1916年）

173 「よき時代の補足説明」、前掲『市民グラフ　ヨコハマ』41号所収

174 升本匡彦『横浜ゲーテ座』（岩崎博物館出版局、1986年）

175 「薩摩町消防署を無償で県へ寄附」『東京日日新聞』大正8年5月4日

176 『横浜市史稿・風俗編』（横浜市役所、1932 年、復刻版、名著出版、1973 年）

177 斎藤多喜夫「明治初年の横浜居留地」、前掲『横浜居留地と異文化交流』所収

178 増田清「消防と潜水業に活躍―増田万吉」『横浜今昔』（毎日新聞横浜支局、1957 年）所収

179 石橋ロク「勇気買われたゴミ六」、前掲『横浜今昔』所収

180 'Death of Mr. N. P. Kingdon,' *The Japan Weekly Mail*, November 14,1903

181 歌川隆訳「N・P・キングドン書簡（日本在住時）」『横浜開港資料館紀要』14 号（1996 年）所収

182 立川健治『文明開化に馬券は舞う―日本競馬の誕生』（世織書房、2008 年）

183 「よしだまち宇多がわ」、前掲『横浜』16 号（2007 年）所収

184 'Death of Mr. N. P. Kingdon,' *The Japan Gazette*, November 12, 1903

185 'Death of Mr. Kingdon,' *The Japan Weekly Chronicle*, November 18, 1903,

186 中武香奈美「居留地の『古老』イギリス人キングドン」『開港のひろば』56 号（1997 年 4 月）

187 「横浜に住んでいる年配者」、前掲『市民グラフ　ヨコハマ』41 号所収

188 生野摂子「横浜の外国人居留地文化」、前掲『横浜居留地と異文化交流』所収

189 アーネスト・サトウ『アーネスト・サトウ公使日記２』（長岡祥三・福永郁雄訳、新人物往来社、1991 年）

190 「日本に『援助の手』をさしのべる」、前掲『市民グラフ　ヨコハマ』41 号所収

191 小玉順三『幕末・明治の外国人医師たち』（大空社、1997 年）

192 大西泰久編『御雇医師エルドリッジの手紙』（六角枉那・高雄訳、みやま書房、1981 年）

193 ヘンリー・タイナー「お雇い外国人医師　J・S・エルドリッジ」『有隣』408 号（六角聡子訳、2001 年 11 月）所収

194 鈴木雄雅「ある英人新聞発行者を追って―A・W・ハンサードの軌跡」(http://pweb.cc.sophia.ac.jp/s-yuga/Hansard/Hansard93.htm)。ブラックの生年月日は墓碑ではなく、この論文にしたがった。

195 コッキング「日本にやって来たある流浪人の哲学」、前掲『市民グラフ　ヨコハマ』41 号所収

196 Terry Bennett & David Peabody, 'Early Masonic Photographers in Japan,' Terry Bennett, *Old Japanese Photographs Collectors' Data Guide*, Quaritch, 2006

197 *The North China Herald*, June 11, 1864

198 *The Japan Herald,* August 8, September 3, 10,17, 1864

199 倉田喜弘『海外公演事始』(東京書籍、1944 年)

200 鈴木雄雅「わが国最初の英字新聞の創刊者：英人A・W・ハンサードの軌跡」『新聞通信調査会会報』367 号（1993 年 6 月）所収

201 青木祐介「史料としての『ファー・イースト』貼付写真」『文明開化期の横浜・東京』（横浜都市発展記念館 / 横浜開港資料館編、有隣堂、2007 年）所収

202 佐藤孝「明治初期新聞政策史の一考察―左院とＪ・Ｒ・ブラックとの関係を中心に」『横浜開港資料館紀要』7 号（1989 年）所収

203 浅岡邦雄「日本におけるＪ・Ｒ・ブラックの活動―『日新真事誌』を中心に」、前掲『横浜居留地の諸相』所収

204 浅岡邦雄「ハウエル社主時代の『ジャパン・メイル』と明治政府」、前掲『横浜居留地と異文化交流』所収

205 イアン・マッカーサー『快楽亭ブラック』（内藤誠・堀内久美子訳、講談社、1992 年）

206 'Death of Mr. E. Flint Kilby,' *The Japan Weekly Mail*, October 10,1903

207 モス「種々雑多な面白い思い出」、前掲『市民グラフ　ヨコハマ』41 号所収

208 浅岡邦雄「新聞と雑誌」、前掲『横浜の本と文化』所収

209 'Death of Mr. J. H. Brooke,' *The Japan Weekly Mail*, January 11, 1902

210 'Death of Mr. J. H. Brooke,' *The Japan Gazette*, January 9, 1902

211 *The Daily Japan Herald*, April 22, 1867

212 'Yokohama in the Sixties,' *The Japan Weekly Mail*, January 4, 1902

213 鳴海正泰『横浜山手公園物語』(有隣新書、2004 年)

214 'Death of Mr. Meiklejohn,' *The Japan Weekly Mail*, June 18, 1904

215 稲岡勝「書店と出版」、前掲『横浜の本と文化』所収

216 'Death of Mr. R. Hay,' *The Japan Weekly Mail*, July 24, 1909

217 'Death of Mr. A. W. Quinton,' *The Japan Weekly Mail*, November 23, 1907

218 斎藤多喜夫「横浜写真小史再論」『Ｆ・ベアト幕末日本写真集２―外国人カメラマンが撮った幕末日本』（横浜開港資料館編・明石書店刊、2006 年）所収

219 斎藤多喜夫「ジャパン・パンチ」『神奈川新聞』連載「港都の黎明　ブレンワルド日記から 19」(2011 年 3 月 4 日)

220 伊藤久子「レイ夫人が会ったワーグマン」『ロンドン発・横浜行き　あるイギリス人画家の幕末・明治　没後100年記念　チャールズ・ワーグマン』（神奈川県立博物館、1990年）所収

221 'The Late Mr. C. Wirgman,' *The Japan Weekly Mail*, February 14, 1891

222 横田洋一「チャールズ・ワーグマン考」『リアリズムの見果てぬ夢―浮世絵・洋画・写真』（横田洋一論文集刊行会、2009年）所収

223 伊藤久子「E・V・ソーン」、前掲『よこはま人物伝』所収

224 Terry Bennett, *Photography in Japan 1853-1912*, Tuttle Publishing, 2006

225 石井研堂『明治事物起源』、明治文化研究会編『明治文化全集』別巻（春陽堂、1944年、復刻版、日本評論社、1969年）

226 'The Late Mr. H. Pryer, C.M.Z.S.,' *The Japan Weekly Mail*, February 25, 1888

227 加藤克「明治初期の『自然史』通詞野口源之助：ノグチゲラの名前の由来」『北大植物園研究紀要』6号（2006年8月）所収

228 『横浜の花の歴史を語る』（横浜市緑政局、1973年）

229 武内博「横浜山手に眠る紅毛愛蝶家たち―ヘンリー・プライアーをめぐって」『近代西洋の光―来日西洋人と日本洋学者群像』（日本古書通信社、2007年）所収

230 斎藤多喜夫「プライアー」、前掲『よこはま人物伝』所収

231 'The Late George Pauncefote[*sic*],' *The Japan Weekly Mail*, September 17, 1898. 墓碑には没年が1899年と記されているが、この記事によって1898年と判定した。

232 『富士屋ホテル八十年史』（1958年）所収

233 斎藤多喜夫「鎌倉ハムとその周辺」『郷土神奈川』50号（神奈川県立図書館、2012年3月）所収

234 斎藤竜「横浜と洋楽―居留地のワーグナーさん」『横浜学公開講座6』（はまぎん産業文化振興財団／横浜学連絡会議、1993年）所収

235 'The Late Mr. W. A. Crane,' *The Japan Weekly Mail*, October 24, 1903

236 『製造元祖　横浜風琴・洋琴ものがたり』（横浜市歴史博物館／横浜開港資料館、2004年）

237 加藤詔士「濃尾地震とオスカー・オットー・カイル」『日本古書通信』777―778号（1994年4月、5月）所収

238 「Clarence Griffin 氏逝く」『英語青年』97巻10号（1951年10月1日）所収

239 「日本を愛する八十二歳の音楽教師」『音楽世界』6巻1号（十字屋田中楽器店、1912年1月）所収

240 武石みどり「音楽教育家エミリー・ソフィア・パットン」『東京音楽大学研究紀要』28集（2004年）所収

241 'Death of Mr. R. S. Schwabe,' *The Japan Weekly Mail*, January 11, 1904

242 大藤啓矩「横浜外国人墓地と居留地社会—明治中期の墓地受付簿から」、前掲『横浜居留地と異文化交流』所収

243 高谷道男「フルベッキ略伝」『フルベッキ書簡集』（高谷道男編訳、新教出版社、1978年）所収

244 大橋昭夫・平野日出雄『明治維新とあるお雇い外国人　フルベッキの生涯』（新人物往来社、1988年）

245 W・E・グリフィス『新訳考証　日本のフルベッキ』（村瀬寿代編訳、洋楽堂書店、2003年）

246 荒井保男『ドクトル・シモンズ—横浜医学の源流を求めて』（有隣堂、2004年）

247 ブラントン『お雇い外人の見た近代日本』（徳力真太郎訳、講談社学術文庫、1986年）

248 'Loss of the U. S. S. *Oneida*,' *The Japan Weekly Mail*, February 12, 1870

249 『横浜毎日新聞』明治9年6月8日

250 西川武臣『横浜開港と交通の近代化』（日本経済評論社、2004年）

251 『東京市史稿・市街編第51』（東京都、1961年）433ページ

252 森芳枝「蘭方医門倉玄春の手紙」『郷土よこはま』96号（横浜市図書館、1983年）所収

253 前掲『フルベッキ書簡集』

254 'Coroner's Inquest,' *The Japan Weekly Mail*, August 6,13, 1870

255 'The Loss of the America,' *The Japan Weekly Mail*, August 31, September 6,1872

256 'The Recent Disaster in the Harbour,' *The Japan Weekly Mail*, August 6,1898

257 徳岡孝夫『横浜・山手の出来事』（双葉社、日本推理作家協会賞受賞作全集66、2005年）

258 『横浜貿易新報』大正11年4月23日

259 鈴木一郎『日本ユリ根貿易の歴史』（日本球根協会、1971年）

260 中野孝夫「横浜の薔薇 in 明治初期」『日本ばら会年報』48号（1998年）所収

261 斎藤多喜夫「ジャーメイン」、前掲『よこはま人物伝』所収

262 'Yokohama General Cemetery,' *The Japan Weekly Mail*, April 4,1903

263 *The Japan Herald*, July 26, 1862

264 「外国人居留地外ニテ地所貸渡候調書」『法規分類大全』外交門4・開港開市（内閣記録局、1891年）140ページ

265 板垣博三『横浜聖心聖堂創建史』（エンデルレ書店、1987年）

266 「ジャーマン・クラブとその関連事項」、前掲『市民グラフ　ヨコハマ』41号所収

267 『横浜市史』2巻（横浜市、1959年）858ページ

268 「1879年神奈川県地方衛生会」、前掲『横浜水道関係資料集』所収

269 「改正条約ニ基キ横浜外国人居留地整理ニ関スル意見書」「外務省記録」3門12類1項7号

270 田村泰治「もう一つの横浜外人墓地—市営根岸外国人墓地に関する考察」『郷土神奈川』19号（神奈川県立図書館、1986年11月）所収

271 山崎洋子『天使はブルースを歌う』（毎日新聞社、1999年）

272 石川美邦『横浜港ドイツ軍艦燃ゆ—惨劇から友情へ50年目の真実』（木馬書館、1995年）

273 佐光昭二「ヤン・ヘンドリック・ドンケル・クルティウス」『紀要』10号（四国英語教育学会、1990年2月）所収

274 「古参の蘭国教師　ビー、ドンクル、カーチス君」、前掲『横浜成功名誉鑑』所収

275 中西道子「ヤン・ヘンドリック・ドンケル・クルティウス（その2）—家系・功業・子孫」『日蘭学会会誌』12巻2号（1988年3月）所収

276 「家族の肖像12最後のオランダ商館長ドンケル・クルチウスの系譜」、前掲『横浜』20号（2008年春）所収

277 萩原延寿『遠い崖—アーネスト・サトウ日記抄2薩英戦争』（朝日新聞社、1998年）

278 「十五年間の興味深い思い出—ジョン・ハートレー氏への特別インタビュー」、前掲『市民グラフ　ヨコハマ』41号所収

279 向井晃「洋書の輸入—幕末・明治期を中心に」、前掲『横浜居留地と異文化交流』所収

280 大山梓「阿片禁止と密輸事件」『日本外交史話』（鳳書房、1989年）所収

281 加藤祐三「アヘン密輸ハートリー事件」、前掲『横浜居留地と異文化交流』所収

282 *The Directory & Chronicle for China, Japan, Corea, Indo-China, Straits Settlements, Malay States, Siam, Netherlands India, Borneo, The Philippines, &c.*

283 「ヨコハマ・エンジン&アイアン・ワークス」『図説横浜外国人居留地』（横浜開港資料館編・有隣堂刊、1998年）「居留地人物・商館小事典」所収

284 スノー『千島列島黎明記』(馬場脩・大久保義昭訳、講談社学術文庫、1980年)

285 鳥居民「シーラーズが住んでいた街　横浜中華街」『有隣』471号(2007年2月)所収

286 W. B. Mason, 'The Foreign Colony in Early Meiji Days, VIII. - H. J. Snow, Seal Hunter,' *The New East*, Vol.3, No.2, August 1918

287 永沢六郎「故アランオーストン君」『動物学雑誌』328号(1916年2月)所収

288 石野瑛編『亜墨理駕船渡来日記』(名著出版、1973年)

289 『ペリー艦隊日本遠征記』(オフィス宮崎編訳、万来舎、2009年)

290 「外務省記録」3門12類3項12号「横浜清国人墓地増設及管理一件」

291 『横浜中華街―開港から震災まで』(横浜開港資料館、1994年)

292 「横浜外国人墓所備地ヲ変換シ跡地ヲ仏人ニ貸与ス」、前掲『法規分類大全25』外交門4・開港開市

293 東海林静男「横浜外人墓地略誌」、武内博『横浜外人墓地』(山桃舎、1985年)所収

294 渋谷栄之助「六十二年間一日も休まず―横浜外人墓地管理人・安藤寅三さん」『たまくす』3号(横浜開港資料館、1985年)所収